Hermann Jacoby

Zwei evangelische Lebensbilder aus der katholischen Kirche

Hermann Jacoby

Zwei evangelische Lebensbilder aus der katholischen Kirche

ISBN/EAN: 9783743621145

Hergestellt in Europa, USA, Kanada, Australien, Japan

Cover: Foto ©Lupo / pixelio.de

Manufactured and distributed by brebook publishing software (www.brebook.com)

Hermann Jacoby

Zwei evangelische Lebensbilder aus der katholischen Kirche

Vorwort.

Kaum gibt es wohl eine Zeit, in welcher sich nicht Bestrebungen gezeigt hätten, die evangelische und die römisch-katholische Kirche einander zu nähern und so für die Förderung des kirchlichen, politischen und sozialen Lebens zu wirken. Auch in unserer Gegenwart fehlen solche Versuche nicht gänzlich. Aber auch sie haben, wie die früheren, keinen günstigen Erfolg gehabt. Der Grund liegt wohl kaum in etwas anderem, als in dem Mangel an klarer Erkenntniß darüber, daß jede Verbrüderung so lange unmöglich ist, als die Glieder der römisch-katholischen Kirche der Verhandlung die Anerkennung des hierarchischen Systems zu Grunde legen. Erst wenn dies, wenigstens für die Verhandelnden, gefallen ist, kann an einen ersprießlichen Erfolg und wahren Segen gedacht werden. Denn der Katholizismus birgt, auch abgesehen von dem mit dem Protestantismus ihm gemeinsamen, aber freilich auch abgesehen von dem mit dem Protestantismus in Widerspruch stehenden, Wahrheitselemente in sich, eigenthümliche Auffassungen des Heilswegs, welche eine wahre Bereicherung christlicher Erkenntniß bilden. Der Lehrweise des Apostels Paulus tritt hier ergänzend eine eigenthümliche Durchdringung der Johanneischen und Jacobischen Darstellung zur Seite, die freilich, weil sie nicht mit dem Paulinischen Zeugniß in Einklang gebracht ist, in trübem Lichte erscheinen muß. Den Katholiken fehlt allerdings der Apostel Paulus, der Hort der Glaubensgerechtigkeit und innern Freiheit; aber haben wir zur Genüge den sittlichen Ernst, die Zucht des Wandels, welche Jakobus fordert, und die heilige Liebestiefe, welche Johannes bezeugt, uns hinreichend angeeignet, und sollte nicht vielleicht, nicht Rom, aber der Katholizismus, was uns fehlt, uns geben können? Solche Gedanken erregte in dem Verfasser die Zeichnung der beiden Lebensbilder, welche er hiemit der christlichen Gemeinde übergibt.

Stellt das Lebensbild der Fürstin Gallitzin die sichere Haltung eines in unmittelbarer Hingebung Katholisches und Römisches zugleich erfassenden Gemüthes dar, so zeigt uns die Entwickelung Sailers die Zersetzung der verschiedenartigen Elemente, ihren inneren Kampf. Die weibliche Unmittelbarkeit, der Aufenthalt in einer römisch=katholischen Enklave des protestantischen Nord= deutschlands ist hier, die Reflexion des Mannes, die ört= liche Zugehörigkeit zum römisch=katholischen Süddeutsch= land ist dort die Ursache der eigenthümlichen Gestaltung des Lebensganges.

"Evangelische" Charaktere nennen wir sowohl die Fürstin Gallitzin wie Sailer, weil in ihnen das Katho= lische vor dem Römischen hervortritt, das letztere vom ersteren überwogen wird; weil die Bestandtheile der evangelischen Wahrheit, welche der Katholizismus vor= züglich erkannt hat, deren tiefere Aneignung dem Pro= testantismus fehlt, in ihnen eine kräftige Vertretung ge= funden haben. Das Protestantisch=Evangelische, was auf der andern Seite ihnen fehlt, darf natürlich nicht gering angeschlagen werden, und wir haben auf Schwächen des christlichen Lebens, welche aus jenem Mangel nothwendig hervorgingen, hingewiesen.

Wir haben es gewagt, diese beiden Biographien, auf Wunsch der Herren Verleger, der neuen Folge der Sonntagsbibliothek einzureihen, in der Erwägung, daß die christliche Gemeinde in der Einsicht in ihr kirchliches Bekenntniß, in der rechten Werthschätzung desselben, in der Freiheit des Geistes, die auch evangelisches Leben, das auf nachbarlichem Boden erwachsen ist, willig und freudig anerkennt, durch das Anschauen der hier dargestellten Charaktere gefördert werden könne. Zu dieser Hoffnung gesellte sich noch der Gedanke, daß, nachdem die Weltgeschichte mit so gutem Erfolge es unternommen hat, die Grenzen der Geschichtskundigen zu überschreiten und in die Kreise der Gebildeten, welchen Beruf sie sich auch erwählt haben mögen, einzutreten, auch die Kirchengeschichte in noch ausgedehnterem Maße, als es bis dahin geschehen, aus ihrem reichen Schatze Altes und Neues der ganzen Gemeinde mittheilen müsse. Und wie jedes Christenleben reich ist an Erbauung und Erweckung, an Ermahnung und Warnung, an Kämpfen des inneren Lebens, Niederlagen und Siegen, die im Gebiet der inneren Erfahrung stattfinden, so konnten wir auch hoffen, daß die Leser nicht ohne religiöse Bewegung des Gemüthes an den Entwickelungen dieser beiden christlichen Charaktere Theil nehmen möchten. Auf einen Umstand möchten wir hier noch aufmerksam machen: Die Fürstin Gallitzin wie der Bischof Sailer eigneten sich auf die vielseitigste und lebendigste Weise die Bildungselemente ihrer Zeit an, ohne an ihrem Christenthume Schaden zu leiden oder mit demselben in Zwiespalt zu gerathen. Möchte diese Thatsache Christen, die sich von den

Schätzen der Bildung zurückziehen, ein mahnendes Zeugniß sein. Aber auf der andern Seite, die Fürstin Gallitzin und Bischof Sailer haben in Christus gefunden, was ihnen keine Bildung gewähren konnte, das Heil ihrer Seelen, Frieden mit Gott, Heiligung des Herzens. Möchte auch diese Thatsache nicht unbeachtet von denen bleiben, welche in der Bildung suchen, was diese nicht zu geben vermag. Das Bild wahrer Harmonie zwischen lebendigem Christenthum und ächter Bildung, welches sich uns hier zeigt, möge es uns Allen eine Bürgschaft sein, daß der Arbeit, an welcher die Edelsten unseres Volkes betheiligt sind, der Vereinigung zwischen Christenthum und Bildung die Verheißung eines endlichen Erfolges gewiß ist.

Die Quellen, aus denen der Biograph der Fürstin Gallitzin zu schöpfen hat, sind zahlreich, aber, eine ausgenommen, nicht reichhaltig. Denn abgesehen von den Denkwürdigkeiten, die Katerkamp herausgegeben hat, finden sich in den Briefwechseln, welche das vorige Jahrhundert in so großer Fülle hervorgebracht hat, in den Biographien bedeutender Zeitgenossen der Fürstin zwar mannigfaltige Notizen über dieselbe und Erinnerungen an sie, aber jede von ihnen ist dürftig. Von Katerkamps Arbeit aber unterscheidet sich unsere Darstellung einmal, indem sie es versucht, der innern Entwickelung des Seelenlebens der Fürstin nachzugehen, während Katerkamp sich darauf beschränkt, nur einzelne, freilich sehr wichtige, Mittheilungen aus ihrem innern und äußeren Leben zu machen; sodann, indem wir mehr als Katerkamp auf die Wirksamkeit der Männer achten, mit denen das Leben der Fürstin eng verflochten ist. Für die Biographie Sailers fließen die vorzüglichsten Quellen in seinen eigenen Schriften, aus denen ja auch die Arbeit von Bodemann geschöpft hat. Dieser tritt unsere Arbeit ergänzend zur Seite; während Bodemann in fast unmittelbar erbaulicher Weise die innern und äußern Erlebnisse Sailers erzählt, kam es uns wieder vor allem darauf an, die innere Entwickelung des Mannes zu verstehen und ihn im Zusammenhang mit seinen Freunden darzustellen. Noch etwas anderes zogen wir in Betracht: Sailer ist ein Mann der Wissenschaft, es schien uns von Werth zu sein, die Art und Weise zu bezeichnen, in welcher er über die wichtigsten Angelegenheiten des menschlichen Lebens geurtheilt hat. Eine Aufgabe aber, die wir uns bei beiden Lebensbildern stellten, lag in der Darlegung der inneren Verbindung, in welcher beide Charaktere mit ihrem Zeitalter standen, so daß in ihrem Leben sich der edlere Katholizismus Nord- und Süddeutschlands, wie er in der zweiten Hälfte des vorigen Jahrhunderts sich entwickelte, spiegeln könne.

Es bleibt uns übrig, den Königlichen Behörden, welche auch dem außerhalb Berlins Lebenden die Benutzung der dortigen Königlichen Bibliothek gestatteten, sowie dem Herrn Geh. Ober-Regierungsrath Dr. Wiese in Berlin und dem Herrn Pfarrer Fliegenschmidt in Baiersdorf bei Landsberg a. d. W., welche den Verfasser durch gütige Ueberlassung wichtiger literarischer Hülfsmittel förderten, unsern Dank auszusprechen.

Stendal, den 18. August 1864.

Der Verfasser.

Die Fürstin Gallitzin.

Ein Beitrag zur Geschichte des christlichen Lebens in der zweiten Hälfte des 18. und im Beginn des 19. Jahrhunderts.

Erstes Kapitel.

Die Eigenthümlichkeit des 18. Jahrhunderts. Das Recht der Subjectivität von der Reformation verbürgt. Die Entwickelungen desselben im 18. Jahrhundert vergessen die Bedingungen, an welche es die Reformation geknüpft hat, nehmen einen ungeschichtlichen Charakter an und erzeugen so die französische Revolution. Die evangelische Kirche, durch fehlerhafte Entwickelung gehemmt, vermag nicht wirksam entgegen zu treten, ebenso wenig die römische Kirche, welche sich ihrer edelsten Elemente beraubt hat und in Verweltlichung gerathen ist. Die gläubige Gemeinde des 18. Jahrhunderts.

Das Leben der Fürstin Gallitzin gehört fast ganz der zweiten Hälfte des 18. Jahrhunderts an, das 19. sah sie eben nur anbrechen. Die vielen neuen Gedanken, welche ihre Zeit bewegten, nahm sie in sich auf, aber die Gestalt, welche sie ihnen verlieh, unterschied sie und schied sie von den Geistern, welche dem Zeitalter sein eigenthümliches Gepräge aufdrückten. Worin lag der Grund dieser Trennung? —

Die Geschichte der neueren Zeit beginnt mit der Reformation, die der neuesten mit der zweiten Hälfte des 18. Jahrhunderts. Was dort allein im Gebiet des religiösen Lebens zur Herrschaft gelangte, wurde hier bestimmend für alle Seiten des menschlichen Lebens.

Die Reformation hatte dem inneren Leben des Einzelnen, in sofern es durch die Versöhnung mit Gott in Christo ein gutes Gewissen gewonnen, und in der unbedingten Abhängigkeit von der Heiligen Schrift, eine unverbrüchliche Schranke sich selbst gegeben hatte, eine entscheidende Stimme gegenüber den Festsetzungen der Kirche eingeräumt. Erst später hatte sie die andere Seite, den Einfluß, welchen die Kirche auf das Leben des Einzelnen auszuüben berechtigt ist, anerkannt und so den Einklang zwischen dem Rechte der Kirche und dem Rechte des Einzelnen hergestellt. Was die Rechte des Einzelnen antastete, hatte sich in die römische Kirche geflüchtet, was die Macht der Kirche aufhob, hatte sich in die schwärmerischen Sekten zurückgezogen. Der Ausgangspunkt der Reformation war aber gewesen und blieb, wo die evangelische Kirche sich selbst Treue hielt, das an die Schrift gebundene, in Christus gerechtfertigte, innere Leben des Einzelnen. Damit war indeß überhaupt der Werth des inneren Lebens des Einzelnen anerkannt, und die Zeit, in der dasselbe mit der gewaltigsten Stärke sich einen Weg zu bahnen und sich einen berechtigten Einfluß zu verschaffen suchte auf allen Gebieten des menschlichen Lebens, ist eben die zweite Hälfte des 18. Jahrhunderts. Hat vorher die Poesie die großen Begebenheiten der Geschichte sich zum Gegenstand genommen, jetzt zieht sie sich zurück auf die Tiefen des Gemüths, die der Einzelne in sich selbst findet. Die Seelenzustände, die Empfindungen des Einzelnen bilden den Inhalt der Poesie. Ihr Charakter ist lyrisch, nicht episch. Nicht anders ist es auf dem Gebiet der Erziehung. Hat die frühere pädagogische Methode wenig auf die Eigenthümlichkeit des Einzelnen Rücksicht genommen, vielmehr alle so ziemlich nach einer Schablone behandelt; die neue Zeit fordert, daß Jeder nach seiner Eigenthümlichkeit geschätzt und auf besondere Weise erzogen werde. Ebenso finden wir es in den Verhältnissen der Staaten.

Stand dem deutschen Kaiser der einzelne Fürst als ein, wenn auch mit vielen Rechten begabter, Unterthan gegenüber, so macht das schon lange sich regende Selbstgefühl des Fürsten mit seiner Selbständigkeit Ernst, und Friedrich der Große erscheint als der Träger des Einzelrechts auf dem politischen Gebiet. Ja, schließlich waren die Angelegenheiten der Staaten bis dahin nur in den Händen Weniger gewesen, jetzt begehrt jeder Einzelne in irgend welchem Sinne und Maße Theilnahme am öffentlichen Leben, und aller Augen blicken sehnsuchtsvoll auf die vorbildlich erscheinende freie Verfassung Englands. — Wer hätte diesen neuen, wahren, mit geschichtlicher Nothwendigkeit eintretenden Gedanken seinen Beifall versagen können oder wollen! Alle Edlen des Zeitalters, alle christlich gestimmten Gemüther riefen dem neu sich bildenden Leben ein freudiges Willkommen entgegen. Und doch, woher stammt die Entfremdung, die zwischen der Fürstin und den ihr gleich gesinnten auf der einen, den Führern der neuen Zeit auf der andern Seite herrscht? Die Reformation hatte die Rechte, welche sie dem Einzelnen gewährte, an eine wesentliche Bedingung geknüpft, an die vorangehende schmerzliche Erkenntniß der Sünde und an die Rechtfertigung durch den Glauben an Christus. Nur dem Bußfertigen, dem Geheiligten, dem Erlösten hatte Luther jene hohen Rechte zuerkannt, von der Freiheit eines Christenmenschen hatte er geredet. Aber diese Bedingung wollte das Zeitalter nicht erfüllen und machte doch Anspruch auf das, was daran geknüpft war. Es kämpfte für die Freiheit des Einzelnen, so wie er eben war; es stritt für die Rechte des natürlichen Menschen. Was natürlich ist, das ist gut, war seine Losung. Daß es eine Sünde in der Welt gibt, die eben in die tiefsten Gründe der menschlichen Natur ihre Wurzel eingesenkt hat, daß daher mit der Entwickelung des Natürlichen Hand in Hand die Reinigung und Erlösung desselben durch Christus gehen muß, das wurde vergessen.

Nun aber konnte sich die Zeit darüber doch nicht täuschen, daß es in der Welt eben nicht so aussah, wie zu wünschen war; und sie mußte sich daher die Frage vorlegen: Woher stammt das unleugbare große Verderben? Mit der Antwort war sie schnell bei der Hand: Aus dem Schooß der menschlichen Gesellschaft, so lautete sie, ist das Böse aufgestiegen, hier hat es seine Wurzeln. Der Einzelne ist sündlos und schuldlos, erst die Gesellschaft, die menschliche Gesamtheit, hat ihn vergiftet. Flüchtet aus den fluchbeladenen Culturverhältnissen, laßt den Einzelnen aufwachsen als Kind der reinen sündlosen Natur, ruft mit begeisterten Worten Jean Jacques Rousseau seinen Zeitgenossen zu. Nur in den menschlichen Verhältnissen wohnt das Unheil, das predigt der mit ihnen zerfallene Karl Moor, der doch eigentlich nur wie ein wunderlicher Heiliger erscheint; das predigen jene Reisebeschreibungen, die in seltener Fülle damals entstehen und in kulturlosen Südseeinsulanern die unmittelbaren Fortsetzer eines unschuldigen Paradiesenlebens zu erkennen glauben; das predigen die Robinsonaden, denn in jene Zeit fällt auch ihre Geburtsstunde, die zu zeigen suchen, was der Einzelne, getrennt von Cultur und Gesellschaft, auf eigene Hand vermag. Endlich aber wurde der Fluch, den Poesie und Philosophie auf die Gesellschaft geschleudert hatten, auch auf die Kirche ausgedehnt. Man glaubte das religiöse Bedürfniß in sich selbst befriedigen zu können; das Leben des Einzelnen erschien so reich, so unerschöpflich reich; es mußte für Alles sorgen, Alles gewähren. Und indem man alles, was auf geschichtliche Weise Inhalt des religiösen Lebens geworden war; was als Sitte, Cultus oder Dogma in der christlichen Gemeinschaft seinen vermittelnden Träger gefunden hatte; alles, was als göttliche Offenbarung in eigenthümlicher Hoheit mit Anspruch auf unbedingte Anerkennung dem Einzelnen gegenüber getreten war, nur für ein unerträgliches Joch ansah, welches der Freiheit des Einzelnen auferlegt würde, so ließ man nur dasjenige als bleibenden, ewig werthvollen Gegenstand des religiösen Lebens gelten, was aus dem Bewußtsein des Einzelnen geschöpft werden konnte. Und zwar mußte es in dem ursprünglichen Bewußtsein des Individuums enthalten, es mußte seiner Natur eingepflanzt sein, denn sonst wäre es ja selbst ein Erzeugniß der Geschichte oder der Gesellschaft gewesen. So fand man denn eine sogenannte natürliche Religion, bestehend aus jenen Ideen von Gott, Tugend, Freiheit, Unsterblichkeit. Von der Kirche aber, wie von der Gesellschaft überhaupt, wandte man sich ab, und ihr Ursprung wie ihre ganze Geschichte erschien bald als ein unentwirrbares Gewebe von Betrug und Fabel, verschlagener Bosheit und leichtgläubiger Thorheit. Und was man so lange auf den Gassen gepredigt hatte, die Rache, welche der Einzelne bis dahin in der Literatur allein an der menschlichen Gesellschaft ausgeübt hatte, wurde bald auf ein ganz anderes Gebiet übertragen, auf das Gebiet der That und der Geschichte. In der französischen Revolution wurde, was bis dahin allenfalls als Spiel erscheinen konnte, der bitterste Ernst, die blutigste Wirklichkeit. Die Rache des Einzelnen an der fluchbeladenen Gesellschaft — so hieß die Tragödie, die jetzt nicht mehr auf der Theaterbühne zur Aufführung gelangte, die jetzt vielmehr auf den Trümmern eben jener vernichteten, für schuldig erachteten Gesellschaft gespielt wurde. Die Cultur und die Natur hatten mit einander gerungen, eine zuchtlose Cultur und eine rohe Natur. Auf Seite der letzteren war der Sieg; aber was war damit gewonnen? Es war ein gerechtes freilich, aber auch ein unbarmherziges Gericht, das hier vollzogen wurde. Es war gerecht, die gesellschaftlichen Zustände waren in eine so entsetzliche sittliche Fäulniß gerathen, daß das Gericht unvermeidlich war. Wo ein Aas ist, da sammeln sich die Adler. Aber hatte der Einzelne nicht seinen guten Antheil geliefert zu dem herrschenden Verderben, war er nicht doch als Glied der Gesellschaft mit Urheber des in ihr vorhandenen Elends? — Luther war mit dem Bekenntniß aufgetreten: Wir sind schuldig, er hatte in der schmerzlichsten Bewegung an der gesammten Schuld der Kirche mitgetragen. Jene Zeit aber glich der Eva, welche, sich selbst zu reinigen, auf die Schlange alle Schuld wälzte, oder dem Pharisäer, der, in Verachtung des sündigen Zöllners, wohlgemuth und freien Sinnes sprach: „Herr, ich danke Dir, daß ich nicht bin wie andere Leute, Räuber, Ungerechte, Ehebrecher, oder auch wie dieser Zöllner." Vergessen aber war das Wort des Apostels Paulus, das hier die rechte Stellung zeigte: „Darum, o Mensch, kannst du dich nicht entschuldigen, wer du bist, der da richtet; denn worinnen du einen Andern richtest, verdammst du dich selbst; sintemal du eben dasselbe thust, das du richtest*)." —

Fragen wir nun, wie war es möglich, daß solche Zustände innerhalb der Christenheit sich bildeten, daß sie nicht sofort von dem christlichen Bewußtsein der Kirche, vor Allem von ihren amtlichen Dienern zurückgewiesen und überwunden wurden, so hat die Antwort, die wir geben müssen, etwas in jeder Hinsicht Trauriges und Schmerzliches. Es hatte zur Zeit der Reformation das religiöse Leben sich des Volkes mit einer seltenen Stärke bemächtigt. Mehr oder weniger bewußt und willig hatte ein Jeder sich von demselben getragen und gehoben gefühlt. Aber indem die evangelische Kirche sich ihres Glaubensinhalts bewußt zu werden, ihn zum Gegenstand der Erkenntniß zu machen, indem sie mit bewunderungswürdiger Geisteskraft ein in sich geschlossenes System der Glaubenserkenntniß zu bilden suchte, war ihr unter der Hand die eigentliche Sache, der Glaube selbst und das in ihm ergriffene

---

*) Röm. 2, 1.

Heil, wenn nicht entflohen, so doch von ihr übersehen worden und wenig gepflegt. Die Erkenntniß handelte wohl vom Glauben, aber sie selbst war keine Frucht desselben. Die Kirche hatte vergessen, daß nur das wahre christliche Erkenntniß genannt werden kann, was aus dem lebendigen Glauben hervorgegangen ist. Sie aber hatte in Ueberschätzung religiöser Erkenntniß das Wissen vom Glauben an die Stelle des Glaubens selbst gesetzt. War das Bekenntniß von Christo richtig und die Erkenntniß des Heils fehlerlos, so setzte man voraus, daß auch das innere christliche Leben ohne Tadel sei. Und je weniger man die Pflege des Gemüths betonte, je weniger man darauf drang, daß der Mensch der Sünde absterbe und Gott in Christo lebe, desto unnachsichtlicher war man, wo eine Abirrung und ein Fehler in der christlichen Erkenntniß sich zeigte. Die theologischen Streitigkeiten damaliger Zeit wurden mit fanatischer Leidenschaft geführt und zehrten am Lebensmark der Kirche. Indessen es trat ein Rückschlag ein. Von großen Ideen war die Wirksamkeit Speners erfüllt. Was vorhin Joh. Arndt und seine Glaubensgenossen vergeblich angestrebt hatten, wurde durch ihn zur Wirklichkeit. Er rief die evangelische Kirche zur Buße, und sein Weckruf wurde vernommen. Die rechte Gotteserkenntniß wird in der Schule der Buße und des Glaubens geboren. Der Glaube aber ist kein Wissen, sondern Leben und That, und die Erkenntniß ist des Glaubens Folge. Das war Speners Lehre. Viele jauchzten ihm zu, in fast allen Städten sammelte sich das Volk um Speners Schüler. Aber auf der andern Seite stellte sich ihm heftiger Widerstand entgegen, gerade die Führer der Kirche, die Träger und Stützen der theologischen Wissenschaft, wurden seine Gegner. Auf diese Weise wurde diese große Bewegung selbst gehemmt und gelähmt. Unter Speners Nachfolgern nahm sie immer mehr Kleinliches an, suchte im Thun oder Lassen von allerlei Aeußerlichkeiten die Kennzeichen des christlichen Lebens, und wurde so unfähig, die Erneuerung der Kirche herbeizuführen. So fand denn in der evangelischen Kirche die neue Zeit auf der einen Seite eine erstarrte Orthodoxie vor, der das beseelende Glaubensleben fehlte, und einen mechanischen Pietismus, der von großen, erhebenden christlichen Ideen entblößt war. Und nicht besser war es innerhalb der römischen Kirche. Sie hatte auf die gewaltsamste Weise die in ihr vorhandenen evangelischen Elemente unterdrückt, und als unter der Führerschaft von Pascal eine Richtung sich bildete, welche nicht sowohl im Werk als vielmehr in der innigen Gemeinschaft des Herzens mit Gott in Christo das Heil suchte, und verwandte Bestrebungen überhaupt in der römischen Kirche Frankreichs sich regten, so wurden diese mahnenden Stimmen nicht gehört, sie verklangen wirkungslos. Es hatten diese Bewegungen dasselbe Schicksal wie der Pietismus. Weil sie nicht zur Geltung kamen und ihre Kräfte nicht naturgemäß entwickeln konnten, weil sie in Kreisen, auf deren Unterstützung und Ergänzung sie angewiesen waren, keine Unterstützung fanden, so entstand ein krankhaftes, schwärmerisches Wesen, das ihre allmähliche Auflösung herbeiführte. Die römische Kirche selbst aber, ihrer edelsten Kräfte durch eigene Schuld beraubt, hatte nicht mehr die Fähigkeit, den Kampf mit der neuen Zeit zu bestehen. Statt die Welt zu christianisiren, wurde sie selbst verweltlicht, und der Name eines französischen Abbé wurde nicht sowohl ein kirchlicher als vielmehr ein Salonbegriff. So stand es innerhalb der christlichen Kirche auf evangelischer wie römischer Seite, überall Schwäche und Ohnmacht. Die Kirche hatte den Beruf, den Entwickelungsgang der Menschheit in vorbildlicher Richtigkeit in sich darzustellen, sehr wenig erfüllt und mußte es daher erleben, daß der gefährliche Irrthum in ihrer eigenen Mitte Platz griff. Weil sie das Prinzip christlicher Subjectivität nicht gepflegt hatte, so lastete auf ihren Schultern der Druck unchristlich verzerrter Subjectivität. Aber mitten in dem Verfall der sichtbaren Kirche war eine heilige Gemeinde übrig geblieben, welche den Ertrag der christlichen Geschichte als einen anvertrauten Schatz treu bewahrte, um ihn den Händen einer christlich erweckten Zukunft unverletzt zu überliefern. Diese Gemeinde in der Diaspora, mitten in einer erstarrten Kirche und mitten in einem verweltlichten Geschlechte, umfaßte Glieder beider Kirchen, die bei aller Treue gegen ihr besonderes Bekenntniß, ihre besondere Gemeinschaft, verbunden durch den lebendigen Glauben an einen Herrn und Heiland, mit einander im innigsten Verkehr standen, und als Vorbild wahrer Union ein unzertrennliches Ganzes bildete. Von der Schweiz her, den Rhein herauf bis nach Bremen hin, zog sich der reformirte Strom der christlichen Gemeinde, geleitet vom vielgeliebten und vielgeschmähten, duldungsreichen und bekenntnißtreuen Lavater, der in Zürich seine Heimat hatte, aber in vielfachen Reisen die Gemeinden mit einander verband. In Holstein, um Hamburg herum, hatte das lutherisch gefärbte christliche Leben sich erhalten. In Hamburg wohnte Klopstock, in Wandsbeck der treue, kindlich fromme Asmus, Matthias Claudius, auf den Gütern lebten die Grafen Christian Stolberg, Reventlow und Bernstorff. Auch Graf Leopold Stolberg wohnte in der Nähe. In Münster schließlich gestaltete sich christliches Leben, das an die römische Kirche sich anlehnte, und hier war es die Fürstin Gallitzin, welche den Mittelpunkt bildete. Mit den Meisten aber stand in Verbindung der Magus des Nordens, der tiefsinnige, manneskräftige Hamann. —

Haben wir so die Zeitrichtungen in ihrem Entstehen und Verlauf beobachtet, mit denen das geistige Leben der Fürstin Gallitzin sich berührte, und von denen es zum Theil sein Gepräge empfing, haben wir auch schon den Ort vorläufig gezeigt, den die Fürstin einnimmt, so ist es jetzt an der Zeit, das Lebensbild derselben zu zeichnen und ihren Entwickelungsgang darzustellen.

Zweites Kapitel.

Kindheit und Jugend Amalia's. Die Erziehung in Breslau und Berlin. Der Eintritt in die Gesellschaft. Die Selbstbildung. Die ersten Regungen des religiösen Lebens. Amalia bewegt sich in den Hofkreisen. Der Eintritt in die Ehe.

Amalie Fürstin Gallitzin, geborene Gräfin von Schmettau, wurde im Jahre 1748 zu Berlin geboren. Ihr Vater, preußischer General-Feldmarschall, war Protestant, ihre Mutter, Maria Anna, geborene von Ruffer*), katholisch. So kam es, daß, während ihre zwei Brüder evangelisch erzogen wurden, sie katholischen Unterricht erhielt. Zu diesem Zweck mußte sie das elterliche Haus bald verlassen; erst 4 Jahr alt wurde sie einer katholischen Pension in Breslau anvertraut. Der Unterricht, den sie hier genoß, war höchst dürftig und mangelhaft. So kam es, daß wegen Mangels religiöser Kenntnisse der Gottesdienst kein Interesse ihr einflößte, und nur die Handlungen, welche unmittelbar das religiöse Gefühl erregen, wie z. B. die Beichte, tieferen Eindruck auf sie ausübten. Die Grundzüge ihres Charakters geben sich schon in ihrer kindlichen Entwickelung zu erkennen, Zartheit und Fein-

---

*) So schreibt v. Bippen in „Eutiner Skizzen" 1859. Kater-lamp schreibt von Ruffert.

heit des sittlichen und religiösen Gefühls, verbunden mit Selbständigkeit und Kraft, ebenso wie die Neigung, sich selbst zu betrachten und zu beschauen, welche sie mit ihrer Zeit gemein hat. Drohungen und Strafen können sie nicht bewegen, aber die Berufung auf ihre Liebe vermag alles. Ihre geistige Regsamkeit, der ein edler Gegenstand fehlt, wirft sich mit Leidenschaft auf das Kartenspiel, aber die Bemerkung, daß es unedel und häßlich sei, aus Gewinnsucht zu spielen, ruft eine solche Rückwirkung des sittlichen Gefühls hervor, daß ihre Züge sofort alle Spuren der Leidenschaft verlieren. Amalie ist zur Beichte gegangen, und als sie mit thränenfeuchten Augen durch die Kirche zurückkehrt, hört sie eine Frau die Worte aussprechen: Mein Gott, welch' ein Engel! Jetzt ist es mit der Unbefangenheit zu Ende, Amalie erscheint sich selbst als bewunderungswürdig, sie betrachtet sich selbst und kann von ihrem eigenen Bilde, das sie in der Phantasie schaut, zu Thränen gerührt werden. —

Der Aufenthalt in der Pension dauerte 8 bis 9 Jahre, ein Besuch der Mutter Amaliens, welcher derselben die vielfachen Mängel der Anstalt aufdeckte, bewirkten die Rückkehr der Tochter in das elterliche Haus. Wenig brachte sie mit; kaum konnte sie lesen und schreiben; nur in der Musik, für welche sie Neigung und Gabe besaß, hatte sie sich einige Fertigkeit erworben. Kein Wunder, daß sie in dem glänzenden, vielbesuchten Hause der Gräfin Schmettau eine seltsame Rolle spielte. Ihre Unkenntniß war in der That groß; glaubte sie doch in den Venusstatuen Marienbilder zu erkennen und in den Apollostatuen die Gestalt des Nepomuk, so daß sie sich ehrfurchtsvoll vor ihnen verneigte. Sie hatte selbst ein lebhaftes Gefühl ihrer Unbehilflichkeit und Unwissenheit, sie empfand, wie sie selbst später sagte, qu'elle avait besoin d'être „décrassée".*) Und in einem Briefe an Hemsterhuys

---

*) Daß sie gereinigt werden mußte.

schreibt sie: „Ich war wie aus den Wolken gefallen, als ich auf einmal aus dem geschlossenen Pensionat in das Haus meiner Mutter, welches zu den besuchtesten in Berlin gehörte, versetzt wurde." Man erkannte es deßhalb für nothwendig, sie in Berlin an dem Unterricht eines Töchterpensionats Theil nehmen zu lassen, das sie aber nicht sowohl im Lesen und Schreiben, als vielmehr im Französischen, im Tanz und in der Mythologie bildete. Diese Vorbereitungszeit für den Eintritt in die Gesellschaft dauerte ein und ein halbes Jahr; ungern trennte sich Amalie von der Frau des Leiters der Pension, welche sie herzlich lieb gewonnen hatte, aber die Hoffnung auf die zukünftige Herrlichkeit, welche ihre Phantasie sich glänzend ausgemalt hatte, tröstete sie. Indeß welche Täuschung wartete ihrer! Amalie hatte schon wegen ihres hohen Standes in der Pension viel Beachtung gefunden und manche Auszeichnung erfahren. Das änderte sich jetzt. Die Gesellschaft hatte keine sonderliche Ursache, ihr Aufmerksamkeit zu schenken, denn die Mitglieder derselben standen ihr dem Range nach gleich. Ja sie glaubten eine höhere Stellung als Amalie einzunehmen, und sie thaten es auch in einem gewissen Sinne mit Recht, denn sie besaßen eine viel größere gesellige Bildung, Leichtigkeit und Gewandtheit. Hierin mußte Amalie bedeutend hinter ihnen zurückstehen, und sie empfand dies auf das bitterste. Es regte sich in ihrem, schon von Natur auf Selbständigkeit angelegten Geiste, der heftigste Ehrgeiz, der sich ihr in dem Maße als berechtigt darstellte, als sie wahrnahm, wie sie jene Gesellschaft in Bezug auf wahrhaft geistiges Leben überrage. Sie sah, wie ihre Umgebung in hohlem, gehaltlosem Wesen sich beständig bewegte und dennoch glänzenden Beifall empfing. Sie sah, wie seichtes Gespräch, wenn es nur in anmuthige Form sich kleidete, als geistige Bildung gepriesen wurde. So mußte beides in ihr entstehen, Langeweile an jenem nichtigen gesellschaftlichen Leben und Unwille über die Zurücksetzung, die ihr zu Theil wurde. Beides erregte in ihr eine bittere und gereizte Stimmung. Wie sollte sie sich davon befreien? Es standen ihr zwei Wege offen: sie konnte einmal sich von der verachteten Gesellschaft zurückziehen und ihren Neigungen gemäß leben, aber, abgesehen von den äußeren Hindernissen, welche dem entgegen standen, besaß sie damals bei weitem die sittliche Höhe des Charakters nicht, welche zu einem solchen Entschluß nöthig ist. So blieb denn nur der andere Weg übrig, zu dem ihr großer Ehrgeiz sie von selbst hinzog, sie mußte sich dieselben Künste und Fertigkeiten zu erwerben suchen, durch welche ihre Umgebung so viel Beifall gewann. Dazu bedurfte sie aber eines gewissen Reichthums von Gedanken, um in der Gesellschaft durch ihre Unterhaltung anzuziehen, und sie mußte auch im Stande sein, dieselben in eine gefällige Form zu kleiden. Ein Mittel, beides sich zu erwerben, schien in fleißiger Lectüre sich darzubieten. Aber woher Bücher bekommen? — Wir erhalten in die Bildung, die im Schmettau'schen Hause und also auch wohl im Kreise der Besucher desselben herrschte, einen überraschenden Einblick durch die Thatsache, daß die ganze Bibliothek der Gräfin aus den Predigten Bourdaloue's bestand. Das war nun aber keine Lectüre, welche Amalien die sehnsüchtig begehrte Salonbildung gewähren konnte, zumal diese Predigten eines andern Umstandes wegen nicht angenehm sein konnten. Des Sonntags nämlich mußte sie ihrer Mutter daraus vorlesen, und da sie den Inhalt nicht klar verstand und deßhalb auch nicht gut vorlas, so wurde dies ein Anlaß zu vielen Vorwürfen. Amalie mußte also von den Buchhändlern Bücher kaufen. Aber dazu hatte sie wieder kein Geld; denn dies bekam sie nur zum Kartenspiel. Dies Spiel hatte sie als eine Art Kunst lernen müssen, um nöthigenfalls in Gesellschaften des Hauses aushelfen zu können. Da sie indeß schlecht spielte, so reichte das Geld

eben aus, um die Schulden zu decken. Jetzt aber nahm sie
sich zusammen, wurde achtsam und erübrigte einiges Geld.
Dies reichte freilich nicht aus, um Bücher zu kaufen, aber sie
hatte gehört, es gäbe Menschen, welche Bücher verliehen, und
zwar für ein billiges. So viel Geld besaß sie, ja sie er=
übrigte sogar soviel, um einen Boten zu bezahlen, der die
Bücher brachte und holte. Aber was für Bücher sollte sie
lesen? Sie schenkte in dieser Hinsicht dem Bibliothekar, der
ihr als Inhaber höchster Wissenschaft erschien, das unbe=
dingteste Vertrauen und ertheilte ihm nur den Auftrag, Bü=
cher zu schicken, welche dem Alter einer jungen Dame ange=
messen wären, die sich selbst zu unterrichten strebe. Und der
Bibliothekar glaubte am besten diesen Auftrag zu erfüllen,
indem er ihr Romane schickte. Es ist eigenthümlich, zu sehen,
wie diese Bücher, welche sie mit dem größten Eifer las, denen
sie Tag und Nacht widmete, keinen schädlichen, vielmehr einen
günstigen Einfluß auf sie ausübten. Es ist dies einmal ein
Zeichen ihrer kräftigen, geistigen Gesundheit, auf der andern
Seite aber auch ein Beweis der sittlichen Tüchtigkeit, die bei
allen ästhetischen Mängeln in jenen Schriften herrschte. Man
stellte eben das Gute als gut und das Böse als böse dar,
und war noch nicht zu der Feinheit gelangt, welche dem Ver=
werflichen, Sündlichen und Gemeinen Reiz zu verleihen, und
die verzerrtesten Gestalten zu Helden des Romans zu erheben
sucht. Sicherlich würde die junge Gräfin sonst nicht so rein
geblieben sein, wie sie blieb. Hören wir aus ihrem eigenen
Munde, welchen Eindruck sie von jener Lectüre empfing.
„Es ist merkwürdig, daß alle Romane, die ich gelesen hatte,
mir auch nicht den entferntesten Verdacht von körperlichen
Genüssen durchblicken ließen; vielmehr hatten sie mir eine tiefe
Verachtung gegen alle sinnlichen Wollüste, die mir bekannt
waren, z. B. Sinnlichkeit im Essen und Trinken, Trägheit
u. s. w. eingeflößt. Eine entschiedene Verachtung hatte ich

mir angeeignet, gegen alle gemeinen Fehler und Laster, wie Geldsucht, Lügenhaftigkeit, körperliche Wollust jeder Art; gegen den groben Egoismus, kurz gegen Alles, was mich von dem romanhaften Thron, worauf ich mich erhoben hatte, hätte herabsetzen müssen. Die feurigste Liebe für jede Vollkommenheit, die mir als solche auffiel, beseelte mich." In derselben Zeit lernte Amalie eine junge Dame kennen, die ihre musikalische Neigung theilte, und mit der sie bald ein freundschaftliches Verhältniß verknüpfte. Musik, Lectüre, Freundschaft, diese drei Güter, die Amalien als die wesentlichsten Bestandtheile menschlichen Glückes erschienen, waren ihr jetzt zu Theil geworden, und sie hätte also sich froh und zufrieden fühlen können. Indeß es regte sich in ihr jetzt das wie verschüttete religiöse Leben, und zwar nicht sowohl als eine milde, freundliche Gestalt, sondern als ein Schreckbild. Was sie in ihrem bisherigen Treiben leitete, war selbstsüchtig, alles, was sie an sich gethan hatte, sollte nur den Zweck erreichen, ihr eine glänzende Stellung zu verschaffen. Ihr kirchliches Leben war ein blos äußeres Thun, sie folgte darin der Mode, wie ihre Umgebung. Sie sah, wie diese in der Kirche sich langweilte, und machte den Schluß, daß zur Kirche zu gehen nur eine lästige Pflicht sei, welche der Anstand fordere. Das Gebetbuch, welches man ihr gab, war französisch geschrieben und eben daher für sie nur wenig verständlich. Da sie nun die Religion nicht in sich hatte, ja thatsächlich durch ihr Leben derselben widersprach, so mußte ihr die erste Berührung mit derselben eine feindliche werden. Wer Gott nicht in sich hat, hat ihn wider sich; wer den Himmel nicht liebt, fürchtet die Hölle. So hier. Der Gedanke an die Hölle, an einen Zustand fortdauernder, endloser Strafe, regte sich im Geiste des 15jährigen Mädchens, verursachte ihr schlaflose Nächte und bedrohte ernstlich ihre Gesundheit. Es waren schreckliche Bilder, welche ihre Phantasie erfüllten, wie sollte sie dieselben

verscheuchen? Ein Gegengewicht dagegen suchte sie im Ge=
danken und im Willen. Ihr Denken machte sich vertraut mit
der Idee Gottes und des Guten, und ihr Wille suchte durch
Erstreben menschlicher Vollkommenheit die Gemeinschaft mit
Gott. Es bildete sich in ihrer Seele ein hohes Ideal, alles
Edle und Gute war darin enthalten, auch die körperliche
Schönheit; vor Allem aber lagen darin die Eigenschaften,
welche in ihrer Romanlectüre als vorzüglich erstrebenswerth
dargestellt wurden: Das Kräftige, Entschlossene, Heldenartige;
und da sie vor Allem sich ein weibliches Ideal bildete, so
hatte großartige Aufopferung, heldenmüthiges Leiden, besonders
geheimes Leiden für geliebte Personen einen eigenthümlichen
Reiz für sie. Sollte einem so idealen Menschen aber die
höchste Glückseligkeit zu Theil werden, so mußte er Freund=
schaft oder Liebe einer eben so idealen Persönlichkeit empfangen,
gleichviel ob der Gegenstand der Liebe demselben oder dem
anderen Geschlechte angehöre. Dies herrliche Ziel mensch=
lichen Lebens sollte aber nicht gleich im Beginn desselben er=
reicht werden, nicht etwa wie ein Geschenk dem Menschen zu=
fallen; nein vielmehr am Ende, am Ziel sollte es erscheinen,
im fortwährenden Kampf mit unglücklichen Ereignissen erkämpft
werden. So hatte sich schon früh in Amaliens Geist ein
System sittlicher Anschauungen gebildet, ein Kind des Be=
dürfnisses, aber reich an wahren Gedanken. — Um diese Zeit
fing Amalie an, an dem Hofleben Theil zu nehmen; es war
ihr hier eine große Selbständigkeit eingeräumt, da sie meist
ohne Begleitung ihrer wegen Krankheit oft zurückgehaltenen
Mutter erschien. Indeß bewegte sie sich mit großer Unbe=
fangenheit; sie fühlte sich zu Keinem hingezogen, da Keiner ihrem
Ideal entsprach, und wurde so vor manchen Versuchungen
bewahrt. Durch ihr geistreiches und naives Wesen gewann
sie die Liebe Vieler, und Manche hielten aus eigenem Antriebe
sorgsam Wacht über sie. Jenes Ideal hatte sich bis dahin

Zweites Kapitel.

ihrer Seele nur als ein Bild eingeprägt und war mit vielen unklaren Romanvorstellungen vermischt. Von diesen, welche sie als eine Last fühlte, suchte sie sich jetzt zu reinigen, und ein Buch über den Geist (sur l'esprit), welches ihr in die Hände gefallen war, ließ in ihrem Geist eine Fülle neuer Gedanken und Begriffe entstehen. Wen sie traf, befragte sie über diese Dinge; aber die Jüngeren und Aelteren verlachten sie und verwiesen ihr die Beschäftigung mit dieser Frage als unweibliches Wesen. Da hörte sie bei Tafel zwei ältere Herren über denselben Gegenstand sprechen, der sie bewegte; sie blieb stehen und fragte; sie war hoch erfreut, als man auf sie einging, und fing jetzt an, die Jugend aus dem Verzeichniß der nothwendigen Eigenschaften menschlicher Vollkommenheit zu streichen. Sie fühlte für das Alter Liebe und Achtung. — Im Jahre 1768 begleitete Amalie die Prinzessin Ferdinand als Hofdame in die Bäder von Aachen und Spaa, wo sie durch ihre musikalische Begabung, ihre schöne Gestalt, ihren hohen Ernst viel Beifall fand. Es fand sich von ihr auch angezogen der Fürst Gallitzin, der hier auf der Rückreise nach Petersburg einige Zeit sich aufhielt. Er war 14 Jahr in Paris gewesen, um Originalgemälde für die Russische Kaiserin aufzukaufen; Voltaire und Diderot nannten sich seine Freunde und priesen ihn als Gönner der Kunst und Wissenschaft. Er näherte sich Amalien und hielt um ihre Hand an. Die Prinzessin Ferdinand und ihre Verwandten riethen ihr einzuwilligen, die Mutter gab ihre Zustimmung, und so wurde Amalie bewogen, obwohl tiefere Zuneigung ihr fehlte, die Braut und im August 1768 zu Aachen die Gemahlin des Fürsten Gallitzin zu werden. Sie hatte sich dazu entschlossen, weil sie hoffte, daß sie durch den Fürsten, der ihr ja als ein so hochbegabter Freund der Wissenschaft und Kunst gepriesen war, eine große Förderung ihres geistigen Lebens gewinnen und in dem Ringen nach dem Ideal eine wesentliche

Hülfe erhalten würde. „Mein Herz beburfte nicht, so schrieb sie später, was man in der Welt Liebe nennt; aber die Neigung, welche den geliebten Gegenstand zu vervollkommnen strebt, und wovon das Ideal die tiefsten Wurzeln in mein Gemüth geworfen hatte, war mir höchstes Bedürfniß geworden, und dieses Ideal war unabhängig von der Gestalt. Ich fühlte, daß der Fürst Alles für mich werden könne, wenn er diese Gesinnungen mit mir zu theilen fähig wäre."

Drittes Kapitel.

Die Fürstin und Diderot. Die Fürstin scheidet aus dem gesellschaftlichen Verkehr. Ihre Verbindung mit Hemsterhuys. Die Erziehung der Kinder.

Es folgten jetzt mehrere Reisen, welche die Fürstin mit ihrem Gemahl machte; sie kam so auch nach Paris. Der blendende Witz, der in den dortigen Kreisen herrschte, fesselte sie nicht auf die Dauer, da ihm die Grundlage der Sittlichkeit fehlte, und Fülle tiefgreifender Gedanken ihm abging. Einen bleibenden Aufenthalt nahm sie im Haag, denn am holländischen Hof war ihr Gemahl Gesandter. Hier traf im Juli 1773 Diderot mit ihr zusammen und empfing einen tiefen Eindruck von ihrer bedeutenden Persönlichkeit: „La princesse est revenue de son voyage. C'est une femme très-vive, très gaie, très spirituelle et d'une figure assez aimable, plus qu'assez jeune, instruite et pleine de talens; elle a lu, elle sait plusieurs langues, c'est l'usage des Allemandes; elle joue du clavecin et chante comme un ange; elle est pleine de mots ingénus et piquans; elle est très-bonne: elle disait hier à table, que la rencontre des malheureux est si douce, qu'elle pardonneroit volontiers à la providence d'en avoir jeté quelques-uns dans les rues. Nous avions un buteur, qui se repentait de ne s'être pas fait peindre à Paris; elle lui demanda, s'il n'y était pas au temps d'Oudry *). Elle est d'une extrême sensibilité; elle en a même un peu trop pour son bonheur. Comme elle a des connaissances et de la justesse, elle dispute comme un petit lion. Je l'aime à la folie; et je vis entre le prince et sa femme comme entre un bon frère et une bonne soeur**)."

Die Lebensweise, die sich ihr jetzt eröffnete, genügte ihr keineswegs; der Fürst, obwohl in jeder Hinsicht achtbar, wohlwollend, im Besitz mannigfacher Kenntnisse, hatte zu wenig idealen Sinn, um irgendwie seine Gemahlin zu verstehen. Und so konnte auch das Verhältniß zwischen beiden Gatten nie die Grenzen pflichtmäßiger Hochachtung überschreiten. Die

---

*) Ein berühmter Thiermaler.
**) Die Fürstin ist von ihrer Reise zurückgekehrt. Es ist eine sehr lebhafte, sehr muntere, sehr geistvolle Frau, eine recht einnehmende Erscheinung, noch sehr jung, gebildet und reich begabt; sie hat viel gelesen, versteht mehrere Sprachen, wie es die deutschen Frauen pflegen; sie spielt Clavier und singt wie ein Engel, ihre Unterhaltung ist unbefangen und witzig; sie ist sehr gut: gestern sagte sie bei Tisch, das Zusammentreffen mit Unglücklichen sei so süß, daß sie gern der Vorsehung verzeihe, daß sie einige auf die Straße geworfen hätte. Wir verkehrten mit einem Renommisten, welcher bereute, daß er sich nicht in Paris habe malen lassen; sie fragte ihn, ob er nicht zur Zeit Oudry's da gewesen sei! Sie besitzt eine sehr große Erregbarkeit, die sogar ein wenig zu groß für ihr Glück ist, Da sie Kenntnisse und richtiges Urtheil besitzt, disputirt sie wie ein kleiner Löwe. Ich liebe sie wie ein Narr, und ich lebe beim Fürsten und seiner Gemahlin wie bei einem guten Bruder und einer guten Schwester.

Fürstin hatte ferner die Aufgabe, zahlreiche Gesellschaften zu besuchen, ja in ihrem eigenen Hause zu veranstalten, denen sie innerlich fern stand. Es schmeichelte wohl ihrem Ehrgeiz, einen Kreis von Bewunderern ihrer Gaben um sich zu sehen, aber immer regten sich tiefere Bedürfnisse, die auf diese Weise nicht befriedigt wurden, und sie mußte sich selbst sagen, wie ihr ganzes Thun und Treiben sie dem Ideal entfremde, welches ihre Seele erfüllte. „Ich brachte, so schrieb sie später, aus diesem ewigen Kreis von Spielen und Besuchen und Schauspielen und Tänzen und Nichtigkeiten immer des Abends nur ein vermehrtes vergebliches Streben nach etwas Besserem, das ich dennoch nicht kannte und Keinem anvertrauen durfte, nach Hause; ich schlief selten ohne Thränen ein. Mir war, wie jenen Schauspielern, die auf der Bühne Andere belustigen, indeß sie selber bittere Thränen vergießen." — Lange konnte dieser Zustand nicht dauern; und es bot sich ein Umstand dar, der eine Aufhebung desselben ihr ermöglichte. Sie hatte zwei Kinder, eine Tochter Marianne*) und einen Sohn Demetrius, deren Erziehung ihr oblag. Eine ernste Erziehung konnte aber nur dann stattfinden, wenn die Fürstin sich den Kindern ganz zu widmen im Stande war und jene Gesellschaften verlassen hatte. Was sich ihr so als Pflicht kundgab, stimmte mit ihrer Neigung, den Wissenschaften sich zu widmen, überein; und ihr Gemahl gab ihr, von Diderot ebenfalls dazu aufgefordert, die Erlaubniß. Mit Diderot verkehrte sie viel, ohne daß es diesem jedoch gelang, sie zu einem irreligiösen Gedanken zu verführen. Auf ihr wiederholtes „Warum" wußte er oft genug keine klare, befriedigende Antwort zu geben. Ihre damalige Lebensweise beschreibt Diderot: „Le prince a son travail politique; la princesse mène une

---

*) Im Jahr 1824 in Düsseldorf als verehelichte Fürstin von Salm-Reifferscheid-Krautheim gestorben.

vie, qui n'est guère compatible avec la jeunesse, la légèreté de son esprit et le goût frivole de son âge; elle sort peu, ne reçoit presque pas compagnie, a des maîtres d'histoire, de mathématiques, de langues; quitte fort bien un grand dîner de cour pour se rendre chez elle à l'heure de sa leçon, s'occupe de plaire à son mari, veille elle-même à l'éducation de ses enfans; a renoncé à la grande parure; se lève et se couche de bonne heure, et ma vie se règle sur celle de sa maison. Nous nous amusons à disputer comme des diables; je ne suis pas toujours de l'avis de la princesse, quoique nous soyons un peu férus tous deux de l'antiquomanie, et il semble, que le prince ait pris à la tâche de nous contredire en tout: Homère est un nigaud, Pline un sot fieffé, les Chinois les plus honnêtes gens de la terre et ainsi du reste. Comme tous ces gens-là ne sont ni nos cousins, ni nos intimes, il n'entre dans la dispute que de la gaieté, de la vivacité, de la plaisanterie avec une petite pointe d'amour-propre, qui l'assaisonne *)." Um sich selbst den

---

*) Der Fürst hat mit politischen Angelegenheiten zu thun; das Leben der Fürstin stimmt wenig mit ihrer Jugend, mit der Lebhaftigkeit ihres Geistes und dem leichtsinnigen Geschmack ihres Zeitalters überein; sie geht wenig aus, empfängt fast keine Gesellschaft, erhält Unterricht in Geschichte, Mathematik und Sprachen, verläßt sehr gern ein großes Diner bei Hofe, um zu rechter Zeit in ihrem Hause Stunde zu nehmen, beschäftigt sich damit, ihrem Gatten zu gefallen, überwacht selbst die Erziehung ihrer Kinder, hat auf großen Putz verzichtet, erhebt sich und legt sich nieder zur rechten Zeit, und mein Leben richtet sich nach dem ihres Hauses; wir haben unsere Freude daran, verteufelt mit einander zu disputiren; ich bin nicht immer der Meinung der Fürstin, obwohl wir alle beide ein wenig wild sind vor Begeisterung für das Alterthum, und es scheint, als ob der Fürst sich die Aufgabe gestellt hat, uns in Allem zu widersprechen: Homer ist ein Einfaltspinsel, Plinius ein Erznarr, die

Eintritt in jene Salons unmöglich zu machen, schnitt sich die Fürstin alle Haare ab und trug eine runde Perrücke. Die Welt lachte, aber tiefere Gemüther, wie die Fürstin von Oranien, verstanden sie und suchten ihre Freundschaft. Sie zog in die Nähe des Haags nach einem Meierhof, der, um alle Fremde vom Besuch abzuschrecken, Nithuiß (nicht zu Hause) genannt wurde. Hier fühlte sie sich glücklich. „Ich fand bald, sagte sie, eine solche Seligkeit in diesem Leben, in dem Umgang mit meinen Kindern, in dem allmählich fortschreitenden Zuwachs an Kenntnissen, und in der Ruhe der Seele, womit ich jeden Abend zu Bette ging, daß nun höhere Bedürfnisse sich zu äußern anfingen. Gott und meine Seele wurden die gewöhnlichen Gegenstände meiner Betrachtungen und Forschungen." Um diese Zeit trat sie auch in freundschaftliche Verbindung mit Hemsterhuys, dem Sohne des berühmten Philologen, einem Kenner und Freunde der platonischen Philosophie*). Er war bedeutend älter als sie und wurde ihr ein liebevoller Lehrer und innigstgeliebter Freund. Der Altersunterschied hatte für die Fürstin in späteren Jahren ihrer Freundschaft nur insofern etwas Schmerzliches, als sie darin die Ursache früher zeitlicher Trennung erkannte. Zarter Sinn für alles Edle, Gute und Schöne, feine Beobachtung, hohe Liebenswürdigkeit im Verkehr, Eleganz der Rede und Mittheilung zeichneten ihn aus. Er hatte ein tiefes Verständniß für die Bedürfnisse des Herzens, und diese zu be-

---

Chinesen sind die ehrenwerthesten Menschen auf der Erde, und so urtheilt er überhaupt. Da alle diese Personen weder unsere Vettern noch unsere Vertrauten sind, so herrscht in unserer Unterhaltung nur Heiterkeit, Lebhaftigkeit, Scherz, verbunden mit einer gewissen Eigenliebe, welche sie würzt.

*) Eine Zeit lang arbeitete er als erster Commis in der Staatskanzlei der Hochmögenden und als Mitglied des Direktoriums der Zeichnungsakademie in Amsterdam.

Drittes Kapitel.

friedigen, war ihm wesentlicher, als die Ansprüche verstandes=
mäßiger Forschung zu erfüllen. „Ein einziger Seufzer, sagte
er, nach etwas Höherem und Besserem, als diese Welt un=
serem Verlangen gewähren kann, ist mehr als ein mathema=
tischer Beweis der Unsterblichkeit." Warme Freundschaft ver=
band ihn dauernd mit der Fürstin, ihre Briefe zeugen von
der herzlichsten Liebe. Ihre nach Freundschaft begierige Seele
legte auf lange Zeit in dies Verhältniß zu Hemsterhuys die
volle Kraft der lebhaften Empfindung, und die Worte, in denen
sie derselben Ausdruck verleiht, sind so in das Element der
Liebe getaucht, daß die Unlauterkeit leicht darin Spuren ver=
botener Leidenschaft finden könnte. „Ich liebe Sie," schreibt die
Fürstin an ihren Freund, „Sie machen einen wesentlichen
Theil meines Glücks aus." Aber um von vorn herein uns
den Standpunkt zu zeigen, von dem die Beurtheilung der
Stellung beider zu einander auszugehen hat, die wissenschaft=
liche Grundlage, auf der sie ruht, zu deuten, nennt die Für=
stin Hemsterhuys ihren theuren Sokrates, und er sie seine
Diotima*). Gegenseitige Förderung in der höheren Erkennt=
niß war es, was beide zusammengeführt hatte und mit ein=
ander verknüpfte. Die philosophischen, an Platon sich an=
schließenden Anschauungen des Hemsterhuys mußten der Fürstin
eine Vorhalle sein, in das Heiligthum des Glaubens einzu=
treten. Hatten sie doch, indem sie das Uebersinnliche, Unsicht=
bare als das Ewige und Seiende darstellten und zu dessen
Betrachtung aufforderten, einen gewissermaßen religiösen
Charakter. Nicht die sinnliche Erscheinung, lehrte Hemster=
huys, ist das wahre Sein, nicht der Schein und Glanz, der
über die Außenwelt hingegossen ist, enthält die Wahrheit.
Jenseits derselben liegt sie, über die Erscheinung müßt ihr

---

*) In Platons Gespräch „das Gastmahl" erwähnt Sokrates
Diotima als seine Freundin und Lehrerin.

hinausgehen, um sie zu erkennen. Die Materie ist nur ein dunkler Schleier, welcher das Wesen der Dinge verhüllt. Und wer kann ihn heben? Nur der, welcher selbst die Materie in sich überwunden hat. Wessen Geist die Sinnlichkeit beherrscht, geht auf dem Weg, der zur Erkenntniß führt. — Das waren die Gedanken, welche nicht den Verstand allein, sondern das ganze innere Leben der Fürstin bewegten und sie einst, wie die Väter der alten Kirche, zu Christus hinführen sollten als dem Menschensohn, der nicht allein das Ideal im Gedankenbilde zeigt, sondern in sich selbst ist und darstellt, der deßhalb auch allein den Menschen, die mit ihm in Gemeinschaft treten durch den Glauben, die Kraft, ihm ähnlich zu werden, verleihen kann. —

Die Fürstin, die sich alle Vergnügungen versagte, die sie ihrem Erziehungsberuf entfrembeten, hatte dennoch viel Sinn für die Freuden, welche nicht sowohl das Gemüth verwirren und in leidenschaftliche Unruhe versetzen, als vielmehr erheben und Ruhe und Heiterkeit verleihen. Dazu rechnete sie nun besonders die Freude an der Natur. Und da Holland in dieser Hinsicht wenig gewährte, so sehnte sich die Fürstin, nach einem Landgut des Fürsten am Genfersee zu reisen, zumal ihr Besuch von Freunden zugesagt war. Ihr Gemahl hatte seine Erlaubniß gegeben. Vorher wollte sie jedoch mit Herrn v. Fürstenberg, der in Münster damals mit der Schulreform als erzbischöflicher Minister umging, über die richtige Art und Weise der Erziehung sich besprechen. Sie reiste nach Münster, wurde aber so von der Persönlichkeit Fürstenbergs angezogen, daß sie sich entschloß, in Münster zu bleiben und die Schweizerreise aufzugeben. Dies geschah. Im Winter lebte nun die Fürstin in Münster, im Sommer in der Nähe Münsters im Hause eines Pächters zu Angelmodde, an dem reizenden Ufer der Werse, immer in großer Zurückgezogenheit, auf den Umgang weniger Personen beschränkt.

Im Sommer erhielt sie auf einige Wochen Besuch in der Begleitung ihres Gemahls von Hemsterhuys, mit beiden stand sie sonst in Briefwechsel*).

Levin Schücking (Rhein. Jahrbuch für Kunst und Poesie 1840) schildert uns ihren Aufenthaltsort in anschaulicher Weise: „In der Entfernung von etwa einer Stunde von Münster liegt eine Gruppe freundlicher Häuser um einen weißgetünchten Kirchthurm gesammelt, der sich zwischen Obstbaumästen in einem kleinen Flusse, der Werse, spiegelt und ein angebautes hügelichtes Land beherrscht — eine stille westphälische Landschaft, von dichten Wallhecken durchschnitten und von Eichenwäldern umsäumt, an die sich die zerstreuten Bauerhäuser lehnen. Mit leisem Wellenschlage drängt sich der Fluß durch dies friedliche Gefilde und bespült den Pachterhof zu Angelmodde. — Eine große Kammer und einige kleine Stuben bildeten die glanzlose Residenz der Fürstin." —

Es ist hier wohl der Ort, uns über das Verhältniß auszusprechen, das zwischen der Fürstin und ihrem Gemahle stattfand. Wenn auch auf der einen Seite fest steht, daß die Fürstin keinen Schritt gethan hat, der irgendwie als eine Verletzung des ehelichen Bundes angesehen werden könnte, ja wenn auch überhaupt die Entfernung vom Aufenthalte ihres Gemahls mit seiner Bewilligung stattgefunden hat, so muß es auf der anderen Seite unumwunden anerkannt werden, wie das eheliche Leben ohne die Innigkeit des Herzens, ohne die tragende und duldende Liebe geführt wurde, welche Christus von den Seinen fordert. Und je höher geistig und sittlich, später auch geistlich die Fürstin stand, desto mehr trifft sie der Vorwurf, die Pflicht der Selbstverleugnung und des Gehor-

---

*) Die Fürstin hatte Hemsterhuys ein Jahrgehalt ausgesetzt, um ihm den Zeitverlust zu ersetzen, den seine Briefe an sie ihm verursachten.

sams versäumt und sich den Schranken entzogen zu haben, in
denen zu kämpfen und zu arbeiten ihr geboten war. Sie hat
die Versuchungen, welche das gemeinsame Leben mit ihrem
Gemahl ihrer eigenen Förderung wie der Erziehung ihrer
Kinder bereitete, nicht überwunden, sondern ist ihnen entflohen.
Die Fürstin hat übersehen, daß der Gehorsam unter wider=
strebende Ordnungen, die Zucht, die wir dem eigenen Willen
um Gottes willen auferlegen, eine viel bessere Erziehung ge=
währt, als eine selbstgewählte, nur mit Umgehung gegebener
Pflichten gewonnene Umgebung, auszuüben vermag. Ein schwe=
rerer Kampf freilich, aber auch ein herrlicherer Weg wäre
der Fürstin zu Theil geworden, wenn sie das geräuschvolle
Leben im Haag nicht mit der Einsamkeit von Angelmodde
und der Stille Münsters vertauscht hätte.

Trägt die Freundschaft der Fürstin zu Hemsterhuys den
Charakter des Wissenschaftlichen, und steht sie ihm gegenüber
als liebevolle Schülerin, so ist der Einfluß Fürstenbergs, mit
welchem die Fürstin in Münster in nahe Verbindung trat,
mehr ein praktischer. Sie ist ihm Kind, und er ihr Vater.
Sie betrachtet ihn, den gereiften christlichen Staatsmann, mit
pietätsvoller Bewunderung. Fürstenberg war Berather in den
wichtigsten Angelegenheiten; und wenn die Fürstin ihn in
Briefen erwähnt, so nennt sie ihn fast immer den großen
Mann, le grand homme. Das ganze Wesen Fürstenbergs
hatte nicht sowohl etwas Biegsames, Weiches, für eine Man=
nigfaltigkeit der verschiedenartigsten Eindrücke Empfängliches,
wie dies bei Hemsterhuys der Fall war; vielmehr trug es das
Gepräge des Ernsten, Festen, Entschlossenen, Bestimmten.
Ihn zog es nicht zu den Höhen der sinnenden Betrachtung
und Schauung, sondern vielmehr zur klaren nüchternen Er=
forschung der Wirklichkeit. Mathematik und empirische Psy=
chologie erschienen ihm als die wichtigsten Wissenschaften; jene
als Mittel, den Verstand zu klarer Einsicht und richtigem

Wahrheitsgefühl zu führen, diese als Weg zur wahren Selbsterkenntniß. Fürstenberg war für die Fürstin, deren Gemüth im Idealen wurzelte, eine wesentliche Hülse, die Brücke zu schlagen, welche das Reich des Gedankens mit der Wirklichkeit verbindet, und sie schenkte ihm mit Recht volle Hochachtung und unbedingtes Vertrauen. Nur eins schied beide von einander, die Art und Weise des religiösen Lebens, indem Fürstenberg in Christus das Heil fand, während die Fürstin im kräftigen Ringen nach dem Idealen es suchte. Die Fürstin hatte sich in dieser Hinsicht jede Beeinflussung verbeten, indem sie, was Gott betreffe, nichts in sich leiden könne, was Er in ihr nicht selbst geschaffen. Um Licht bitte sie ihn, und dazu sei ihr Herz offen. Indessen verwandte die Fürstin großen Eifer auf die Erziehung ihrer Kinder, und arbeitete hier, ohne es zu ahnen, an der Erziehung ihrer eignen Seele für Christus. Werfen wir einen Blick auf die Erziehungsgrundsätze, denen sie folgte. Sie hängen zusammen mit den Anschauungen, welche sie über das Wesen der Seele und deren richtige Bildung hegte. Und auf der anderen Seite, ein wesentlicher Antrieb zu ihren wissenschaftlichen Studien lag in ihrem pädagogischen Interesse. Und dies ist ein Beweis, daß, obwohl gewiß ihr wissenschaftliches Thun und Treiben die Grenzen überschritt, welche mit Recht meistens die weibliche Bildung inne hält, und obwohl sie in dieser Hinsicht gewiß nur wenigen gleichbegabten Frauen vorbildlich sein kann, keineswegs irgend etwas von Unweiblichem und Emanzipirtem in ihrem Treiben lag. Alle ihre Bestrebungen haben nur einen Gegenstand, der nicht abstrakter Theorie, sondern dem innersten Leben des Gemüths angehört. Wie die menschliche Seele beschaffen sei, was das Ziel, und welcher der Weg ihrer Entwickelung, das wollte sie erforschen. Und zwar war der Beweggrund ihres Untersuchens nicht etwa, mit den gewonnenen Kenntnissen und Einsichten zu prunken und sich so Glanz und

Ehre zu erwerben, sondern, wie wir schon gesagt haben, kein anderer, als durch die Einsicht befähigt zu werden, selbst auf dem besten Weg zum besten Ziel zu gehen und ihre Kinder ebenso zu führen. Die Fürstin, darin im Einklang mit Hemsterhuys, setzte das innerste Wesen der menschlichen Persönlichkeit in den Willen, und fand in allen anderen Vermögen der Seele nur Mittel, ihn zu erregen, ihn zu lenken, ihm Ziele und Gegenstände zum Handeln zu gewähren. Danach stellte sich ihr als Aufgabe der Erziehung dar, die Seelenvermögen so zu bilden, daß sie alle dem einen Zweck dienten, dem Willen zur Selbständigkeit zu verhelfen, ihm die wahre Richtung zu geben und ihn auf die rechten Ziele zu leiten. Der Wille sollte zur Wahrheit und zur Freiheit gebildet werden. Das war das Ziel der Erziehung, dem mußten die Mittel angemessen sein. Sollte zur Freiheit, zur Selbständigkeit erzogen werden, dann auch durch Freiheit. Es mußte das Kind zur Selbständigkeit angeregt und durch die Erziehung veranlaßt werden, sich selbst zu erziehen. Es mußte so eine gewisse Strenge in der Erziehung walten. Was zur Weichlichkeit reizte, wurde den Kindern entzogen, denn sie sollten über die Sinnlichkeit zu herrschen lernen; ebenso wurde das Lob nur sparsam ausgetheilt, damit Eitelkeit, Ehrgeiz und Stolz nicht den Willen knechten könne. Man möchte fürchten, daß so eine gewisse Härte und Kälte sich im Verhältniß der Fürstin zu ihren Kindern gebildet hätte. Denn achtungswerth zwar, aber unnahbar und kalt ist der Mensch, dem die Pflicht allein der Beweggrund des Handelns ist. Und in gewissem Sinne hatte allerdings die Erziehung der Fürstin etwas Herbes und Rauhes. Es mag wohl wahr sein, was F. H. Jacobi sagt: „Die Kinder wurden zu allerhand Uebungen angehalten und lebten in einem beständigen Zwange." Aber wenn wir schon das Verfahren der Fürstin milder beurtheilen, indem wir erwägen, daß sie durch dasselbe Reinheit und Festigkeit als die werthvollsten Tugenden im Charakter ihrer Kinder zu begründen suchte, so werden wir dasselbe in noch günstigerem Lichte sehen, wenn wir darauf achten, wie die Rücksicht auf ihr Zeitalter maßgebend für die Fürstin war. F. H. Jacobi gibt uns hierüber Aufschluß. Er sagt: „Sie glaubte ihre Zöglinge in dem Jahrhundert, worin sie lebten, isoliren zu müssen, um ihnen Gewohnheiten und Grundsätze ganz anderer Zeiten einzupflanzen und auf diese Weise sie geschickt zu machen, dereinst mit Nachdruck die ersten Schritte einer Verbesserung der Menschheit zu thun. Sie glaubte aber, daß die Fortsetzung der Uebungen, zu denen sie zuvörderst nöthigte, die eigene Neigung erzeugen würden." Wozu die Fürstin also schon ihre Anschauung des Wesens der Seele bewog, den Willen zur Herrschaft und Freiheit zu erheben, dazu trieb sie auch die Rücksicht auf ihre Zeit. Mehr als Andere forderte diese von dem Einzelnen Selbständigkeit, um ihren verderblichen Einflüssen sich entziehen und sie selbst vielleicht auf einen bessern Weg führen zu können. Und die Neigung und innere Zustimmung der Zöglinge, deren jede Erziehung bedarf, erwartete sie mit Recht von dem Gefühl des Wohlseins, das unwillkürlich jedes richtige Handeln erzeugt. War so allem Weichlichen in der Erziehung kein Raum gegönnt worden, so sorgte doch die Fürstin dafür, daß dem Zarten und Innigen seine Stätte blieb. War auf der einen Seite der Mensch auf sich selbst gestellt worden, fest und stark in der Freiheit, so entwickelte die Fürstin durch die innige, zarte Liebe, welche sie den Kindern erwies, die Fähigkeit und die Kraft, nun auch von sich selbst wieder auszugehen in der Liebe. Freiheit, Wahrheit und Liebe waren die drei edlen Tugenden, zu denen sie erzog. Frei sollte der Mensch werden, in sich selbst ruhend voll eigner Kraft; aber diese Kraft sollte er nicht für sich behalten, sondern in der Liebe mittheilen. Die Wahrheit aber mußte der Freiheit und Liebe die rechten Ziele geben und als Salz vor dem Fallen in das Verkehrte und Gemeine bewahren. In jeder geistigen Beschäftigung sah sie ein Mittel, den Willen im Guten und Wahren zu befestigen. So war ihr die Wissenschaft, in der ihre Kinder unterrichtet wurden, vor Allem ein Mittel, den Wahrheitssinn zu bilden und zu pflegen und dadurch Abscheu gegen Schein und Unwahrheit zu erwecken. In verwandtem Interesse wurde auch die ästhetische Seite gepflegt; an der großen Sammlung ächter griechischer Antiken, die der Fürstin gehörte, sollte das Interesse an dem Schönen erregt werden, und hierdurch, da das Gute allein wahrhaft schön, und das Böse auch immer häßlich ist, das sittliche Leben eine Stütze erhalten. Große Geduld scheint die Fürstin in dem Geschäft der Erziehung nicht bewiesen zu haben, vielmehr ging ihrem strebsamen Geiste die Entwicklung der Kinder viel zu langsam. Oft wurde sie muthlos, auch noch, als sie schon in Jesu Christo den Erlöser von der Sünde erkannt hatte. So schreibt sie an einen gewissen Herrn Hase, der als Hauslehrer bei den Kindern war: „Haben Sie doch stets ein scharfes Auge auf die Hauptuntugenden der Kinder und haben Sie kein Erbarmen. Treiben Sie die Teufel aus. Mimi*) ist geschwätzig, ränkevoll und streitsüchtig, Amalie**) lügt wie gedruckt, und Mitri***), der Tropf, bereitet mir viel Seelenleiden mit seiner unüberwindlichen Faulheit und lächerlichen Poltronnerie." An ihren Sohn schreibt sie zu seinem 14ten Geburtstag, am 22. Dez. 1784: „Mit Wonne und Schauder erfüllet mich wechselseitig der Gedanke an den heutigen Tag. Der erste Gedanke daran beim Erwachen war freilich Wonne der Liebe und Dank, daß Gott Dich mir gab, mir gab, vielleicht einen seligen Menschen

---

*) Marianne.
**) Die Tochter ihres Bruders.
***) Demetrius.

zur Welt geboren zu haben. Aber dieses vielleicht?! — Hier
fing ein zweiter Gedanke mit seinem Stachel an zu wüthen.
Heut, dacht ich, hat er vierzehn Jahre zurückgelegt und — ach
Gott — ist noch so ganz willen- und kraftlos, unter dem beständigen Antriebe fremder Willenskräfte umherkriechend. Diesen schrecklichen Gedanken veranlaßte dieses noch schrecklichere
vielleicht, nämlich der Zweifel: ob dieser Mensch, den ich
unter meinem Herzen getragen, jemals ein Gott wohlgefälliger,
seliger Mensch werde? oder trotz aller der vorzüglichen Gaben,
die der Allgütige ihm schenkte, um einer der besten und glück-
seligsten Menschen werden zu können, trotz meiner Sorgen,
Bitten und Flehen fortfahre, zu seinem Verderben zu eilen
. . . . . Ich war seit einigen Monaten- einige Mal mit bessern Hoffnungen erfüllt und diese, ich gestehe es gern, haben
mich noch nicht ganz verlassen; nur gesunken, verdunkelt sind
sie durch die letzten wieder schlimmen Zeiten und die ewig
wiederkehrenden Zeichen der sklavischen Unterwürfigkeit, mit
welcher Du Deiner entsetzlichen Trägheit und Unthätigkeit Dich
ergibst . . . . . Lieber Mitri, ach möchtest Du heute zu
Deinem Geburtstage, nach Lesung dieses Briefes, damit zu
feiern anfangen, daß Du Deine sklavische, weichliche, träge
Unthätigkeit mit dem Abscheu fühltest, den sie als ewige Zer-
rütterin Deines Wohles verdient; — möchtest Du, mit einem
edlen Schauern bei dem Ueberblick des Vergangenen erfüllt,
vor dem Allgegenwärtigen auf Deine Kniee fallen und ihn
um Hülfe für's Zukünftige anflehen mit dem Bewußtsein, daß
Du wirklich nun einmal in Deinem Herzen den festen Vorsatz gefaßt, künftig mit ganzer Seele als ein freier Mensch
handeln zu wollen, der da fühlt, daß, wenn ihn auch kein
Mensch sieht, er von Gott gesehen und von ihm zu künftigen,
ewigen Schicksalen bestimmt ist. O Mitri, mein — in
dieser Voraussetzung — innigst geliebtes Kind, wie wallt mein
Herz bei dem Gedanken, daß Du vielleicht schon von selbst,

oder doch nach Lesung dieses Briefes, veranlaßt seiest, diesen Tag mit dieser Deinem Alter und einer edlen Seele würdigen Feierlichkeit zu feiern, und daß wir den Anfang Deiner wahren Entwickelung, eines hohen, edleren Schwunges Deines Geistes, von diesem Tage an werden rechnen können! Ach, mit dieser süßen Hoffnung, die meine ganze Seele erheitert und mit den schönsten Erwartungen erfüllt, werfe ich mich mit Dir nun zu den Füßen unseres Vaters (knieend schreibe ich dieses) und schreie aus der Tiefe meines Herzens: Erbarme Dich, o Vater, seiner und meiner. Verbirg nicht länger Dein Antlitz vor ihm. Erhöre, unterstütze, stärke ihn, wenn er betet, mit Wahrheit und festem Willen. Herr, laß ihn nicht zu Schanden werden, den ich unter meinem Herzen getragen und Dir von ganzem Herzen gewidmet habe. Du weißt es ja, der Du allwissend bist, daß ich nach Lob der Menschen, nach Ehrenstellen, nach Reichthum für ihn und mich nicht trachte, sondern nach dem Ruhm allein, Dir wohlgefällig zu sein, und nach der Glückseligkeit, daß wir einst in Liebe vereinigt der Seligkeit, Dir näher zu kommen, die Du durch Jesum versprochen hast, theilhaftig werden. Amen."

In späterer Zeit mochte wohl die Fürstin erkennen, daß ihre Liebe zu den Kindern mit Ungeduld sich mische und so oft zur Unzeit das Gewand der Rauheit und Strenge anziehe. So schreibt sie im Juni 1788 an den Hauslehrer und die Kinder, einen Tag bevor sie zum heiligen Abendmahl gehen wollte: „Ich bitte Euch herzlich, daß Ihr mir meine an Euch begangenen Fehler verzeihen, und wenn Euch in's Besondere einige einfallen, mich daran erinnern wollet. Ich bereue in Hinsicht Eurer in's Besondere, daß ich das irascimini, sed nolite peccare*) allerdings nicht immer beobachtete.

---

*) Zürnet, aber sündiget nicht. Eph. 4, 26.

Mein Fehler darin war meistens, daß ich die Angst über Euren bösen Zustand zu heftig auf mich wirken ließ und mir daher nicht immer Zeit genug nahm, daß ich durch Gebet und längere Ueberlegung meine Begierde nach Eurer Besserung mit willenloser Unterwerfung unter Gott fesselte; so geschieht es denn wohl, daß der gerechte Eifer zum Guten durch die ungerechte Leidenschaft, es zu erreichen, verunreinigt wird."

In einem andern Briefe an Demetrius aus jener Zeit schreibt die Fürstin: „Liebes Kind, ich muß Dich so oft betrüben, weil ich für Dich wollen muß, was Du bis jetzt nicht gewollt hast, und von Dir abwenden muß, was Du bisher am sehnlichsten verlangtest. Glaube mir, Sohn, dieses beständige Streben gegen Deinen Willen ist die schwerste meiner Pflichten; denn es kommt mir vor, als wenn ich deßwegen Deine Liebe und Dein Zutrauen verliere. Doch Du wirst mich, wenigstens noch einst im Grabe, dafür segnen müssen."

Auch Friedrich Heinrich Jakobi's Sohn, Georg, nahm am Unterricht im Gallitzin'schen Hause Theil. Ein Brief des Vaters an die Fürstin läßt einen Blick in die Unterrichtsmethode, die angewendet wurde, thun.

Pempelfort, den 19. Mai 1783.

Es rührt mich und es demüthigt mich immer, meine liebe Amalie, wenn Sie, Georgen betreffend, in Ihre Briefe etwas einfließen lassen, das einer Entschuldigung oder einer Rechtfertigung ähnlich sieht. Es rührt mich, weil es mir die ungemeine Güte Ihres Herzens, die huldvolle Bescheidenheit Ihres Charakters so lebhaft vor Augen stellt; und es demüthigt mich, weil ich dann immer zehnfach empfinde, was ich für mein eigen Kind nicht zu thun im Stande bin, und was Sie, meine Freundin, für dasselbe thun. Sie wissen, wie sehr ich, da George vorigen Sommer hier war, seine Fortschritte in wesentlichen Dingen bewundert habe, welchen hohen Werth ich, von allem Andern weggesehen, schon allein auf die

Ausbildung seiner körperlichen Kräfte legte, die ihm an keinem andern Orte in der Welt zu Theil geworden wäre; und wenn ich einige Sorge oder Verlegenheit habe blicken lassen, so ist es einzig und allein in Ansehung der Sprachen und etwa der Geschichte und Geographie gewesen, weil ich der Meinung bin, es müsse das Gedächtniß zu diesen Kenntnissen früh angestrengt und eine mechanische Fertigkeit darin erworben werden. Was für einer Meinung man auch über die beste Methode des Unterrichts zugethan sei, es sei im Allgemeinen oder nach Unterschieden: so ist doch Folgendes wohl nicht zu läugnen, daß wir nämlich diejenigen Wissenschaften, die auf eine unmechanische Weise theils erlernt werden können, theils erlernt werden müssen; daß wir diese sogar, wenn wir sie wirklich inne haben sollen, am Ende doch mechanisch wissen müssen. Was wir nicht dergestalt gelernt haben, daß wir es blos aus dem Gedächtnisse reproduziren können, so daß der Verstand gewissermaßen nur das Zusehen dabei hat, das nützt uns sehr wenig, oder es nützt uns wenigstens nicht lange. Um aber etwas im Zusammenhange auswendig zu wissen, dazu wird erfordert, daß uns das Knochengebäude davon ganz geläufig sei: daß wir jedes Stück davon, an seinem Platze, zu unterscheiden und zu nennen wissen; daß wir es auseinander nehmen und wieder in einander fügen können ohne Mühe, und so zu sagen blindlings. Wenn dies von allen Wissenschaften wahr ist bis hinauf zur höchsten Metaphysik, wenn wir überall eine Folge von Definitionen wörtlich im Gedächtnisse haben müssen, und wenn durch Ordnung alle Dinge leichter werden: so werde ich meine Hochachtung für das Studium der Grammatik in den Sprachen, der Chronologie in der Geschichte u. s. w. leicht rechtfertigen können. Es gibt Dinge, die mit dem Gedächtnisse allein behalten werden müssen, und die man nie recht besitzt, wenn man sich auf sonst etwas dabei verlassen will. — Ich wünsche sehr, daß sich auf dem dortigen Gymnasio für Georg ein Repetitor finden möchte, der täglich für's erste die Deklinationen und Conjugationen mit ihm durchginge, so lange, bis er, wenn man ihn auch um Mitternacht aus dem Schlafe weckte, nicht mehr darin strauchelte; hernach die Regeln der Syntaxis."

Die Erziehung, welche die Fürstin ihren Kindern gab, war durch die Art, in der sie die pädagogischen Ideen der Zeit sich aneignete und bildete, durchaus eigenthümlich und abweichend. Sie trug ein Gepräge, das ihrer Zeit ebenso fremd war, wie das, was sie ihrem eigenen Wesen aufgedrückt hatte. Kein Wunder, daß sie für ihre Zeitgenossen ein Gegenstand der Verwunderung, für Einige auch des Gespöttes wurde. Die Erfahrungen, die sie in dieser Hinsicht gemacht hatte, spricht sie selbst aus: „Par rapport à la religion j'ai passé tour à tour pour grecque, athée, déiste et chrétienne, magicienne dans le sens de la secte soi disante en vogue. Quant aux moeurs cyniques, cette année à cause que je nage et fais nager mes enfants — et sévère piétiste depuis que notre nagerie en a fait nager d'autres: quant à mes sentiments sur l'amour: platonicienne, folle lunatique, et quant à ma manière d'être à peu près toujours excentrique et folle."*)

Die Erziehung ihres Sohnes Demetrius forderte aber zugleich eine Rücksicht auf seine äußern künftigen Verhältnisse und

---

*) Was die Religion anlangt, so habe ich nach der Reihe als Griechin, Atheistin, Deistin und Christin gegolten, auch als Zauberin im Sinn der sich selbst so gewöhnlich nennenden Secte (Illuminaten?); in meinen Sitten als cynisch, weil ich in diesem Jahre schwimme und meine Kinder schwimmen lasse, — und als strenge Pietistin, seitdem unsere Schwimmanstalt Andere zum Schwimmen verführt hat; in meinen Gedanken über die Liebe als platonisch, als mondsüchtige Närrin, und in meiner Lebensweise fast immer als überspannt und närrisch."

Stellungen. Aller Berechnung nach mußte er am russischen Hof, im russischen Heer oder russischen Staatsdienst ein bedeutenderes Amt bekleiden, und die Fürstin ließ es sich daher angelegen sein, ihm, als er herangewachsen war, den Umgang tüchtiger und begabter Offiziere zu verschaffen; wie er denn auch in der Staatswissenschaft Unterricht erhielt. Die Lehrstunden der Kinder wurden aber nicht nur von der Fürstin geleitet, sondern mit Ausnahme der deutschen Geschichte und klassischen Literatur selbst ertheilt. Es war eine gewaltige Thätigkeit, der sich die Fürstin unterzog. In Zeiten, wo sie sich kräftig fühlte, gab sie täglich sechs Stunden; über ihre Zöglinge führte sie drei Tagebücher; zwei führte sie für sich selbst, das eine bestimmt für Bemerkungen über äußere Angelegenheiten, das andere für die sittliche Controle, die sie über sich selbst übte. Es war damals Sitte, Tagebücher zu halten und hing mit dem Geist der Zeit, sich selbst zu beobachten, sich in die Tiefen des menschlichen Gemüths zu versenken, eng zusammen. Die darin liegenden Gefahren, die Zerstörung der Unbefangenheit, das Entstehen eines falschen Interesses für die eigene Person, eine falsche Werthschätzung derselben, welche so oft eintraten, wurden von der Fürstin vermieden. Denn sie schaute in diesen sittlichen Spiegel, nicht um sich zu bewundern, sondern um sich zu demüthigen; nicht um rückwärts zu schauen auf die schon errungenen Siege, sondern vorwärts auf das noch nicht erreichte Ziel. Sie hatte Gewinn; denn sie prüfte sich ernstlich, lernte ihr Inneres kennen und von einer Mannichfaltigkeit falscher Interessen loslösen, so daß sie später die Tagebücher aufhören ließ. Von ihren letzten Jahren haben wir keine. „Wenn diese Uebung, sagt sie, eine angemessene Zeit ernstlich fortgesetzt wird, so vereinfachet sie die Bestrebungen des menschlichen Gemüths dergestalt, daß sie fürderhin nicht mehr nöthig ist." —

Viertes Kapitel.

Die Fürstin findet das Heil in Christo. Die Lockerung der freund=
schaftlichen Beziehung zu Hemsterhuys. Die Verbindung mit der
römisch=katholischen Kirche.

Die Fürstin erzog ihre Kinder mit den Mitteln und
zu dem Ziele, die ihr damals als die wahren und richtigen
erschienen. Indessen fing sie jetzt an, leise Zweifel zu hegen,
ob ihre innere Stellung die richtige sei, wenigstens sagt sie:
„Um diese Zeit merkte ich aber, daß es mit meiner Tugend
und meinem System von Glückseligkeit nicht richtig sein müsse,
indem es mir schien, daß ich, anstatt besser zu werden, mich
verschlimmerte." Damals, 1783, verfiel auch die Fürstin in
eine schwere Krankheit, die sie an den Rand des Todes brachte.
Den Beichtvater, den Herr von Fürstenberg sandte, wies sie
zurück. Es scheint jedoch, daß sie versprach, falls Gott ihr
Genesung gewähren würde, den christlichen Glauben einer
ernsten Untersuchung zu unterwerfen. Sie genas, und die
Zeit von 1783—86 war erfüllt von den eifrigsten Betrach=
tungen über das Wesen des Christenthums. Tag und Nacht
beschäftigte sie sich damit, und selbst ihre Träume waren mit
Bildern verwoben, die diesem Gebiete angehören. So träumte
sie einmal, sie sei im Begriff einen Entschluß zu fassen, von
dem sie fühle, er werde von ihrer Umgebung sehr ungünstig
beurtheilt werden. Unter den schmerzlichsten Empfindungen
entscheide sie sich, indem sie sich immer die Gründe vorhalte,
welche sie dazu bestimmen. Er komme nur so zu Stande,
daß sie sich stets die Nothwendigkeit vorhalte, ihn zu fassen.
Plötzlich habe sie aber eine große Erleichterung gefühlt, und
es sei ihr möglich geworden, mit Lust und Liebe ihn auszu=

führen. Alle jene Beweggründe, welche sie vorher mühsam hätte zusammensuchen müssen, hätten sich ihr jetzt in einem Blick, in einer Anschauung dargestellt.

Sehr tief und wahr sagt die Fürstin: „Ich begriff, daß Männer wie Sokrates, die wir als groß erkennen, weil sie mit eben der Leichtigkeit groß sind, womit der Adler in hohen Lüften schwebet, diese Leichtigkeit, wenigstens zum größten Theil, in der Art ihrer Ueberzeugung haben, insofern dieselbe jener Intuition nähert, die sich mir in jenem Traume darstellte." Die Fürstin spricht hier die große Wahrheit aus, daß allein die Handlungen frei und schön zu nennen sind, welche der Mensch nicht sich selbst abnöthigt und abringt, sondern die er mit Freudigkeit und Lust thut, denen ganz der Charakter des Erzwungenen und also auch Gemachten fehlt. — Indem die Fürstin ihr Inneres in jenen Jahren mit einer Strenge prüfte, die nichts unbeachtet ließ, konnte es ihr nicht entgehen, daß, so rein auch ihre wissenschaftliche Beschäftigung war, die Selbstsucht doch auch hier Wurzel geschlagen habe. Sie hatte auf Ruhm vor der Welt verzichtet; aber nicht auf die Ehre, welche ihre Freunde ihr zollten; am wenigsten hatte sie vergessen, selbst das gebührende Lob sich zu ertheilen. Als ihre übermäßig angestrengten Kräfte ihren Dienst versagten, hatte sie sich zuerst gefragt, ob sie in dieser Hemmung nicht eine wohlverdiente Folge einer nicht in gottgefälliger Weise geführten Thätigkeit zu erkennen habe. Sie spricht sich selbst darüber so aus: „Als ich den Versuch wagte, mit 24 Jahren meine noch nie versuchten Kräfte aufzubieten und in völliger Unwissenheit aller Dinge eine Bahn zu betreten, deren Ziel nichts Geringeres war, als die zur Belehrung und Erziehung meiner Kinder nöthigen Einsichten zu erwerben, glaubte ich mich nur muthig, ward aber bald stolz; denn ich rechnete auf eigene Kräfte, da Gott, der mit meiner Unwissenheit vermuthlich Mitleid hatte, mir Alles, was ich unternahm, so gut

Viertes Kapitel.

gelingen ließ; dadurch vermehrte sich das Vertrauen auf eigene Kräfte! Mein Muth wuchs wie mein Stolz mit dem Erfolge: Ehrgeiz gesellte sich bald dazu, und dieser, mit der Liebe zu meinen Kindern verbunden, brachte mich zu der Art von unerschütterlicher Festigkeit und Hartnäckigkeit gegen alle Hindernisse, die sich mir auf der immer rauheren Bahn darboten, und stellten mich dem übertriebensten Beifall und dem gefährlichsten Ruhm von Größe, Erhabenheit und Genie von zu schmeichelhaften Seiten der berühmtesten Männer hülflos, weil ich ohne Religion war, bloß; daß ich stolz und ehrgeizig wäre, merkte ich um so später, weil ich, überaus vergnügt in der Einsamkeit, stets alle äußerlichen Auftritte vermied. — Die allmähliche Verminderung der Leichtigkeit im Fortgange meiner sich grenzenlos ausdehnenden Wißbegierde, da ich durch Erschöpfung mißbrauchter, überbotener Kräfte kränklich ward, war der Anfang, der mich über mich selbst erleuchtete; da ich nun immer mehr Zeit bedurfte, um weniger zu thun, fing ich an, unwillig von meinen Büchern ab zu den mir sonst angenehmsten Stunden der Belehrung meiner Kinder zu gehen: jede neue Wissenschaft, jede Sprache oder jedes Buch, von welchem ich reden hörte, hinterließ mir, nicht wie sonst einen bloßen Trieb, sondern einen wahren hypochondrischen Schmerz, einen nagenden Wurm über meine Kränklichkeit, die mir nun immer als Hinderniß, meine unbegrenzte Wißbegier befriedigen zu können, sich darstellte; ich gerieth darüber in solches Gedränge, daß ich in den Tagen besserer Gesundheit mit Wuth studirte, dann aber wieder desto kränker ward, endlich in fortdauernde Hypochondrie fiel und beinahe keinen gesunden Tag bis zu der Epoche meiner gefährlichsten Krankheit mehr kannte; nach dieser erfolgten einige Monate erzwungener Unthätigkeit, während welcher die Erinnerung der mir unvergeßlichen Seligkeit, die ich am Rande des Todes im alleinigen Gefühl einer gewissen unbeschreiblichen Nähe Gottes, die mein Bedürfniß nach ihm vermehrte, genossen hatte, und die ununterbrochene, durch kein Geschäft gestörte Uebersicht meines bisherigen Zustandes (denn mit meinen Kindern durfte ich mich nicht beschäftigen) mir ein Licht aufgehen ließ, in welchem ich zum ersten Mal, und mit einem wohlthätigen Schrecken erkannte, wie nach und nach Ehrgeiz und Stolz sich meiner Seele bemächtigt hatten. Mit dieser Entdeckung war alle meine bisherige Freude an mir selbst dahin, der Muth allein blieb. Mein Erstes war der Vorsatz, auf alle fernere Gelehrsamkeit Verzicht zu thun, um mich einzig den Studien zu ergeben, die das Bedürfniß meiner Kinder in jedem Zeitpunkt fordern würde; es dauerte eine Weile, ehe ich mich dahin brachte, meine unbenutzten Bücher, meine unvollendeten Schriften ruhig liegen zu sehen; ruhig meinen gelehrten Freunden sagen zu können: „Das weiß ich nicht; das habe ich nicht gelesen;" doch brachte ich es, insonderheit als das Christenthum mir immer dringenderes Bedürfniß ward, endlich dahin: ja noch mehr als ich jemals gehofft hatte, war mir Gelehrsamkeit und Anspruch darauf verhaßt: Ich weiß nicht, war jetzt meine liebste Antwort; einige Rückfälle aus alter Gewohnheit ausgenommen." — Mit der Wissenschaft war von der Fürstin zugleich Freundschaft und Liebe auf das innigste gepflegt worden; und auch in dieser Beziehung wurde jetzt Vieles von ihr entdeckt, was sie als dem Willen Gottes zuwiderlaufend erkennen mußte. Die Liebe ist ja auf der einen Seite, insofern sie gibt, das Selbstloseste, dagegen insofern sie nimmt, das Selbstischeste. Sie ist einmal die That der höchsten Selbstentäußerung, sodann der höchste Genuß. Die Fürstin konnte es sich nun nicht verbergen, wie sie es vielmehr in ihrer Freundschaft auf den Genuß als auf die That der Liebe abgesehen habe. So sagt sie von sich, daß Liebe so auffallend die Triebfeder ihrer Handlungen und Wünsche gewesen sei, und so sehr der entscheidende Richter in der Wahl ihres Genusses, daß sie einen Tag

freundschaftlicher Vertraulichkeit der ausgezeichnetsten Ehre
schwerlich aufgeopfert hätte. Sie mußte sich also gestehen,
daß sie damals, als sie aus der Welt schied, die Triebfedern,
welche die Welt bewegen, mit sich in die Einsamkeit genommen
habe, und weit entfernt, das Selbstische unterdrückt zu haben,
vielmehr nur in einer neuen feineren Form dasselbe von ihr
gehegt worden sei. Sie mußte bekennen, nur eine gröbere mit
einer feineren Gestalt der Selbstsucht vertauscht zu haben.
Sie wurde sich dadurch bewußt, daß sie selbst nicht im Stande
sei, die Vollkommenheit zu erreichen, welche von ihrem eigenen
Gewissen gefordert wurde; sie fühlte ferner, daß die begehrte
Kraft von keinem ihrer Freunde im Verkehr mit ihm werde
geweckt werden können. Denn obwohl sie seit langer Zeit in
innigster Berührung mit den edelsten und feingebildetsten Männern gestanden hatte, war sie nicht nur nicht besser geworden,
sondern, nach ihrem eigenen Urtheil, schlechter. Ihre Eitelkeit
hatte hier Nahrung gefunden, ebenso wie eine falsche genuß-
süchtige Liebe. Der Mensch nimmt sich aus der Gesellschaft
nur das, was ihm verwandt ist; der natürliche Mensch zieht
das an sich, was eben seinen natürlichen Neigungen entspricht.
Dann sah die Fürstin dieselbe Verkehrtheit, die sie an sich selbst
wahrnahm, auch an diesen Freunden. Nur Fürstenberg erschien
als ein Mann probehaltiger Gesinnung; allein er schöpfte auch
aus den Gnadenströmen, die von Christus ausgehen. So erschien denn der Fürstin der Entschluß, von der Person Jesu
Christi die Kraft zu erbitten, die sie in sich selbst nicht fand,
von Tag zu Tag nothwendiger. Noch etwas kam hinzu. Die
Fürstin mußte ihren Kindern jetzt Religionsunterricht ertheilen,
aber auf welche Weise? Sollte sie ihre Zweifel vortragen?
Das wollte sie nicht, sie hielt es für gewissenswidrig. So beschränkte sie sich darauf, historisch, einfach berichtend, den Glauben der Kirche mitzutheilen, und sie studirte zu diesem Zweck
eifrig die Heilige Schrift. Zuerst geschah dies, ohne daß sie

sonderlich im Gemüth davon ergriffen wurde; je mehr sie aber las, desto mehr wurde sie bewegt. Sie verglich die Liebe Christi mit ihrer eigenen und fühlte sich gedemüthigt. Besonderen Eindruck machte das Wort Christi auf sie: Wenn Jemand wird deß Willen thun, der wird inne werden, ob meine Lehre von Gott sei, oder ob ich von mir selber rede.*) Sie nahm sich vor so zu handeln, als ob sie eine Christin wäre. Sie wollte versuchen, was diese vorläufige Hingabe an Christus ihr zu gewähren im Stande sei. Es ist in hohem Maße anziehend, ihre eigenen Worte, in denen ein so rührender Ton liegt, zu hören: „Es tröstete mich so oft in meinem wilden hypochondrischen Zustande, welchem nun jede Stütze entwichen war, daß ich mir vornahm, den rührenden Rath Christi: Wir möchten nur versuchen seine Lehre treu zu befolgen, um es zu erfahren, daß seine Lehre göttlich sei, treu zu befolgen, und mir vorsetzte zu handeln, als wenn ich wirklich an Ihn glaubte; ich fing dann sogleich damit an, meine Grundsätze und Handlungen mit seinen Lehren zu vergleichen, und wie vieles fand ich zu ändern, was ich bisher kaum als einen Fehler bemerkt hatte; denn so lebhaft ich alles Gute und Schöne empfinde, so und vermuthlich noch lebhafter fiel mir jeder Fleck in meinem Nächsten auf; und dies behielt ich nicht etwa für mich, sondern ermangelte selten, mein scharfes Auge meinen Freunden mitzutheilen und sie zur Splitterrichterei zu verführen; ich nahm mir also gleich vor, meine Bemerkungen nicht mehr ohne Noth mitzutheilen. Ich schämte mich bei Vergleichung meiner beschränkten Liebe mit der allgemeinen hohen, edeln und dennoch besonderen Liebe Christi; wie fühlte ich mein bitteres Aufbrausen gegen meine Kinder und Freunde, wenn sie der Vollkommenheit nicht entsprachen, die ich von ihnen forderte und mit Gewalt in ihnen finden wollte, ohne ihnen selbst darin vor zu gehen; auch fiel mir

---

*) Ev. Joh. 7, 17.

Viertes Kapitel.

nach und nach der Gegensatz meines Betragens mit der rührenden Einfalt Christi auf, die sich durchgehends in Fürstenberg zeigte. Gebetet hatte ich zwar, aber selten; nun fing ich an öfterer zu beten, und wurde so oft erhöret, daß ich an der Kraft des Gebets nicht mehr zweifelte." — So reifte denn in der Fürstin der Entschluß, als Glied der Kirche in Christus ihr Heil zu suchen; und sie besiegelte ihn, indem sie, wahrscheinlich an ihrem Geburtstage, den 27. August 1786 die Beichte ablegte und bald darauf das heilige Abendmahl nahm.

Schon damals trat der Fürstin ein Mann nahe, dem sie später einen großen Einfluß auf die Gestaltung ihres inneren Lebens einräumte, ein Geistlicher der römisch-katholischen Kirche, Bernard Overberg. Vor ihm legte sie die Beichte ab. In derselben gestand sie, daß sie zwar mit ihrem ganzen Willen bereit wäre, alles zu glauben, was Lehre der Kirche sei, sie fühle aber noch nicht die lebendige Ueberzeugung. Overberg beruhigte sie; sie solle es als eine Strafe ihrer früheren Verirrungen ansehen, daß ihr die selige Empfindung des Glaubens noch vorenthalten würde; sie solle nur auf sein Wort zum Tische des Herrn gehen und es abwarten, bis Gott ihr auch diese Gnade ertheile. — Diesem Rathe folgte die Fürstin, und bei der Kommunion wurde ihr, was sie gesucht, wie durch ein Wunder zu Theil. Den ganzen Tag erfüllte eine große Heiterkeit, eine selige Empfindung ihr Herz, so daß selbst ihren Kindern die Veränderung, die in ihrer Stimmung vorgegangen war, auffiel.

Hemsterhuys, der die Fürstin nicht auf diesem Wege begleitete, dem „der Christenglaube ein ausschließliches Eigenthum des Pöbels und die Bibel als ein ganz unausstehliches Buch" erschien, konnte ihr jetzt nicht mehr Wegweiser und Führer sein, obwohl innige Freundschaft und Hochachtung ihn auch ferner mit der Fürstin verband. Eine solche freiere Stellung der Fürstin Hemsterhuys gegenüber hatte sich

auch schon auf andere Weise gebildet. Es scheint, als ob
beide durch einen Versuch, ihrer Freundschaft eine noch festere
Gestalt zu geben und bestimmte Formen zu bilden, in denen
sie sich darstellen könne, wenig befriedigt wurden, und beide
das Bedürfniß fühlten, das frühere freiere Verhältniß wieder
herzustellen. Wenn es schon an sich gewiß nicht leicht für die
Fürstin war, ihre Beziehung zu Hemsterhuys so zu gestalten,
daß bei aller Innigkeit der Zuneigung die Schranke festge-
halten wurde, welche die verheirathete Frau ziehen mußte, und
wenn die Rücksicht auf das Urtheil der Welt und des Fürsten
manche Zurückhaltung gebot, welche die eheliche Treue nicht
für nothwendig zu erachten brauchte, welche Schwierigkeiten
mußten entstehen, welche peinlichen Lagen, wenn jene Freundschaft sich in Ordnungen und Regeln gleichsam verfaßte! Es
scheint auch, daß der Fürst das Verhältniß seiner Gemahlin
zu Hemsterhuys nicht begünstigte und sich so mancherlei Verstimmungen bildeten. Offenbar trat eine Entfremdung zwischen
beiden Gatten ein, so daß die Fürstin erklärte, daß nur die
Rücksicht auf ihre Kinder, für welche die Eintracht der Eltern
sehr förderlich sei, sie bewegen könne, ihren Freund weniger
zu sehen. Aber auch die Beziehung zu diesem muß durch die
Ungunst der Umstände sehr gelitten haben. Das beweisen
Briefe aus der Zeit, die unmittelbar auf die Wiederherstellung
des freieren Verkehrs folgte, und aus denen wir einiges mittheilen: (Aus dem Jahr 1779): Je vous ai rendu votre
liberté et j'ai repris la mienne — assez et trop longtemps j'ai assujetti mon sort, désormais je prétens le
gouverner seule assez et trop longtemps j'ai sacrifié mon
temps, mes facultés et mon bonheur à nos tristes
jeux — désormais je prétens les employer plus noble-
ment, me livrer au travail et à devoirs sérieux avec
une tête libre et rayer de l'amitié tout ce qui ne favo-
riserait pas ce but, tout ce qui ne rend pas réciproque-

ment plus heureux et meilleur; et je ne veux plus fier
qu'à moi seule le soin de modifier mon sort sur ce but
— quelque précieux que ne cessera de me paraitre
votre commerce — je me verrais forcée pour notre bien
commun de le rendre moins fréquent, si vous persistiez
à vouloir le fonder sur une illusion dissipée, entière-
ment dissipée — — — regardons comme nulles les trois
dernières années de notre commerce.

In einem andern Briefe heißt es: „avant que vous
vous fussiez engagé à tout quitter pour me suivre, —
je n'ai cessé de sentir que ces chaines vous pesaient
et c'est l'aveu que je vous demandais et qui vous choque
mal à propos. — — Je vous ai dit: Jugez combien
ma situation vis à vis de Vous a été affreuse ces dernières années, parceque sentant nos liens au fond de
mon âme, j'éprouve avec une espèce d'horreur, que le
moment de notre séparation est un bien pour moi.*)

---

*) „Ich habe Ihnen Ihre Freiheit wieder gegeben und auch
die meine wieder genommen — lange genug, ja zu lange, habe ich
mein Schicksal Ihrem Willen unterworfen, von nun an will ich es
allein beherrschen; lange genug, ja zu lange, habe ich meine Zeit,
meine Kräfte und mein Glück unseren traurigen Spielen geopfert
— von nun will ich sie auf edlere Weise anwenden, mich der Arbeit
und ernsten Pflichten mit freiem Herzen hingeben und aus unserer
Freundschaft alles das entfernen, was dieses Ziel begünstigt, alles,
was uns beide nicht glücklicher und besser macht, und ich will nur
noch mir selbst die Sorge anvertrauen, mit Rücksicht auf dies Ziel
mein Leben zu ordnen — wie werthvoll mir auch immer der Verkehr mit Ihnen erscheinen wird, ich würde mich genöthigt sehen, ihn
zu unserem gemeinsamen Besten zu beschränken, wenn Sie auch
ferner denselben auf eine unsinnige, ja in der That ganz unsinnige
Selbsttäuschung gründen wollten — betrachten Sie die drei letzten
Jahre unseres Verkehrs als null und nichtig. —
In einem andern Briefe heißt es: „Bevor Sie sich verpflichtet
hatten, alles zu verlassen, um mir zu folgen, hatte ich immer gefühlt,
daß diese Ketten ihnen drückend sein würden, um dieses Geständniß

Die Erneuerung der ursprünglichen freieren Beziehung mußte für beide Seiten ein Gewinn sein.

Die Fürstin hatte das Heil durch die Vermittlung der römischen Kirche ergriffen, und wir haben keinen Grund, ihrem Worte, daß ihre Ueberzeugungen nicht besser und nicht anders geartet seien als die der übrigen Glieder ihrer Kirche, zu mißtrauen. Sie hat sich eng und fest an diese angeschlossen und alle ihre Schriften ihrem Urtheile unterworfen. Sie hat mit der vollen Innigkeit ihres Gemüths sich in das römische Dogma und die römische Sitte hineingelebt. Die Frage, was sie hierhin zog, läßt sich nur mit Rücksicht auf ihre innere und äußere Entwicklung wie auf ihre Eigenthümlichkeit richtig beantworten. Die Fürstin war in der römischen Kirche auferzogen worden, die Erinnerung an die Gottesdienste derselben war in die Bilder ihrer Kindheit verwoben. Sie lebte in einer Gegend, wo der Glaube der römischen Kirche in dem Sinn der Bevölkerung tiefe Wurzeln geschlagen hatte; in einer Stadt, wo treffliche, hervorragende Laien und Geistliche ihr angehörten. Gläubige Evangelische waren ihr bis dahin wenig nahe getreten; Stätten, wo evangelisch kirchliches Leben sich kräftig zeigte, hatte sie schwerlich gesehen. Daß politische Interessen sie ebenfalls an die römische Kirche fesselten, daß sie in ihr eine Befestigung der göttlichen Autoritäten, in der evangelischen Kirche eine Schwächung derselben zu finden glaubte, daß sie auch diesen häufigen Irrthum hegte, ist leicht möglich; doch, wenn dies der Fall war, so hatte dies Interesse

---

bitte ich Sie, und dies Geständniß wird Ihnen zur Unzeit schwer. — — Ich habe es Ihnen gesagt, beurtheilen Sie selbst, wie peinlich Ihnen gegenüber mein Verhältniß in diesen letzten Jahren gewesen ist, weil ich, obwohl ich im Innersten meines Herzens empfand, wie eng ich mit Ihnen verbunden bin, dennoch mit Entsetzen mir eingestehen mußte, daß der Augenblick unserer Trennung nur heilsam sei."

doch gewiß geringen Einfluß auf ihre kirchliche Richtung. Derartige Beweggründe mögen Männer an Rom fesseln, aber nicht Frauen. Was innerlich am tiefsten ihr Gemüth bewegte und sie am meisten an ihre Kirche band, das war die Feier der Sakramente und die Stellung des priesterlichen Amtes. Das Bedürfniß, in einer einzelnen bestimmten Handlung in eigenthümlicher Weise Christus gegenwärtig zu haben und so in die innigste Verbindung mit ihm zu treten; die Sehnsucht, seine ganze Persönlichkeit, mit Einschluß der verklärten Leiblichkeit, in sich aufzunehmen, glaubte sie in den Gottesdiensten der römisch-katholischen Kirche am meisten befriedigen zu können. Hatte die liebevolle Seele der Fürstin ihrer Freundschaft zu den Menschen nur durch Herstellung des innigsten Verkehrs mit ihnen Genüge zu thun vermocht, konnte sie anders als sich nach einem Gottesdienste sehnen, der Christum ihr nicht nur überhaupt nahe zeigte, sondern auch Gemüth erregender, sinnlicher Vermittelungen hiezu sich bediente? Freilich, hätte die Fürstin die evangelische Abendmahlslehre genauer gekannt und an der kirchlichen Feier dieses Sakraments, zumal in lutherischer Weise, Theil genommen, sie hätte vielleicht hier ihr Bedürfniß in vollkommnerer Weise befriedigt gefühlt, sie hätte in reiner, wahrer Gestalt gesehen, was sich ihr in der römischen Kirche nur in getrübtem Bilde zeigte. — Die Fürstin hatte immer Neigung und Bedürfniß gefühlt, einem Manne, dem sie geistige und sittliche Hochachtung erweisen konnte, gegenüber sich selbst in eine abhängige Stellung zu versetzen und ihm unbedingtes Vertrauen zu schenken. Das beichtväterliche Verhältniß, in dem mehr als in der evangelischen Kirche der Geistliche zu den Gemeindegliedern in der römisch-katholischen Kirche steht, konnte der Fürstin einen Ersatz gewähren, als Hemsterhuys sie nicht mehr ganz verstehen und daher auch nicht mehr leiten konnte. Die Autorität ferner, in welcher der römisch-katholische Geistliche steht, versetzt die Laien in eine untergeordnete abhängige Stellung. Und eine solche einnehmen zu dürfen schien der Fürstin ein wesentliches Mittel, um in der Heiligung zu wachsen. Wie in Folge dieser Bedürfnisse sich in einem bestimmten Fall die Stellung der Fürstin gestaltete, wird sich uns bald zeigen. Fragen wir uns, ob die Fürstin auch dies Bedürfniß in der evangelischen Kirche hätte befriedigen können. In einem gewissen Sinne müssen wir mit „Nein" antworten, indem der evangelische Geistliche eine amtliche Thätigkeit freilich hat, die jedes Gemeindeglied anerkennt, während das Maß der persönlichen Seelsorge abhängig ist von dem Vertrauen, welches der Einzelne dem Geistlichen schenkt. Es genügt hier nicht allgemeine christliche Hochachtung, sondern, je feiner die Individualität der Gemeindeglieder entwickelt ist, desto mehr werden sie nur dann ihr Herz dem Seelsorger ausschütten, wenn sie in ihm Verständniß ihrer Eigenthümlichkeit und ihres Entwickelungsganges, eine gewisse Geistesverwandtschaft finden. Da kann es denn wohl kommen, daß der Einzelne selbst zu einem gläubigen Geistlichen nicht in ein so enges Vertrauensverhältniß tritt. Auf der andern Seite wird dagegen hier oft der Fall eintreten, daß in Hinsicht der freien Seelsorge der gläubige Laie anderen Gemeindegliedern gegenüber eine beichtväterliche Stellung einnimmt. Wir scheiden eben im geistlichen Amt die amtliche und die allgemeine christliche Thätigkeit, und während wir für jene die unbedingte Anerkennung fordern, machen wir diese abhängig von der Freiheit des Einzelnen. Das natürlich ist auch in der evangelischen Kirche das Ziel, daß in der Wirksamkeit des Geistlichen beide Seiten je länger je mehr sich decken, daß Gemeinde und Geistlicher so sich in einander einleben, daß jene diesem das vollste Vertrauen schenkt, dieser für jene sich das allseitige Verständniß aneignet. Doch werden beide Seiten der Thätigkeit immer unterschieden werden müssen. Und daß die Fürstin von diesem Verhältniß mehr oder weniger eine bestimmte Vorstellung hatte, das geht aus ihrer Beziehung zu Hamann hervor. Schwerlich hätte sie sich so, wie es geschah, an den Geistlichen Overberg angeschlossen, hätte der Verkehr mit dem christlichen Laien Hamann länger gewährt. Und hatte sie sich nicht vielmehr an Overberg, den Christen, wie an Overberg, den Geistlichen, angeschlossen? Was aber die Abhängigkeit des Einzelnen von anderen Personen, Laien oder Geistlichen, betrifft, so wird die evangelische Kirche fordern müssen, daß christlicher Rath ertheilt und berücksichtigt werde; sie wird aber nie zugeben, daß Jemand seine Freiheit an einen Anderen abtrete. Sie wird immer darauf bringen, daß Jeder, wenn auch von Anderen gestützt, seine Selbständigkeit bewahre, und wird nie von seinen Schultern die Verantwortung für seine Handlungen nehmen und diese auf Andere übertragen lassen. Nur in ganz besonderen Fällen kann eine Ausnahme gestattet werden, dann nämlich, wenn die Seele in so heftige Erregungen versetzt ist, daß in wahrer Freiheit zu handeln ihr unmöglich wird.

Fünftes Kapitel.

Hamann und Overberg.

Um diese Zeit trat die Fürstin in nähere Beziehung zu dem Manne, der, obwohl ihr Verkehr mit ihm nur sehr kurze Zeit dauerte, dennoch den tiefgreifendsten Einfluß auf sie ausübte, J. G. Hamann.

Der freundschaftliche Verkehr der Fürstin mit Hamann hat sie auch weiteren Kreisen bekannt gemacht, die sonst in den inneren Entwicklungsgang der Fürstin keinen genaueren Blick gethan haben. Diesen Kreisen ist die Fürstin Gallitzin eben nur die Freundin Hamanns. Damit hängt dann zusammen, daß sie auf dieses Verhältniß einen Werth legen, welcher der Wirklichkeit nicht entspricht; und der Biograph der Fürstin kann nicht anders, als die Erwartungen, welche gerade an diesen Abschnitt der Darstellung sich knüpfen, täuschen und das Gefühl der Nichtbefriedigung in solchen Lesern zurücklassen. Aber er kann nicht anders. Denn leider ist die Verbindung der Fürstin mit Hamann auf die Zeit eines Jahres beschränkt. Und auch diese Zeit war nicht ganz den Münster'schen Kreisen gewidmet, denn der Aufenthalt in Münster wurde durch eine Reise nach Pempelfort zu F. H. Jacobi und einen Ausflug nach Welbergen, dem Gute seines Freundes und geistigen Sohnes Franz Buchholz, unterbrochen. Ferner müssen wir beachten, daß der Verkehr zwischen der Fürstin und Hamann fast ganz ein mündlicher war, und schriftliche Zeugnisse von demselben nur sehr sparsam vorhanden sind. Dennoch gestatten uns eben diese Urkunden den Einfluß Hamanns auf die Fürstin einen tiefgreifenden zu nennen.

Ein Brief F. H. Jacobi's an diesen vom 1. Februar 1785 und ein Brief der Fürstin an ersteren vom 17. Februar 1785 geben uns Aufschluß über die Art, wie diese zur Lectüre der Schriften Hamanns veranlaßt und zum persönlichen Verkehr mit ihm geführt wurde. Im Briefe Jacobi's heißt es: „Einmal, da ich in Münster war, und Kleuker*) mich dort besuchte, kam an einem Abend die Rede auf Sie. Die Fürstin wurde sehr begierig, etwas von Ihnen zu lesen. Ich rieth es ihr ab. Kleuker meinte, die sokratischen Denkwürdigkeiten könnten allenfalls noch für sie genießbar sein. Auch das wollte ich nicht zugeben, und die Fürstin ließ beinahe ab von dem Manne, der sich unterstanden hatte sokratische

---

*) Ein gläubiger Theologe, zuletzt Professor in Kiel, gest. 1827.

Denkwürdigkeiten zu schreiben. Unterdessen blieb ihr der Hamann doch im Sinne, der so viel bei mir galt und ungenießbar sein sollte. Den vorigen Sommer zu Hofgeismar fand ich bei ihr einige Ihrer Hefte, die ihr Buchholz geliehen hatte, und sie war von den sokratischen Denkwürdigkeiten und manchem Andern sehr erbaut." Der Brief der Fürstin berichtet uns Folgendes: „Ich las vor ungefähr acht Monaten das erste Werk von Hamann; es waren die sokratischen Denkwürdigkeiten. Manches darin war mir unverständlich; was ich aber darin verstand, machte mich begierig, Alles zu verstehen. Ich las sie zum zweiten Male, verstand mehr; zum dritten Male, verstand wieder mehr; und doch sind für mich noch dunkle Stellen darin, die ich aber zum Theil für Beziehungen auf Bücher halte, die ich sehr unbelesenes und zum Lesen untüchtiges Geschöpf nicht kenne. Ich war von Manchem in diesem Buche sehr getroffen, so äußerst angezogen, daß ich mir nun alle Mühe gab, mir noch mehr Werke von diesem Manne zu verschaffen. Je mehr ich deren sammelte (ich habe ihrer fünfzehn), desto mehr entwickelte sich meine Attraction zu dem Verfasser, und zugleich meine Begierde, etwas Näheres von ihm zu wissen, da ich theils aus seinen Werken, theils durch Menschen, die mit ihm im Verhältniß stehen oder gestanden haben, eine ziemliche Menge einzelner, aber ganz unverbundener Daten gesammelt hatte; z. B. daß sein Schicksal nicht glücklich wäre, ohne daß ich von diesem Schicksal etwas Bestimmteres erfahren konnte. Was mich vollends gewaltig an Hamann zog, waren unsere gemeinschaftlichen Freunde Platon, Homer, Sokrates, und vor allen Dingen die Heilige Schrift, von der sein ganzes Wesen imprägnirt ist. Mit dieser, mit der Schrift insonderheit, die in den letzten Jahren für mich die reichste Quelle des Lebens, fast die einzige wirkliche Nahrung meiner Seele geworden ist, die mir nach der zwanzigsten Lektüre noch eben so neu bleibt und bei jeder ein neues Licht in meiner Seele ansteckt, die mir an und für sich selbst ein größeres Wunderwerk ist als alle Wunder, deren Urkunde sie ist — mit dieser hat Hamann sich in meiner Vorstellung dergestalt, und auf eine Art, die ich mit Worten in einem Briefe nicht zu sagen vermag, eingewebt, daß ich wie an einem heimlichen Ansatz von Liebe zu ihm krank wurde." —

Die Fürstin erkundigte sich genauer nach seinen Lebensverhältnissen bei einer Gräfin Kaiserlingk in Königsberg, die sie auf der Reise nach Petersburg, welche sie bald nach ihrer Verheirathung gemacht, kennen gelernt hatte: Dites-moi quelque chose de sa manière d'être. Auf eigenthümliche Weise erfüllte die Gräfin diese Bitte. Hamann erzählt davon in einem Briefe an Jacobi: „Den 29. Dezember (1784) kommt des Morgens ein Bedienter aus dem Kaiserlingk'schen Hause, in dem ich seit lange Zeit nicht gewesen, mit einem Gruß von beiden Excellenzen, die mich den Morgen darauf zu sich bitten lassen, weil sie wissen, daß ich ungern zu Mittag erscheine."

„Dieses Haus ist die Krone unsers Adels, unterscheidet sich von allen übrigen durch Gastfreiheit, Wohlthätigkeit, Geschmack — hat aber kaum den Schatten der vorigen Pracht und liebt zu sehr den Glanz davon."

„Ich ging also den 30. des Morgens zum gräflich Kaiserlingk'schen Hause. Die Gräfin leitete das Gespräch mit der allgemeinen Anerkennung ein, daß ich außer meinem Vaterlande in sehr gutem Andenken stände. Mit einem wiederholten Ja! brachen alle Schleusen meiner Seele durch, und der Strom war nicht in meiner Gewalt, ich war auch nicht im Stande eher das Geringste zu hören, bis ich mein Herz von den Begebenheiten der vorigen Tage ausgeschüttet hatte*).“

---

*) Sein Sohn, dessen Versorgung in Aussicht stand, war in die Stadt gekommen, er selbst hatte eine Gratifikation erhalten, und seine älteste Tochter Aufnahme in der Pension der Baronesse von Bondeli gefunden.

Fünftes Kapitel.

„Nach der herzlichen Versicherung, daß ich durch ein Wunder einer mehr als väterlichen und mütterlichen Vorsehung aus meinen Drangsalen erlöst wäre, volle Genüge bereits empfangen hätte, und ich mich selbst für undankbar halten müßte, mehr zu wünschen oder zu begehren, auch mein gegenwärtiger Reichthum mir fast ebenso viel Sorgen machte als die Armuth — kam es endlich zur Erklärung des neuen Wunders und Abenteuers."

„Die gute Gräfin theilte mir das Verlangen einer Fürstin mit, die ganze Familie meiner fliegenden Blätter zu kennen und zu besitzen, auch ein Gemälde des Autors de sa manière d'être, de son caractère, de son ton — — Homo sum, mein verehrungswürdiger Freund — und da Sie selbst Vater und Autor sind, so kennen Sie den Adel und das Elend dieser menschlichen Gefühle."

Es gelang Hamann, seine fliegenden Blätter bis auf drei zu sammeln, am 15. Januar 1785 gab er sie zur Beförderung an die Fürstin im Kaiserlingk'schen Hause ab.

Hamanns Wunsch war es, eine Reise nach Westdeutschland zu unternehmen, sowohl um seine gesunkenen Kräfte zu heben, als auch um seine dortigen Freunde zu besuchen, vor Allem Franz Buchholz in Münster, Herrn von Welbergen, welcher durch die Lectüre der Schriften Hamanns von einer so großen Verehrung und Liebe gegen ihn erfüllt war, daß er Hamann bat, ihn als seinen Sohn, im geistigen Sinne, anzunehmen. Hamann ging darauf ein, nachdem er sich über die Stellung und den Charakter des neuen Freundes hinlänglich erkundigt hatte. Wir theilen aus dem Brief Hamanns an Buchholz mit, in welchem er sich diesem vorstellt und über seine früheren Lebensverhältnisse Nachricht gibt. Wir thun dies besonders deßhalb, um eine ausführliche Darlegung seines Lebensganges zu ersetzen, dessen Umfang und Bedeutung eine episodische Behandlung verbietet.

Königsberg, den 7. Sept. 1784.

"Ich habe den 27. des verflossenen August mein 55. Jahr angetreten. Mein Vater war ein ziemlich allgemein beliebter Wundarzt, Vornehmen und Armen unter dem Namen des altstädtischen Baders, der sein angenehmster Titel war, wohl bekannt. Er starb nach einigen Anfällen von Schlagfluß 1766, in eben dem Jahre, da die Pest der welschen Regie in's Land kam, und hinterließ ein Vermögen, das er blos seinem ehrlichen Fleiß und christlichen Glück, auch zum Theil der Sparsamkeit unserer häuslichen und sorgfältigen Mutter zu verdanken hatte, und das, ungeachtet seiner Mildthätigkeit und Gastfreiheit, für seine beiden einzigen Söhne zulänglich gewesen wäre. Eine stotternde Zunge und ich weiß nicht was in meiner Seele verekelte mir alle öffentlichen Geschäfte und feierlichen Umgang; Jedermann glaubte dafür, daß mein jüngerer Bruder einen desto entschiedeneren Beruf zu einem geistlichen Amte, zum heiligen Ehestande und zu seinem zeitlichen Fortkommen hätte. Ich baute also im Voraus darauf, einmal das Gnadenbrod in seiner Familie zu essen, und an ihrer Hut, Erziehung und Gesellschaft auf meine alten Tage den nächsten Antheil zu nehmen. Dieser Lieblingsgrille habe ich viel und hätte beinahe alles aufgeopfert. Eine Melancholie bemächtigte sich dieses einzigen Bruders, und ich wurde zuletzt genöthigt, sein Vormund zu werden und zur Erhaltung seiner Person, seines ganzen und meines halben Vermögens das erste, das beste Amt zu ergreifen. Pour la rareté du fait und aus philosophisch-patriotischem Vorwitz wurde ich 1767 französischer Uebersetzer bei der hiesigen Provinzial-Accise- und Zoll-Direktion. Ein geheimer Instinkt zu dieser Sprache vor allen übrigen kam mir zu statten; nunmehr habe ich allen Geschmack daran verdorben und verloren. Ein noch geheimerer Instinkt führte ein Landmädchen in meines Vaters Haus. Ihre blühende Jugend, eichenstarke Gesundheit,

mannfeste Unschuld, Einfalt und Treue brachte in mir eine
solche hypochondrische Wuth hervor, welche weder Religion,
Vernunft, Wohlstand, noch Arznei, Fasten, neue Reisen und
Zerstreuungen überwältigen konnten. Diese Hamadryade*) wurde
die liebste und beste Stütze meines alten, gelähmten, verlassenen
Vaters, und seine Pflegetochter, der ich ihn und sein ganzes
Haus anvertrauen konnte. Sie wurde nach seinem bittern
Tode meine Haushälterin, und ist die Mutter meiner vier
natürlichen und Gott Lob gesunden und frischen Kinder. Das
jüngste kam 1778 zum Ersatz meines Bruders, den ich an
meinem Geburtstage desselben Jahres begraben ließ, nachdem
er sich selbst und mir lange genug zur Last gelebt, aber durch
sein über ihn verhängtes träges Mönchsübel mich wider meinen
Willen thätig, geschäftig, gesellig und fruchtbar gemacht hatte.
Daß eine reiche, weiche Erziehung unsere Bedürfnisse vermehre,
weiß ich aus leidiger Erfahrung. Meine seligen Eltern haben
es unschuldiger Weise in zwei Stücken versehen. Mein Vater,
wenn er sich den ganzen Tag unter Patienten von jedem
Stande müde gearbeitet hatte, liebte sehr häusliche Gesellschaft
und alle Freiheit eines vertrauten Umgangs, besuchte kein
öffentliches Haus, ging fast gar nicht oder ungern zu Gast,
und hielt streng auf die Ordnung seiner und seiner Hausgenossen Lebensart. Unsere Mutter war wegen ihres kränklichen
Leibes und ihrer weitläufigen Wirthschaft noch mehr einheimisch.
Wir wurden also dem öffentlichen Umgange fast ganz entzogen,
und dafür durch alle häuslichen Gemächlichkeiten und Freuden
eines bürgerlich behaglichen Wohllebens schadlos gehalten. Das
zweite Versehen bestand darin, daß uns fast kein Taschengeld
anvertraut wurde, daher ich auch bis auf diese Stunde äußerst
unwissend, verlegen und ungeduldig bei allen Geld=, Handel=
und Wandel=Angelegenheiten bin. Ich habe zwei Häuser mit

---

*) Baumnymphe.

Verlust des halben Kapitals mir vom Halse geschafft, und hange noch mit dem dritten und letzten, das ich weder los werden, noch auf sichere Zinsen davon rechnen kann."

„Aus einem welschen Charon und Uebersetzer wurde ich 1777 königlicher Packhof-Verwalter beim hiesigen Licent, mit einem Gehalt von 25 Rthlr. des Monats, freier Wohnung, davon mir aber die welsche Regie oder General-Administration die Hälfte entzogen, so wie seit beinahe zwei Jahren das einzige rechtmäßige Emolument einer seit undenklichen Zeiten uns bestätigten Schiff-Abgabe, welche unter dem holländischen Namen Fovi, d. i. Bier- oder Trinkgelder, bekannt ist. Noch bin ich Gott Lob ohne Schulden; wo ich aber künftig Jahr Geld zu Brief-Porto, Holz, Kleidung und Unterhalt meiner Kinder hernehmen soll, weiß ich nicht, und gehe daher mit halsbrechenden Entwürfen der Selbsterhaltung, Nothwehr und Verzweiflung schwanger; habe schon den 1. Januar 1783 in's Kabinet geschrieben, ohne einer Antwort gewürdigt zu sein." —

Dieser Brief gibt uns mit wenigen Worten ein Bild von dem innern und äußern Leben Hamanns. Tiefer christlich-begründeter Wahrheitssinn und Mangel an Zucht und Gehorsam unter die heiligen Ordnungen der Kirche, scharfe Beobachtungsgabe und Planlosigkeit des eignen Lebens — unter diesen Widersprüchen erliegt die Triebkraft des geistigen Wesens, sie vermag nicht dem Leben eine befriedigende Gestalt zu verleihen; selten unterbrochene Geldnoth, Mangel einer der geistigen Eigenthümlichkeit entsprechenden Stellung, Unzufriedenheit mit sich und den Verhältnissen erdrücken den hohen Geist des Mannes. Nur über die letzten Tage, über seinen Aufenthalt in Münster, sendet die Abendröthe eines milden warmen Sommertages ihren goldenen Schimmer.

Den Urlaub, den Hamann für die beabsichtigte Reise nach Westfalen sich erbeten hatte, erhielt er nicht, wohl aber seine Entlassung und Pensionirung. So reiste er nach Münster und kam im Juli 1787 daselbst an.

Hamann hat über die Fürstin, nicht mit Rücksicht auf ihr Verhältniß zu ihm, vielmehr ganz im Allgemeinen, ein Urtheil ausgesprochen, das uns ihre Hinneigung zu Hamann erklärlich macht. Er nennt sie an Leidenschaft für Größe und Güte des Herzens siech. Ebenso müssen wir aber auch erwägen, wie der männliche Geist der Fürstin von der Ursprünglichkeit und Kraft, die Hamann auszeichnete, in verwandter Weise berührt und angezogen werden mußte. Gründete sich die Freundschaft mit Hemsterhuys auf dessen Feinheit in Sinn, Auffassung und Beobachtung, und herrschte hier Gleichheit in der Stellung, indem beide gaben und beide nahmen, so fühlte sich die Fürstin von Hamann abhängig, und wie ein liebevolles Kind gab sie gern ihm gegenüber, von der Männlichkeit seines Wesens ergriffen, ihre Selbständigkeit auf. Sie fügte sich daher fast immer seinem Willen und Gedanken. Der Kreis, der sich um die Fürstin sammelte, und in den jetzt Hamann eintrat, mußte auf ihn den tiefsten Eindruck machen und sich wie ein wunderbarer Zauber um seine Seele legen. „Was für eine Welt, ruft er aus, was für neue Erscheinungen, was für Ideale der Menschheit! — Gott hat mir Feierabend gegeben; mich aus dem Gange öffentlicher Geschäfte ausgespannt, zu denen ich so wenig tauge als zum Umgang mit der Welt. Ich lebe hier im Schooße der Freunde von gleichem Schlage, die wie Hälften zu meinen Idealen der Seele passen. Ich habe gefunden, und bin meines Fundes so froh wie jener Hirte und das Weib im Evangelio, und wenn es einen Vorschmack des Himmels auf Erden gibt, so ist mir dieser verborgene Schatz zu Theil geworden, nicht aus Verdienst und Würdigkeit, sondern es ist Gnade und Gabe einer höhern Hand, die ich anbeten muß."
— An Jacobi schrieb er (16. August 1787): „Einer meiner

angenehmsten und merkwürdigsten Tage, die ich in Münster erlebt, war der erste Besuch im Hause der Fürstin Gallitzin. Eines Hemsterhuys Diotima ist eine so einzige Erscheinung in ihrer Art, daß ich armer Invalide eben so viel Zeit nöthig haben werde, den Schatz ihres Geistes und Herzens, als ihrer in allen Sprachen, Wissenschaften und Künsten reichen und prächtigen Sammlung zu übersehen." Ein ander Mal schreibt er: „Die Fürstin ist ein wahres Wunder ihres Geschlechts." Am innigsten aber drückt er seine Liebe in einem an seine Tochter gerichteten Briefe aus, indem er von der Fürstin sagt: „Keine Mutter noch Schwester kann so viel Liebe haben als sie für Deinen alten Vater und alles, was ihn angeht und zu seinem Glück gehört. Bete für sie."

Das wenigstens ist gewiß, daß Hamann ein in seinem Leben seltenes Gefühl des Wohlbehagens hier empfing. So neu war ihm dasselbe und so ungewohnt, daß ihm gleichsam Zweifel über die Wirklichkeit der Verhältnisse aufstiegen, in denen er sich bewegte. Er sagt: „Wir leben hier durcheinander, wie die Wilden, in einer sehr glücklichen Autonomie oder beinahe künstlichen Ungezogenheit. Es ist eine Wohlthat, am Gegenwärtigen mehr Geschmack zu haben, als an allem Uebrigen, was diesseits oder jenseits liegt. Gesetzt, daß Alles auf Täuschung oder Fiktion hinauslaufe, so will ich selbige genießen als das beste Intermezzo meiner Wanderschaft. Auch hier sind die Götter — Küche und Tempel, Stall und Pallast. Alles ist gut, alles ist eitel! Wohl mir, daß ich imbecillitatem hominis und securitatem dei*) mit gleicher Intension zu fühlen im Stande bin."

Dieser Verkehr war indessen nicht nur ein hoher Genuß. Hamann machte die väterliche Stellung, welche ihm von der Fürstin ihr gegenüber eingeräumt war, geltend und erinnerte

---

*) Die Schwäche eines Menschen und die Sicherheit eines Gottes.

sie an einen Mangel ihres christlichen Lebens, der seinem scharfen Blick nicht entgangen war. Indem die Fürstin mit dem größten Ernst das Heil ihrer Seele zu schaffen suchte, und deßhalb stetig im lebendigsten Kampf gegen die Sünde begriffen war, bemächtigte sich ihrer Seele eine eigenthümliche Unruhe; ihr ganzes Wesen erhielt den Charakter des Angestrengten. Zum Theil hing dies mit ihrer Eigenthümlichkeit zusammen, die alles, was ihre Seele bewegte, leidenschaftlich zu erfassen suchte. Wie denn F. H. Jacobi versichert, daß er die Fürstin seit seiner Bekanntschaft mit ihr beständig in einer leidenschaftlichen Anstrengung, um gewisse Zwecke zu erreichen, gesehen habe.

Zum Theil machte sich hier, indem diese Thätigkeit das Gebiet des religiösen Lebens ergriff, die eigenthümlich römisch-katholische Auffassung des Heilswegs geltend, welche den Schwerpunkt nicht sowohl in die gläubige Aneignung der Gnade, als vielmehr in die Entsündigung der eignen Natur legt, und so das Heil nicht sowohl als Gnadengabe, sondern vielmehr als den Erfolg eignen Wirkens betrachtet. Und wenn wir Hamann diese Richtung der Fürstin tadeln sehen, so zeigt sich uns in dieser Geschiedenheit der Anschauung der Widerspruch der evangelischen Kirche gegen die Irrthümer Roms.

Hamann erkannte in diesem Ringen und Arbeiten eine Art geistlichen Stolzes, der die Beherrschung der Sünde vielmehr durch eine krankhafte Spannung des Willens unterdrücken, als durch die langsam, aber sicher wirkende Kraft der Gnade, freilich unter stetigem Kampf, tödten wollte. Er vermißte die Kindlichkeit des Vertrauens und der Zuversicht auf die vergebende Gnade Gottes, ohne welche das Werk der Heiligung ein trostloses, krankhaftes Ringen der Seele wird, welches nie das Ziel erreicht; und betonte es, wie nur durch den Glauben an die der Heiligung vorangehende Vergebung der Sünde jene selbst in Freudigkeit und Frieden sich vollziehen könne.

Um so mehr mußte Hamann das Streben der Fürstin mißbilligen, als sie in der angestrengten Thätigkeit des Kampfes einen Beweggrund fand, über dennoch nicht eingetretene Fortschritte in der Heiligung sich zu beruhigen. „Weit entfernt, sagt sie, etwas Böses darin zu sehen, war dieses beständige Gefühl der Anstrengungen ein Ruhekissen in drohender Muthlosigkeit für mich. Hamann aber sah Stolz darin und sagte es mir. Die Haut riß er mir mit dieser Erklärung von den Knochen. Mich dünkte, man raubte mir Lahmen meine einzige Krücke; aber ich liebte und ehrte ihn zu tief, um seine Erklärung nicht in meine Seele aufzunehmen; ja ich liebte ihn mehr als jemals für diese väterliche Härte, wälzte daher die Sache ernstlich in meiner Seele, und befand sie wahr. Nach dieser Zeit ward unser Umgang immer vertraulicher, und siehe, (so schließen diese Zeilen), ich verlor ihn mitten im besten Genusse dieser Vertraulichkeit."

Einen Wiederhall dieser seelsorgerlichen Behandlung der Fürstin durch Hamann finden wir in einem Briefe, den dieser an jene von Welbergen aus (den 11. Dez. 1787) richtete: Ew. Durchlaucht huldreiche Zuschrift habe ich erst den 9. erhalten. — So wenig ich auch fähig bin, den in Angelmodde gehabten Genuß weder mündlich noch schriftlich zu erkennen zu geben, und so sehr ich mich auch genöthigt sehe, wegen meiner Unvermögenheit und Schwäche mich alles Umgangs annoch zu entäußern bis zu besserer Erholung meiner erschöpften Kräfte, die ich mehr wünsche als hoffe; so halte ich es dennoch für eine Art von Gewissenspflicht, einen verlorenen Einfall, den Ew. Durchlaucht einer geneigten Aufmerksamkeit gewürdigt haben, näher zu bestimmen. „„Ein Ackersmann muß allerdings warten auf die köstliche Frucht der Erde und geduldig sein bis er den Morgen- und Abendregen empfängt,"" wie es in der Epistel Jacobi 5, 7 ausdrücklich geschrieben steht; aber dies kann nur unter zwei vorausgegangenen Bedingungen verstan-

Fünftes Kapitel.

den werden, wenn er nämlich erstens sein Feld nach den verschiedenen Eigenschaften des Bodens gehörig zubereitet, und zweitens demselben edlen und reinen Samen anvertraut hat. Gleichwohl scheint derselbe Apostel am Ende seiner Epistel anzudeuten, daß die physischen Begebenheiten in näherer Verbindung mit der moralischen Welt stehen, als es unserer heutigen Philosophie einzusehen und zu glauben möglich sein wird, indem er eine Theuerung von 3 Jahren und 6 Monaten dem ernsten Gebet zuschreibt, das dem Feuereifer eines Propheten entfuhr, welcher in der durch sein Wort veranlaßten Hungersnoth sich nur einer einzigen Witwe annahm. So sonderbar und außerordentlich auch dieses Beispiel aussieht, so bin ich doch der beinahe festen Meinung, daß es mit allen Grundsätzen der économie rurale, dieser Mutter aller Künste und Wissenschaften, eine gleiche Bewandniß hat, und alle menschlichen und irdischen Entwürfe einer höheren Weisheit untergeordnet sind, die unsrer Vernunft und Erfahrung unerreichbar ist. Eine willige Unterwerfung unter den göttlichen Willen und eine schuldige Aufopferung unsrer eigensinnigen Wünsche ist also das einzige und allgemeine Hülfsmittel gegen jeden Wechsellauf der Dinge und menschlichen Urtheile, sie mögen für oder gegen uns sein. Ohne sich auf Grundsätze zu verlassen, die mehrentheils auf Vorurtheilen unseres Zeitalters beruhen, noch selbige zu verschmähen, weil sie zu den Elementen der gegenwärtigen Welt und unseres Zusammenhanges mit derselben gehören, ist wohl der sicherste und unerschütterlichste Grund aller Ruhe, sich mit kindlicher Einfalt an der lautern Milch des Evangelii zu begnügen, sich nach der von Gott, nicht von Menschen gegebenen Leuchte zu richten, die uns scheint an einem dunklen Orte, bis der Tag anbreche und der Morgenstern aufgehe; alle unsere Sorge auf den zu werfen, von dem wir die Verheißung haben, daß er für unser und der Unsrigen Schicksal sorgen werde; sich auf den einzigen Mittler und Fürsprecher zu verlassen, dessen Blut bessere Dinge redet, als des ersten Heiligen und Märtyrers Abel, und uns von dem eiteln Wandel nach väterlicher Weise erlöset hat. Hierin besteht das Alpha und Omega meiner ganzen Philosophie. Mehr weiß ich nicht und verlange ich nicht zu wissen. Trotz meiner unersättlichen Näscherei und Neugierde finde ich nirgends — aber in diesem Einzigen das wahre All und Ganze für Jedermann, ohne Ansehen der Person und des Geschlechts."

Das Band wurde immer inniger und fester, welches die Fürstin und Hamann verknüpfte; diese war unersättlich in Bezeugung ihrer kindlichen Zuneigung und Bewunderung.

Wie nahe Hamann der Fürstin stand, das beweist deutlich ein Wort Sprickmanns,*) das sich in einem Briefe an Herder findet, der bald nach Hamanns Tod geschrieben ist: „Von der Fürstin sprach er nie, daß ihm nicht die Thränen in die Augen kamen." Die Fürstin war unerschöpflich in Beweisen ihrer Liebe. „Vorgestern, "schreibt Hamann," bringt mir die Fürstin in ihrer Tasche zwei Bouteillen Kapwein und aß mit uns." Ein ander Mal gedenkt er „unserer frommen Fürstin," „die ich Philothea**) je länger je lieber nennen möchte, als Diotima***) mit dem Haag'schen Platon."

Von einem Ausflug nach Welbergen, dem nahen ungesund liegenden Gute seines Freundes, des Herrn von Buchholz, kehrte Hamann mit gebrochener Kraft nach Münster zurück. Schwerlich ahnte er seinen Tod, wenn wir ein Vorgefühl desselben nicht etwa darin zu finden haben, daß er in der letzten Nacht seinem Sohn einen Ring mit dem Kopf des Sokrates gab, den er von der Fürstin erhalten hatte. Und doch war die

---

*) Hofrath und Professor in Münster, Lehrer bei den Kindern der Fürstin.

**) Gottes Freundin.

***) Von Zeus geehrt.

Fünftes Kapitel.

Stunde seines Scheidens nahe, er starb den 21. Juni 1788, 58 Jahr alt. „Morgens um 4 Uhr kam Fürstenberg, ihn zu besuchen. Der Sterbende erkannte ihn noch, nickte ihm lächelnd zu und reichte ihm die Hand. Bald nachher hob sich sein Blick, daß der halbe Augapfel vom Lide bedeckt wurde, und blieb so unverwandt bis zum letzten stillen Hauche."*)

Schon am Abend des Sterbetages fuhr Fürstenbergs Kutsche vor das Buchholtz'sche Haus, er selbst und sein Freund Overberg stiegen aus, wickelten den Leichnam in wollene Decken, fuhren ihn nach dem Hause der Fürstin von Gallitzin, um ihn da in einen Sarg zu legen, — und Fürstenberg half ihn selber auf seinen Schultern zur Gruft befördern, welche bereits an einem schattig stillen Plätzchen neben einer Laube in dem an das Wohnhaus stoßenden südlichen Gartentheile hergerichtet war. In dem von der Fürstin niedergeschriebenen Tagebuche legt diese ein sie selbst und Hamann ehrendes Denkmal nieder. In diesem sagt sie: „Ein unbeschreiblich süßer Gedanke war mir, die Asche des seligen Großen — so wenig Gekannten — in meinem Garten zu bewahren, einst meinen Kindern vielleicht etwas von dem Geiste des Verstorbenen einzuhauchen — mir selbst eine beständige Erweckung! — Ich erhielt es mit Mühe, man drohte mir mit übler Nachrede, Mißvergnügen der Geistlichkeit. Nach vielem Hin- und Herlaufen erhielt ich's durch Hoftammer-Direktor Heckmann gegen das Versprechen, es in die öffentlichen Papiere einfließen zu lassen, daß es nicht Intoleranz, sondern auf meine ausdrückliche Bitte geschehen sei."**)

Auf das Grabmal Hamanns ist eine Urne von Hemsterhuys gezeichnet; die Fürstin aber deutete den Beruf und die

---

*) F. H. Jacobi: Auserlesener Briefwechsel Bd. 1. An Lavater, S. 483—484.

**) Th. Menge: Der Graf Friedrich Leopold Stolberg und seine Zeitgenossen. Gotha 1862. Bd. 1, S. 305.

Sinnesweise ihres Freundes an, indem sie als Inschrift die Worte des Apostels Paulus eingraben ließ: Judaeis quidem scandalum, Graecis autem stultitiam: sed stulta mundi elegit Deus, ut sapientes confundat, et infirma mundi elegit Deus, ut confuudat fortia. 1 Cor. 1, 27. Johanni Georgio Hamanno, viro christiano.*)

Hamann war der Fürstin in einer Zeit entrissen worden, in welcher ihr Gemüth, in den tiefsten Gründen bewegt, nach einem festen Halt begehrte; in welcher ihre Seele, von Christus ergriffen, mit dem empfangenen Licht das ganze Leben nach allen Seiten zu erleuchten suchte. Wie sie ihr Thun und Treiben gestalten müsse, damit es Gott in Christo wohlgefällig sei, das war die Frage, die sie sich stets vorlegte, und die richtig zu beantworten ihr so schwer fiel. Sie sehnte sich mit einer Persönlichkeit zu verkehren, der sie ihr ganzes Herz offen und bloß darlegen könne, die so viel Liebe zu ihr besäße, an Allem, was sie beträfe, Theil zu nehmen. Einer solchen Persönlichkeit gegenüber wollte sie sich ganz abhängig machen; nichts unternehmen, ohne ihren Rath gehört und ihre Zustimmung empfangen zu haben. Ihr Wunsch sollte bald in Erfüllung gehen. „Unmittelbar nach Hamanns Tode kamen der Fürst Gallitzin und Hemsterhuys zum Besuche der Fürstin nach Münster. Es war die Abrede getroffen, eine Reise nach Düsseldorf zu Jacobi zu machen, bei welchem bereits mehrere Gelehrte zum Besuche eingetroffen waren. Als die Fürstin mit ihrem Gemahle und Hemsterhuys nach Münster zurückkam, fiel dieser in eine gefährliche Krankheit, in wel-

---

*) „Am 31. Juli 1851, bei beabsichtigtem Umbau des Gartens zu anderen Zwecken des neuen Eigenthümers, wurden die irdischen Reste Hamanns nach dem Ueberwasser-Kirchhof vor dem Neuthor versetzt. Ein dem frühern genau nachgebildetes Monument schmückt seine Ruhestätte, in der Nähe der Ruhestätten — Overbergs und Fürstenbergs." Menge a. a. O. S. 305.

cher ihn die Fürstin persönlich bediente. — In einer Beschreibung ihres Zustandes während dieser Zeit sagt die Fürstin: „In dieser Noth erwachte das Verlangen nach Leitung. Ich hatte es erfahren, wie (wirksame) Liebe zum Glauben und dieser zur Erkenntniß führe. Ach! ein Vater, der mich, den ich lieben könnte, ward für mich der einzige Retter meiner Seele und als solcher der Gegenstand eines stets wachsenden Bedürfnisses. Was war Hamann mir nicht gewesen, was würde mir nicht Einer sein, der meines Glaubens wäre, den ich seines Standes wegen als von Gott dazu berufen ansehen könnte; und so bei diesem Gedanken schwebte mir Overberg immer vor der Seele, als der Einzige, dem ich unbedingten Gehorsam zu leisten mir versprechen dürfte."*)

Wer war Bernard Overberg?

Bernard Overberg wurde den 11. Mai 1754 in einer osnabrückischen Bauerschaft geboren. Sein Vater ernährte die Familie durch Kleinhandel. Das Vermögen der Eltern war gering. Aber ächte, tief gewurzelte Frömmigkeit lebte in ihnen. Der Wunsch des Vaters bestimmte Bernard für das Studium. Und auch dieser selbst fühlte sich dazu hingezogen. Ein Geistlicher in der Nähe unterrichtete ihn in den Anfangsgründen der lateinischen Sprache, und im 16. Jahre bezog Bernard das Gymnasium des Franziskaner-Klosters zu Rheine. Fleiß und Eifer zeichnete ihn aus, so daß er schon 1774 in Münster die theologischen Studien beginnen konnte. Eine Hauslehrerstelle verwaltete er zu gleicher Zeit. Bald empfing er die priesterlichen Weihen und 1780 begab er sich als Kaplan nach Everswinkel. Das Einkommen dieser Stelle war sehr klein: dreißig Thaler nebst freier Wohnung und freiem Tisch; jedoch ausreichend für die geringen Bedürfnisse Overbergs. Hier entwickelte sich seine hervorragende katechetische Gabe, im Confirman-

---

*) Herzog, Real-Encyclopädie, Artikel: Overberg.

denunterricht entfaltete sich die Fähigkeit, auf anregende, fesselnde Weise den Geist der Kinder zu bilden. So kam es, daß Fürstenberg auf ihn aufmerksam wurde. Um ein sicheres Urtheil zu gewinnen, fuhr er unangekündigt nach Everswinkel, kam daselbst an gerade als die Besprechung mit den Kindern anfing, und überzeugte sich von Overbergs seltenem Talente. Er bestimmte ihn zum Lehrer an der Normalschule in Münster. Overberg folgte dem Rufe, jedoch mit dem Vorbehalt, später auf eine Landpfarrei sich wieder zurückziehen zu dürfen. —

Fürstenberg hatte wichtige Reformen in der Einrichtung der Universität und der Gymnasien vorgenommen. Er gab denselben eine feste Grundlage, indem er nun auf das Volksschulwesen seine Aufmerksamkeit richtete. Zur Hebung desselben errichtete er die Normalschule in Münster und ernannte Overberg zum Lehrer an derselben. In dieser Stellung hatte er die Aufgabe, in einem zwei bis drei Monate dauernden Lehrkursus, der in die Herbstferien der Landschullehrer fiel, diesen eine Anleitung zum Schulunterricht zu geben, die nöthige Sachkenntniß beizubringen und bei Mittheilung derselben eine gute Unterrichtsmethode zu veranschaulichen. Overberg war hier offenbar an seiner Stelle. Den besten Beweis legte das Interesse der Zuhörer ab. Nahmen doch mehrere Lehrer öfters an dem Cursus Theil. Besonders anziehend wurde derselbe dadurch, daß Overberg die Gabe fesselnder Darstellung besaß. Er suchte durch Beispiele, die dem eignen wie der Hörer Lebenskreise entnommen waren und meist auf persönlicher Erfahrung beruhten, oder auch durch treffende Gleichnisse den Vortrag zu beleben. Die Freundlichkeit und Milde, die herzliche Liebe, die innige Theilnahme, die Overbergs ganzes Wesen erfüllten, trugen auch viel dazu bei, das neue Unternehmen zu einem gesegneten zu machen. Es bildete sich bald ein Verhältniß persönlichen Vertrauens zwischen ihm und den Lehrern. Wer von ihnen nach Münster kam versäumte

Fünftes Kapitel.

es schwerlich, den geliebten Lehrer zu besuchen. Außerdem pflegte und bewahrte lebhafte Correspondenz die einmal geknüpften Verbindungen.

Overbergs pädagogische Wirksamkeit erstreckte sich aber auch auf die Ausbildung von Lehrerinnen zur Leitung von Mädchenschulen. Denn wie er die Trennung der Geschlechter für den Unterricht und die Herstellung besonderer Mädchenschulen für heilsam hielt, so glaubte er, daß für die Leitung derselben Lehrerinnen besonders geeignet seien. In Beziehung zum weiblichen Unterricht kam Overberg auch noch auf andere Weise. Er war Vikar an der Kirche der lotharingischen Chorjungfrauen. Diese standen an der Spitze einer Schule, die mit dem Kloster, welchem sie angehörten, verbunden war. Hier ertheilte Overberg einigen Unterricht. Die Stellung als Geistlicher und Lehrer gewährte ihm vielen Einfluß auf die Erziehung und Seelenpflege der Kinder, welchen er auf die gesegnetste Weise auszuüben wußte. Besonders wenn die Vorbereitung zur Kommunion stattfand, widmete er den Einzelnen die sorglichste Pflege. Sein Interesse an dieser Schule hörte auch nicht auf, als das Kloster aufgehoben und die Anstalt in eine Pfarrschule verwandelt wurde, deren Leitung dem Pfarrgeistlichen zufiel, sowie dieser auch den Unterricht zu geben hatte. Auch jetzt besuchte er von Zeit zu Zeit die Anstalt, gewöhnlich alle vierzehn Tage, und blieb daselbst den Nachmittag, indem er Religionsunterricht ertheilte. — Indessen blieb Overbergs pädagogische Thätigkeit nicht auf den engen Kreis Münsters und Westfalens beschränkt. Eine Reihe von Schriften, die das Erziehungswesen behandeln, fanden weit und breit Eingang und wurden von Katholiken und Protestanten mit Recht gerühmt. Im Jahr 1788 verfaßte er ein ABC-Buch, und 1793 erschien die Anweisung zum Schulunterricht, die umfangreichste und gehaltvollste Schrift. Er veröffentlichte sie, aufgefordert von dem Kurfürsten und

den Landständen. Den Ertrag jahrelanger Erfahrungen, eine
Fülle feiner Beobachtungen hat er hier niedergelegt. Große
Mühe verwandte er auf die Darstellung, denn er hatte es
darauf abgesehen, diese Schrift auch den Landschullehrern in
die Hand zu geben. Um sich eine leichtfaßliche, klare, schlichte
Schreibweise anzueignen, schrieb er die ersten Kapitel des
Buchs plattdeutsch und übersetzte sie dann in's Hochdeutsche.
Früh wurde die Schrift in's Holländische übersetzt, 1826
erschien die 6. Auflage.

Es folgte 1799 eine biblische Geschichte des alten und neuen
Testaments in den Worten der Heiligen Schrift selbst gegeben.

Schließlich gab er 1804 ein Religionshandbuch und
zwei Katechismen für große und kleine Kinder heraus. Diese
drei Schriften wurden ebenfalls in das Holländische übersetzt
und in den dortigen katholischen Schulen eingeführt.

Die pädagogischen Leistungen und Bestrebungen Overbergs tragen das Gepräge ihrer Zeit. Sie suchen der sokratischen Methode Eingang zu verschaffen, wie denn Overberg
den jungen Geistlichen das Studium der platonischen Dialoge
empfahl und persönlich den um das Schulwesen hoch ver-
dienten Herrn von Rochow sehr verehrte. Von den Einseitigkeiten jener Methode hielt er sich fern. Er wollte nicht
aus den Köpfen hervorlocken, was nicht darin sein konnte.

Er spricht sich darüber ganz bestimmt aus: „Es läßt
sich leicht einsehen, daß man den Kindern durch Katechisiren
diejenigen Wahrheiten nicht beibringen könne, welche uns allein
durch die göttliche Offenbarung oder durch Zeugniß der Menschen bekannt sind. Diese müssen als Zeugnisse Gottes oder der
Menschen mit planen Worten vorgetragen oder erzählt werden."

Er beschränkte den Unterricht nicht auf die Bildung von
Begriffen und Vorstellungen im Geiste der Kinder, er ließ
auch die Mittheilung der Thatsache in ihrem Recht. Er
wandte sich nicht nur an die Thätigkeit des Verstandes, son-

Fünftes Kapitel.

dern ebenso an die Bewegungen des Gemüths. Er erleuchtete und erwärmte. Die sokratische Methode war ihm nur insofern von hohem Werth, als sie gegen todtes Gedächtnißwesen auftrat und durch Anknüpfung an die schon vorhandene Bildung der neuen Erkenntniß eine bleibende Stätte im Geiste sicherte.

In der Frömmigkeit Overbergs durchdringt sich völlig das katholische und christliche Element. Es gibt wohl keine Lehre der römischen Kirche, die er sich nicht mit voller Ueberzeugung angeeignet hätte. Nur die Milde und Liebenswürdigkeit seines Wesens, welche ununterbrochene Arbeit aus einem zur Schwermuth neigenden Temperament hervorgebildet hatte, die lebendige Gottesgemeinschaft, die ihn erfüllt, und die herzliche Liebe zu allen Menschen, von welcher er beseelt ist und für welche seine unbegrenzte Wohlthätigkeit ein unverwerfliches Zeugniß ablegt, lassen im Verkehr den Katholiken über den Christen vergessen. Aber er ist und bleibt ächt katholisch. Das spricht sich aus im Mangel der Unmittelbarkeit des Glaubens. Alles ist reflektirt, alles ist durch die Selbstbeobachtung hindurchgegangen, ehe es sich in Wort oder That darstellt. Das ganze Gebiet des sittlichen Handelns ist durch bestimmte Vorsätze geregelt. Das Einzelnste wird Gegenstand vorhergehender sorgfältiger Erwägung. In dieser krankhaften Beschäftigung mit dem eignen Ich bildete sich natürlich ein feiner Blick für die einwohnende Sünde, für jede Regung derselben, aber nicht im selben Maße für die Gnade des Heilands und die Mittel des Heils. Die Frische und Thatkraft des innern Lebens, die daraus hervorgeht, daß der Mensch stetig das Bewußtsein der Sünde in das der Gnade versenkt, daß er, indem er sich selbst abstirbt, sich in Christus hineinversetzt, fehlt ihm. Die Freudigkeit und Kindlichkeit des christlichen Lebens, die heilige Naivetät ist nur die Frucht evangelischer Erfahrungen. Zum Beleg fügen wir einige Aeußerungen und Selbstbekenntnisse Overbergs ein.

Zu einem Beichtkinde sagte er: „Es ist gewiß, daß uns beim Rückblick auf unser Leben und im Tode nichts so sehr freuen wird, als was wir mit Ueberwindung unserer selbst gethan haben oder was zu unserer Verleugnung gedient hat."

Als Jemand ihm klagte, wie sehr er gegen Versuchungen zur Eitelkeit zu kämpfen habe, tröstete er ihn, indem er ihm erzählte, wie auch er von dieser Sünde schwere Anfechtungen zu erleiden habe, und setzte hinzu: „Bei meinem gewöhnlichen Spaziergange, Abends nach Beendigung der Normalschule, warf ich mich oft hinter einer Wallhecke hin und sagte laut: „O Gott! wann werde ich einmal anfangen, nur Dich allein durch meine Arbeiten zu suchen."

Unter dem 28. Februar 1819 findet sich in seinem Tagebuch: „Es wird bald Abend werden, und noch ist es mir kein voller Ernst, das Geschäft meiner Besserung, so wie es sein müßte, zu betreiben. Wann werde ich denn einmal recht anfangen? Aufschieben ist eine alte, sehr eingewurzelte Gewohnheit bei mir. Wie oft hat mich diese schon dahin verleitet, daß ich etwas verschob, bis es zu spät war. Weh mir, wenn dies auch in dem Geschäfte meines Heiles der Fall sein sollte! Vorsatz I: Ich will mich gewöhnen, überall, wo ich etwas Gutes von Anderen wahrnehme, was meinen Ehrgeiz oder meine Eitelkeit kränken oder meinen Neid aufregen könnte, Gott dafür zu danken, daß Er dem Nächsten gnädig war. II: Gutes will ich von mir nichts erzählen, als wo es die Umstände erfordern, und dann nur nach einem bestimmten Vorsatze zum guten Zwecke."

Um sich von der Verwendung jedes Augenblicks Rechenschaft ablegen zu können, zeichnete er länger als ein Jahr in seinem Tagebuch auf was er täglich von Stunde zu Stunde gethan hatte. Der Trägheit klagte er sich dennoch an. So schreibt er unter dem 11. Mai 1791: „Ich habe meine Trägheit etwas besser kennen gelernt. Wenn sich die Gelegenheit zu einem guten Werke in einiger Entfernung zeigt, wovon mir mein Gewissen sagt, daß es bei kommender Gelegenheit Pflicht sein würde, so regt sich der Wunsch in mir, die Gelegenheit möchte nicht kommen, oder es möchte ein entschuldigendes Hinderniß vorfallen. Zeigt sich eine solche Gelegenheit, so geht meine erste unwillkürliche Beschäftigung dahin, ob sich das Werk nicht ganz oder zum Theil verschieben lasse, oder, wie es zu machen sei, daß ich mit der geringsten Mühe davon komme. Daher kommt es, daß manches Gute vernachlässigt oder ganz unvollkommen verrichtet wird. Trägheit siegt also über die Liebe noch bei allen guten Erweckungen, die mir Gott gibt. Die Gelegenheit zum Guten wegwünschen zeigt, daß keine Liebe zum Guten (wenigstens für die Zeit) wirksam ist, daß es nur aus Zwangspflicht erfüllet wird, wenn die Gelegenheit wirklich kommt."

Wir schließen diese Zeugnisse vom innern Leben Overbergs mit einem schönen Wort über die alles Abschweifen des Gedankens ausschließende Hingabe, welche die jedesmalige Thätigkeit fordere. „Also nur Ein's auf einmal, und so, als wenn es das einzige wäre. Gehörige Anstrengung Deiner Kräfte auf das Geschäft, welches Du vor Dir hast, fordert der himmlische Vater; zum folgenden, wenn Du nach Vollendung der vorhergehenden noch lebst, wird Er Zeit und Kräfte geben, wenn es sein Wille ist, daß es durch Dich soll verrichtet werden."

Daß ein solcher Mann, ein solcher genauer Beobachter des menschlichen Herzens, als Rathgeber in weltlichen und geistlichen Angelegenheiten sehr oft in Anspruch genommen wurde, ist leicht begreiflich. Um so mehr, als er die Antworten auf die an ihn gerichteten Fragen in der Form der bestimmtesten Entscheidung gab. Nicht minder einleuchtend ist es aber auch, daß wer sich vom Einfluß Overbergs durchgängig bestimmen ließ, allmählich die Farbe asketischer Reflexion annehmen und der Frische und Ursprünglichkeit des Lebens entsagen mußte;

wiewohl wir glauben wollen, daß Overberg je länger je mehr zu größerer Unmittelbarkeit des Wesens gelangte. Wenigstens spricht dafür das Aufhören der Tagebücher in den späteren Jahren.

Das war der Mann, welcher der Fürstin Gallitzin den Verlust Hamanns ersetzen sollte. Wunderbare Fügung! In die Stelle eines naturkräftigen Charakters sollte eine Persönlichkeit treten, welche eine Alles abmessende und erwägende Behutsamkeit und Sorgfalt auszeichnete.

Das Wesen der Fürstin hatte mit Overberg eine gewisse Verwandtschaft. Auch sie liebte es ja, alle eignen Seelenzustände durch das Glas der Reflexion zu untersuchen. Daneben freilich wallte in ihrem Innern ein feuriges, mit einer gewissen Rücksichtslosigkeit, wenn es darauf ankam, seine Zwecke verfolgendes, seinen Willen durchsetzendes Herz. Was sie mit Overberg gemein hatte, zog sie zu ihm; für das ihr Eigenthümliche hoffte sie von ihm die Kraft der Beherrschung zu empfangen. Ihren Wunsch, in ihm ihren geistlichen Führer zu finden, drückt sie in einem Briefe aus*), dessen wesentlichsten Inhalt wir hier mittheilen:

„Unter allen heiligen Nacheiferern Christi, die sich beflissen haben seine Lehre auszubreiten und sie in das Herz der übrigen Menschen hinein zu zaubern, ist mir keiner bekannt, der den innigsten Bedürfnissen meines Herzens so durchaus entspricht, als der seraphische Franz von Sales**) (wenn ich einige Andachtsübungen ausnehme, die mir nicht einleuchten,

---

*) Den 10. Januar 1789 in Angelmodde geschrieben.
**) „Graf Franz von Sales geb. 1567, seit 1602 Bischof von Genf, gest. 1622, ein eifriger Beförderer der Verbreitung seiner Kirche unter den Protestanten, auch Stifter eines mystischen und Barmherzigkeit übenden Nonnenordens von der Heimsuchung Unserer Lieben Frauen (oder der Salesianerinnen); Pfleger einer mystischen Theologie, gemüthlicher und phantasiereicher Prediger einer heiteren Frömmigkeit." Guericke, Kirchengeschichte. Aufl. 5., Bd. 3., S. 324.

Fünftes Kapitel.

nicht passen wollen). Daher sind auch seine Werke, nächst dem unmittelbaren Worte Gottes, diejenigen, die ich am anhaltendsten studire; die mein Herz bisher am geneigtesten war, sich zum Muster zu wählen, und woran ich, so zu sagen, wie das Kind an der Mutterbrust gesaugt habe; obschon ich in dem Bilde, das er von dem wahren Jünger Christi entwirft, stets ein überzeugendes Urtheil sah, wieweit ich, unerachtet meines Verlangens, von allem Anspruch an diesen seligen Beruf in meinen unbezähmten Neigungen und in der Schwachheit meines Willens noch entfernt wäre. Schon der erste Schritt dazu, im vierten Kapitel seiner Philothee, machte mich oft um so muthloser, da ich bei der unwiderstehlichen Ueberzeugung, daß er im Ganzen Recht habe — zu dem Gedanken eines gänzlichen Gehorsams unter dem Willen eines Andern meinen zu stolzen, zu freien Sinn einst zu beugen, gar von mir nicht hoffen konnte; jedoch auch hauptsächlich darum, weil ich mit ihm selbst die Schwierigkeit, den geistlichen Freund und Vater zu finden, der den Bedürfnissen meines Herzens entspräche und der zu diesem Berufe auch das seinige mir öffnen wolle, so sehr fühlte, daß ich beinahe ebenso sehr daran, als an mir selbst verzweifelte. Ein großer Beweis meines Unglaubens. Gott hat mich dieses Jahr durch dornichte Wege so wunderbar und unerwartet, als unverdient zur Grenze einer bessern hoffnungsvollern Aussicht eines festern Glaubens geführt, daß ich von Dankbarkeit und Wehmuth durchdrungen (nach einer anhaltenden Selbstprüfung) nichts sehnlicher wünsche, als mich in den Stand zu setzen, mich Gott völlig zu weihen und nach Maßgabe meiner Kräfte Ihm mich darzubringen.

Ich kenne dieses Maß meiner Kräfte und mich selbst überhaupt zu wenig, um ohne Führer auf diesem Wege richtig und ruhig wandeln zu können, und bin jetzt überzeugt, daß Gehorsam und Unterwerfung meiner Einsichten der einzige Weg der Beruhigung und Heiligung für meinen wankelmüthigen, oft so unsichern Geist ist. Es ist daher mit diesem Bedürfniß zugleich dasjenige entstanden, von welchem ich so wenig Hoffnung hatte, daß es jemals entstehen würde; ich fühle nämlich jetzt, daß ich eines geistlichen Freundes und Vaters im eigentlichen Verstande bedarf, dem ich nicht allein meine Sünden beichten, sondern dem ich mein ganzes Herz öffnen, das Gute sowohl als das Böse darin frei zur Beurtheilung und Aufsicht aufzuheben geben, von dem ich zu meinem Wandel Verhaltungsbefehle mir holen und der aus christlichem Eifer ungeachtet meiner Unliebenswürdigkeit genug mich lieben könne, um auch außer der Beichte und unaufgefordert, wie Väter mit ihren Kindern zu thun pflegen, mich zu beobachten, zu prüfen, zu strafen, zu trösten, zu ermahnen — kurz für meine Seele wie für die seinige zu sorgen. Diesen Mann voll Salbung und Liebe — der schon lange, indem er mir in seiner Sanftmuth und Einfalt die rührendsten Seiten meines Heilands lebhaft darstellt, der überhaupt den Bedürfnissen meines Herzens zu entsprechen scheint, habe ich gefunden. Nicht meinem Gefühl und meiner Neigung traute ich allein in dieser wichtigen Wahl dessen, dem ich meinen Willen abzutreten entschlossen bin: ich habe gebetet, gewartet und wieder gebetet, und immer denselben Mann im Grunde meiner Seele wiedergefunden. Nur eine Frage bleibt also übrig, um mich des Willens, der Wahl und der Leitung Gottes in dieser Angelegenheit zu versichern: Findet dieser Mann auch etwas in seiner Seele, das ihn zur Uebernahme der Sorge für die meinige geneigt macht? Findet er darin Antrieb, um sich zu entschließen, die schwache, bedürftige Seele, so ganz wie sie sich ihm hinzugeben strebt und hinzugeben gedrängt ist, aufzunehmen, die Vortheile des Ranges und des Titels, die Christus nicht kennt, von sich zu werfen, um nur das zum Gehorsam entschlossene Kind in mir zu sehen und als solches zu behandeln. Diese Frage, ehrwürdiger

Mann, können Sie allein mir beantworten; Ihre Entscheidung werde ich als Ausspruch und Zeichen des göttlichen Willens in dieser wichtigen Epoche einer neuen geistigen Gährung in meiner Seele verehren und mich ihr (sollte sie auch nicht günstig sein) unterwerfen. Indessen kann ich mich des Wunsches nicht erwehren, daß Christus zwischen uns ein Band der Liebe und des Zutrauens werde und bleibe, die er mir für Sie in's Herz gepflanzt hat, das folglich nie erlöschen kann. Ewig Ihre ehrfurchtsvolle Freundin, und, so Gott will, stets gehorsames Kind — Amalia." — Overberg folgte gern der Aufforderung der Fürstin, und so bildete sich denn ein solches Vertrauen zwischen Beiden, daß die Fürstin nur dann ihrem Willen folgte, wenn Overberg damit einstimmte, wenn nicht, Overbergs Entscheidung annahm. Vor Allem aber standen sie im gemeinsamen Gebet, und darauf bezieht sich wohl das Wort der Fürstin: „Das größte und sicherste Kriterium wahrer Freundschaft ist: Wenn zween in ihrem innersten Herzensgebete zu Gott immer ohne Anstand und Zweifel, ohne Bedenken und Einschränkung sagen dürfen: Wir." Es scheint jedoch, daß je länger je mehr diese Beziehung zu Overberg einen freieren Charakter annahm, schließlich Overberg nur ein Freund blieb, dessen Stimme in allen irgendwie wichtigen Angelegenheiten geehrt und sehr geschätzt wurde. Die Freiheit ist ein unveräußerliches Gut des Menschen, Niemand darf auf seinen Willen zu Gunsten eines andern Willens Verzicht leisten. Gott allein gebührt der unbedingte Gehorsam. Wohl aber mag es zeitweise geschehen, wie wir schon oben zugestanden, bei tieferen Erregungen des Gemüths, wo die Klarheit der Erkenntniß geschwunden ist, einem andern Willen unbedingt zu folgen, dessen Glauben, Einsicht, Liebe wir vertrauen. Das ist nicht allein römisch-katholisch, sondern auch gut evangelisch und allgemein christlich. Und es mag sonderlich einer alleinstehenden Frau bringendes Bedürfniß sein. Damals nun stand die Fürstin allein, Hamann war todt, Hemsterhuys konnte sie nicht verstehen, Fürstenberg war ihr zu sehr der große Mann, der Gegenstand der Bewunderung. Und in derselben Zeit befand sie sich, um ihr eigenes Wort zu gebrauchen, in der Epoche einer neuen geistigen Gährung; hier bedurfte ihr leidenschaftlich aufgeregtes Herz einen sichern Halt. Hemsterhuys hatte der Fürstin zur Seite gestanden, ein Freund ihrer Jugend, voll Verständniß der idealen Anschauungen, die in ihr lebten, Hamann, der thatkräftige Mann, hat der gereiften Frau sichere Wege christlichen Wandels gezeigt; Overberg, der Priester voll Einfalt und Klarheit, Demuth und Liebe, hat die heimgehende, scheidende Fürstin auf die Pfade geleitet, die zu den Hütten des Friedens und der Vollendung führen.

Diesen Beruf hatte ihm der Herr gegeben und er ist ihm nachgekommen. Freilich konnte er diese Aufgabe nicht in evangelischer Reinheit erfüllen, freilich pflanzte er mit dem Wort der Wahrheit zugleich manche römische Irrthümer im Herzen der Fürstin; aber Overberg der Christ hat heilenden Balsam in die Wunden geträufelt, die Overberg der Katholik geschlagen hat; und es stünde uns nicht wohl an, die Vorsehung des Herrn zu beschuldigen, welcher die Fürstin nicht durch den Lutheraner Hamann, sondern durch den Katholiken Overberg hat vorbereiten lassen, und sie nur zum Anschauen der getrübten, nicht der reinen unbefleckten Wahrheit geführt hat.

Um sich selbst den Verkehr mit Overberg zu erleichtern, zugleich um diesem eine größere Annehmlichkeit des äußeren Lebens zu gewähren, machte sie ihm den Vorschlag, eine Wohnung in ihrem Hause zu beziehen. Overberg trug große Bedenken. Er sagt: „Meine Hauptgründe waren diese: Es ist nicht gut, wenn ein Geistlicher sich in ein vertrauliches Verhältniß mit einer Person des andern Geschlechtes einläßt, wie auch Thomas von Kempen sagt (1, S): „Anfangs können sie

sich mit der reinsten und edelsten Absicht zu dem frömmsten
Zwecke vereinigen und sich glücklich finden; aber allmählich
schleicht sich eine sinnliche Zuneigung ein, und sie sind oft verstrickt, ehe sie es gewahr werden, ja halten die Gefühle derselben wohl für Gefühle der Andacht und christlichen Liebe.
Manche sind sehr zu bedauern; daß es aber Sinnlichkeit ist,
zeigt sich bald; denn, wenn es wahre christliche Liebe wäre,
so würden sie nicht so viele Beschwernisse finden, wenn eine
höhere christliche Liebe, wie Vermeidung des Aergernisses, von
ihnen fordert diesen Umgang aufzugeben." — Um größere
Klarheit zu gewinnen, fragte Overberg die Professoren der
Theologie in Münster um Rath. Dieser ging dahin, dem
Wunsch der Fürstin zu folgen. Aber auch jetzt konnte sich
Overberg noch nicht entschließen. Glaubte er auch für sich
selbst sicher zu sein, seine Beziehungen zur Fürstin von aller
sinnlichen Beimischung frei erhalten zu können, so fürchtete er
doch, Andere möchten aus seinem Verfahren eine Billigung
ähnlicher, aber viel bedenklicherer Verhältnisse schöpfen. Zugleich besorgte er üble Nachrede. Dem hatte er indessen nicht
wehren können, daß die Fürstin ihm aus ihrer Küche das Essen
in seine Wohnung, die sich im bischöflichen Seminar befand,
übersendete. Einst hatte er eben die Tafel verlassen, als er
den Besuch der Fürstin empfing. Sie stellte ihm vor, wie das
Hinüberschicken der Speisen mancherlei Unbequemlichkeiten ver-
ursache, überdies die letzteren kalt würden, und drang in ihn,
wenigstens bis zu seiner völligen Genesung, denn er kränkelte
damals, bei ihr zu wohnen. Jetzt konnte Overberg nicht
mehr ausweichen, und er hatte auch keine Ursache, diese Nach-
giebigkeit zu bereuen. Das gesteht er selbst. „Nachher nun,
als ich bei ihr war, fand ich denn, daß gar keine Gefahr da
sei; auch schien mir Keiner ein Aergerniß an diesem Aufenthalt
nehmen zu können; denn ich wohnte dort, als ob ich mich
sonst irgendwo eingemiethet hätte. Bei Tafel kamen wir zu-

sammen, unterhielten uns nach derselben eine Weile über nützliche Gegenstände, und dann ging, wenn keine Fremde da waren, ein Jeder wieder an seine Arbeit. Sie legte mir auf keine Weise ein Hinderniß in den Weg, dafür war sie viel zu delikat; ich wüßte nicht, daß sie ein einziges Mal zu mir auf das Zimmer gekommen wäre und mich in meiner Arbeit gestört hätte, außer wenn sie beichten wollte."

Nach vollendeter Arbeit wurden im Hause der Fürstin die Abendstunden einer freien Conversation gewidmet. Außer der geistreichen Fürstin erschienen hier Fürstenberg, Overberg, seit 1788 Katerkamp, der spätere Biograph der Fürstin, Erzieher in der freiherrlich Droste-Vischering'schen Familie, mit ihm die jungen Freiherren Droste-Vischering; Caspar Maximilian, später Bischof von Münster; Clemens August, nachher Erzbischof von Köln, und Franz Otto, welcher die Milde mit seinem älteren, den strengen Ernst mit dem jüngeren Bruder, die Liebe zur Religion und Wissenschaft mit beiden gemein hatte. Er starb als Domherr zu Münster im Jahre 1826.

Die Liebe und Theilnahme der Fürstin, für Overberg erstreckte sich auch auf die Familie des letzteren. Einen Beweis dafür legt ihr Benehmen bei einer schweren Krankheit einer Verwandtin Overbergs ab, von dem dessen Großneffe, Joseph Reinermann, eine ausführliche Mittheilung uns hinterlassen hat. „Meine Mutter hatte durch die Folgen eines Wochenbettes ihren Verstand verloren. Alle Mühe und Bestrebungen, die von Seiten meines Vaters zu ihrer Wiederherstellung angewendet wurden, waren vergebens. Das Geschäft, welches er damals trieb (er war Kuchenbäcker und Kleinhändler), erlaubte ihm nicht ferner, sie auf Reisen und Spaziergängen zu zerstreuen. Das Elend war groß; entkleidet lief sie aus dem Hause. Statt daß der Wahnsinn die Fürstin abschreckte, forderte sie vielmehr Overberg, der zu bescheiden war, einen solchen Wunsch zu hegen, dringend auf, dieselbe herüber zu nehmen, damit sie in Münster sich einer besonderen ärztlichen Hülfe erfreue und aus ihren gewöhnlichen, sie noch mehr verwirrenden Umgebungen herausgerissen würde. Es geschah. Die hohe Person führte meine Mutter am Arme umher und suchte auf alle Weise die starren Gedanken aus ihrem Sinne zu bringen. Viele Last machte der Guten meine Mutter; sie hatte den Gedanken gefaßt, die Fürstin wolle sie durch das Essen vergiften. Allein die Edle ertrug alles von ihr drei Vierteljahre hindurch, und sie mit Overberg hat das Verdienst, einer Familie eine bis auf heutigen Tag verständige und kluge Mutter wiedergegeben zu haben." Sogar über die Zeit ihres irdischen Lebens hinaus erstreckte sich die Sorge, welche die Fürstin Overberg widmete. Denn in ihrem letzten Willen bestimmte sie, daß nach ihrem Tod ihm entweder freie Wohnung in ihrem Hause gewährt oder eine Summe Geldes ihm ausgezahlt werden solle. Wirklich blieb er nach dem Abscheiden der Fürstin noch drei Jahre in deren Hause, zugleich mit deren Tochter. Erst dann zog er wieder in das Seminar, dessen Regens er indessen geworden war. Noch mancherlei Ehren wurden ihm zu Theil und mancherlei wichtige Aemter ihm übertragen. Er wurde Mitglied der Prüfungskommission, bei wichtigen Angelegenheiten wurde sein Gutachten erbeten. Auch in das Consistorium trat er ein als Consistorialrath, später als Ober-Consistorialrath. In seinen Schriften nannte sich aber der bescheidene Mann immer nur „Lehrer an der Normalschule". Er starb erst 1826 im bischöflichen Seminar. Er hatte ein Vorgefühl, daß sein Ende bevorstehe. Dies schöpfte er sowohl aus der Abnahme seiner Kräfte wie aus dem Bewußtsein, daß er nicht mehr unentbehrlich sei. Dies Gefühl bemächtigte sich seiner besonders, seitdem in der Errichtung des Schullehrer-Seminars einer seiner vorzüglichsten Wünsche in Erfüllung gegangen war.

Sechstes Kapitel.

Goethe und Graf Leopold Stolberg. Die letzten Lebensjahre der Fürstin. Ihr Tod.

Bevor wir an den Lebensausgang der Fürstin herantreten, gedenken wir ihrer Verbindung mit Goethe und Graf Leopold Stolberg. Ersteren, wie andere Koryphäen der Literatur, besonders auch Herder und Lavater, hatte sie auf einer Reise durch Deutschland kennen gelernt, die sie mit ihren Kindern in Begleitung von Fürstenberg und Hemsterhuys gemacht hatte.

Von dieser Reise berichtet Niemeyer in seinen Betrachtungen auf einer Reise durch Holland und Westfalen S. 272 ff.*)

„Es war im Jahr 1785, als der Minister Fürstenberg in dieser Gesellschaft eine Reise auch in unsere Gegenden machte, wohl hauptsächlich um das protestantische Schulwesen näher kennen zu lernen, da die Verbesserung des katholischen damals seine ganze Seele erfüllte. Auch die Fürstin theilte dies Interesse, sowie die Ueberzeugung, daß das Studium der Mathematik als die wichtigste Grundlage aller höheren Menschenbildung, oder wie es in der Verordnung über die Studien der Ordensgeistlichen ausgedrückt ist, als der kürzeste, leichteste und sicherste Weg zu betrachten sei, um zu einem feinen Gefühle des Wahren und zu einem ruhigen Denken zu gelangen. In Halle besuchten sie das Pädagogium und baten, da eben die Schulstunden geendigt waren, um die Veranstaltung einer mathematischen Lektion, um die Lehrart kennen zu

---

*) Bei Esser, Franz von Fürstenberg, Münster 1842 (Seite 158—60), im Auszug bei v. Bippen, Cutiner Skizzen, Weimar 1859 (Seite 262).

lernen. Als einer der Schüler den pythagoräischen Lehrsatz mit vieler Fertigkeit bewiesen hatte, so begleitete die Fürstin den Ausdruck ihrer Zufriedenheit mit einigen Fragen über einige andere Methoden der Beweisführung. Da diese selbst dem Lehrer fremd waren, so trat sie an die Tafel und führte sie mit großer Klarheit und Sicherheit. Man vergaß das Ungewöhnliche der Erscheinung, eine Prinzessin, die Kreide in der Hand, an der Schultafel zu sehen, und hing nur desto aufmerksamer an ihren Lippen. Ebenso neu war es, was wir von der Erziehungsweise der Fürstin sahen. Ihr Sohn und ihre Tochter, beide damals etwa 11—12 Jahre alt, trugen höchst einfache Gewänder, das Haar schlicht, die Füße unbekleidet, das Gesicht von der Luft und Sonne gebräunt, das Auge offen und hell, das Gespräch verständig, ohne Affektation. — —. So sicher die Kinder mathematische Aufgaben gelöset hatten, ebenso sicher sah man sie den Saalstrom beherrschen. Wir gingen an das Ufer, hoch erfreute sie die Gewandtheit unserer Halloren, die bekanntlich von Kindheit an zu den geschicktesten und kühnsten Schwimmern gebildet werden. Auf den Wink der Mutter warfen sie — die Prinzessin wie der Prinz — im Bewußtsein, es mit ihnen aufnehmen zu können, das leichte Oberkleid von sich, klimmten mit Leichtigkeit an dem Balken einer Zugbrücke hinan, stürzten sich von der Höhe in die Fluth, schwammen den Fluß, wie einheimisch in diesem Element, hinauf und hinab, und wurden, als sie an's Land kamen, von den Meistern der Kunst in ihrer Sprache mit einem lauten: „Gut geschwommen! Gut geschwommen!" empfangen."

„Einige Gelehrte waren zur Mittagstafel geladen. Unser Philosoph J. A. Eberhard fand besonders mit Hemsterhuys vielfache Berührung durch die Ideenverwandtschaft sowohl über das Wesen des Moralischen als des Aesthetischen, ja selbst durch die Vorliebe Beider für die französische Sprache.

Es war ein wahrhaft sokratisch-platonisches Symposion, bei dem ja auch der Geist einer — durch Religion und Sittlichkeit veredelten — Aspasia nicht vermißt wurde." — — —

„Philosophie, Mathematik, Pädagogik, alles kam zur Sprache. In dem Minister Fürstenberg hörte man, so gehalten und gemäßiget alles war, was er sprach, doch den Mann von großen Geistesfähigkeiten, verbunden mit dem reinsten Interesse an allem, was das Heil und die Fortschritte der Menschheit betraf. Dabei war er ohne alle drückende Formen, einfach und schlicht, wie es dem wahren Weisen geziemt."

Damals schrieb Goethe an Jacobi über die Fürstin: „Diese herrliche Seele hat uns durch ihre Gegenwart zu mancherlei Gutem geweckt und gestärkt, und die Ihrigen haben uns schöne Stunden und Freude gegeben. Du kennst mich und sie, und wenn ich Dir sage, daß wir diesmal ganz natürlich gegen einander und offen gewesen sind, so kannst Du Dir das Uebrige wohl denken. Am meisten freut mich, daß Frau von Stein und sie sich haben kennen lernen."

An Hemsterhuys gewann Herder viel Wohlgefallen. „Hemsterhuys ist in seinem ganzen Wesen ein alter, feiner, stiller Republikaner, der, ich möchte sagen, nach der Weise eines schlau sammelnden Holländers alles Schöne der Wissenschaften und Künste in und um sich gesammelt zu haben scheint, dazu er reichen konnte. Die Wahrheit zu sagen, ist er mir in der Gesellschaft der Interessanteste gewesen, ein volles, aber stets still liegendes Gefäß voll lieblichen Weins, das sanft hergibt, wo man es anbohrt. Ich möchte eine Zeit lang ihm in der Nähe leben und insonderheit das Band einer ganz gemeinschaftlichen Sprache haben: denn da er nur Französisch spricht, so entflieht mir schon, wenn ich die Sprache auf die Lippen nehme, das Beste, was ich sagen wollte."

Sechstes Kapitel.

Eine Correspondenz, zu der jene Männer die Fürstin aufgefordert, hatte sie zurückgewiesen, aus Furcht, ihrer Eitelkeit neue Nahrung zu geben; besonders fühlte sich Goethe zu ihr hingezogen. Seine Fähigkeit, in jede Eigenthümlichkeit sich hineinzuleben, falls sie ursprünglich und in ihrer Weise bedeutend war, hatte ihn schon sonst zum Schützer und Freund ausgesprochen christlicher Charaktere gemacht. In den Bekenntnissen einer schönen Seele hatte er die Sinnesweise der Fräulein v. Klettenberg fein und liebevoll dargestellt; mit Lavater verband ihn eine nur zeitweise gestörte Freundschaft, Jung Stilling hatte er zu Straßburg gegen eine spöttische Tischgenossenschaft vertheidigt und an seiner Autobiographie thätigen Antheil genommen, selbst der Brüdergemeinde beizutreten hatte er Neigung gespürt. Darin stimmte er mit jenen Personen überein, daß der Mensch von Natur nicht so ist, wie er sein soll; daß nur durch Bändigung und Reinigung der Natur das Ziel des Menschen zu erreichen sei. Es schwebte seinem Geiste das Bild eines harmonisch und maßvoll gestalteten Menschenwesens vor, wie es dem Ideal des Christen innig verwandt ist Und daß die religiöse Beziehung durch alles menschliche Thun und Treiben hindurchklingen müsse, auch das war Goethe nicht verborgen. Aber auf welche Weise jenes Ziel zu erreichen sei, darüber war Uneinigkeit zwischen beiden Seiten. Goethe hoffte durch den Einfluß der Kunst und Poesie die religiös-sittliche Bildung des Menschen zu erreichen, also durch Reinigung der Einbildungskraft und Empfindung. Dagegen mußten nun die christlichen Freunde den Einwurf erheben: um das vollkommene Ideal zu denken und darzustellen, müsse der Dichter und Künstler jenes Ideal in sich selbst verwirklicht haben. Denn wie der Dichter, so sein Gebilde. Wie kommt nun der Dichter zur idealen Gestaltung seiner eigenen Persönlichkeit? Und sodann mußte entgegengestellt werden, daß durch das Schauen eines Ideals wohl die Liebe zu demselben und die Sehnsucht nach ihm geweckt werden könne, nicht aber die Kraft gegeben, es zu erreichen. Wie denn jeder Erzieher es nicht bei Lehre und Ermahnung bewenden läßt, sondern sich selbst bemüht Vorbild zu sein und überhaupt dem Zögling lebendige Vorbilder, wirkliche Ideale zu zeigen. Das Ideal des Menschen, den Menschen, wie er sein soll, konnten die Christen nur in der Person Jesu Christi sehen, und in dem wirklichen Verkehr mit ihm, dem wirklichen Ideal, den Weg sehen, auf dem das Ziel des menschlichen Lebens erreicht werden kann. Wir sehen, beide Seiten hatten so viel Gemeinsames, daß eine liebevolle Verbindung möglich war, wenn auch keine volle Gemeinschaft. Und so finden wir denn im November 1792 Goethe als Gast im Hause der Fürstin. Er konnte mit Recht sagen: „Das Verhältniß von meiner Seite war rein, ich kannte die Glieder des Cirkels früher genugsam, ich wußte, daß ich in einen frommen sittlichen Kreis hineintrat und betrug mich danach. Von jener Seite benahm man sich gesellig, klug und nicht beschränkend." Er weist darauf hin, wie die Fürstin und er sich bei einem Besuch der ersten auf der erwähnten Reise über gewisse Punkte verglichen hätten, und einiges zugebend, anderes duldend, im besten Vernehmen geschieden seien. Dann äußert er sich über die Fürstin so: „Sie kam früh zum Gefühl, daß die Welt uns nichts gebe, daß man sich in sich selbst zurückziehen, daß man in einem innern beschränkten Kreise um Zeit und Ewigkeit besorgt sein müsse. Beides hatte sie erfaßt; das höchste Zeitliche fand sie im Natürlichen, und hier erinnere man sich Rousseau'scher Maximen über bürgerliches Leben und Kinderzucht. Zum einfältigen Wahren wollte man in Allem zurückkehren, Schnürbrust und Absatz verschwanden, der Puder zerstob, die Haare fielen in natürlichen Locken. Ihre Kinder lernten schwimmen und rennen, vielleicht auch balgen und ringen. Diesmal hätte ich die Tochter kaum wieder gekannt, sie war gewachsen und stämmiger geworden, ich fand sie verständig, liebenswerth, haushälterisch, dem halbklösterlichen Leben sich fügend und widmend. So war es mit dem zeitlich Gegenwärtigen; das ewig Künftige hatte sie in einer Religion gefunden, die das, was Andere lehrend hoffen lassen, heilig betheuernd zusagt und verspricht. Aber als die schönste Vermittelung zwischen beiden Welten entsproßte Wohlthätigkeit, die mildeste Wirkung einer ernsten Asketik; das Leben füllte sich aus mit Religionsübung und Wohlthun; Mäßigkeit und Genügsamkeit sprachen sich aus in der ganzen häuslichen Umgebung, jedes tägliche Bedürfniß wurde reichlich und einfach befriedigt; die Wohnung selbst aber, Hausrath und Alles, dessen man sonst benöthigt ist, erschien weder elegant noch kostbar, es sah eben aus, als wenn man anständig zur Miethe wohne. Innerhalb dieses Elements bewegte sich die geistreichste, herzlichste Unterhaltung, ernsthaft, durch Philosophie vermittelt, heiter durch Kunst, und wenn man bei jener selten von gleichen Prinzipien ausgeht, so freut man sich, bei dieser meist Uebereinstimmung zu finden." Die Fürstin zeigte Goethe ihre Gemmensammlung, und da dieser großes Interesse dafür zeigte, so forderte sie ihn auf, diese nach Weimar mitzunehmen, um die einzelnen Stücke näher zu untersuchen. Goethe indessen wies diese Aufforderung höflich zurück, aus Furcht, von der werthvollen Sammlung bei den unruhigen Zeiten etwas einzubüßen. Beim Abschied richtete die Fürstin an Goethe dieselbe Bitte, und als er sich wieder weigerte, sagte sie: „So muß ich Ihnen denn eröffnen, warum ich es fordere. Man hat mir abgerathen, Ihnen diesen Schatz anzuvertrauen, und eben deßwegen will ich, muß ich es thun; man hat mir vorgestellt, daß ich Sie doch auf diesen Grad nicht kenne, um auch in einem solchen Falle von Ihnen ganz gewiß zu sein. Darauf habe ich erwiedert: Glaubt Ihr denn nicht, daß der Begriff, den ich von ihm habe, mir lieber sei als die Steine? Sollte ich die Meinung von ihm verlieren, so mag dieser Schatz auch hinterbrein gehen." So mußte Goethe die Sammlung mitnehmen. „Die Fürstin kündigte mir an," fährt Goethe fort, „sie wolle mich auf die nächste Station begleiten, setzte sich zu mir in den Wagen, der ihrige folgte. Die bedeutenden Punkte des Lebens und der Lehre kamen abermals zur Sprache, ich wiederholte mild und ruhig mein gewöhnliches Credo, auch sie verharrte bei dem ihrigen. Jedes zog nun seines Weges nach Hause, sie mit dem nachgelassenen Wunsche, mich, wo nicht hier, doch dort wieder zu sehen. Ich sehe nicht ein," so schließt Goethe, „warum ich irgend Jemand verargen sollte, der wünscht, mich in seinen Kreis zu ziehen, wo sich nach seiner Ueberzeugung ganz allein ruhig leben, und einer ewigen Seligkeit versichert, ruhig sterben läßt."*) —

Indessen nahm die christliche Richtung der Fürstin immer mehr einen eigenthümlich katholischen Charakter an, ohne daß darum das ursprüngliche Wesen eine störende Veränderung

---

*) Im Widerspruch mit diesem Urtheil Goethe's über die Fürstin steht eine Bemerkung desselben in einem Briefe an F. H. Jacobi (3. Mai 1794): „Ich fand die Fürstin, wie ich sie immer gefunden habe: gespannt, zudringlich, buchstäbelnd, ohne wahre Einfalt und Ruhe, und höchst unzuverlässig in Allem was sie erzählte. Ihre Vorurtheile täuschen sie auf eine mir unbegreifliche Weise; verderben ihr Auge, Ohr und Zunge. Das Schmollen hat sie abgelegt; aber dafür ist sie hetzender geworden und hat die Gicht des Mönchthums in allen Gliedern. Die Frömmelei und die Andächtelei, die sie nach Holstein gebracht hat, ist mir ein Gräuel." Hat dieses harte Urtheil Goethe's, dem man deutlich die Verstimmung anmerkt, vielleicht in einem Versuch der Fürstin, ihn für Christus zu gewinnen, seinen Grund, oder zeigt sich in demselben überhaupt Goethe's Abneigung gegen den sittlichen Ernst des Christenthums, das für ihn nur ästhetische Anziehungskraft besaß? Daß die Fürstin selbst viele Fehler hatte, die Goethe mißfallen mußten, soll damit nicht geläugnet werden, zumal sie in der That je länger je mehr die eigenthümlichen römisch-katholischen Elemente in ihr religiöses Leben mit aufnahm.

Sechstes Kapitel.

erfahren hätte. Diesen Eindruck empfing Jacobi von ihr, der, seitdem er seit 1789 nicht in Münster gewesen, sie im Frühjahr 1794 besuchte. Er schreibt an Nicolovius, daß er trotz allem dem, was ihm an ihr nicht lieb sei, sie dennoch unaussprechlich liebe, bewundere und verehre. „Es ist eine unermeßliche Fülle in ihr von Schönheit und Größe; sie hat ein wahrhaft fürstliches Gemüth, und jede Grazie steht ihr zur Seite, wenn sie nur winkt. So ist sie selbst, so wohnt sie in meinem Herzen, so wird sie es ewig besitzen."

Einen Zuwachs erhielt der Münster'sche Kreis im Grafen Leopold Stolberg, der das Christenthum nur in der römisch-katholischen Kirche sicher zu finden geglaubt hatte und deßhalb aus der evangelischen Kirche geschieden war. Stolberg war eigentlich nie im Wirklichen heimisch gewesen, sondern vielmehr in einer Welt der Vollkommenheit, die nur in seinen Träumen und Einbildungen Raum finden konnte. In der Dichtung „die Insel" hatte er das Ideal eines solchen Staates gezeichnet. Als in der französischen Revolution über unselige Zustände ein Tag des Gerichts anbrach, hatte er hierin die Morgenröthe der Freiheit und Glückseligkeit begrüßt. Aber bald hatte er die Täuschung erkannt, in der er sich befunden hatte, und sich von derselben frei zu machen gesucht. Diese politische Umwandlung war um so eingreifender, als sie mit einer innern religiösen Entwickelung Hand in Hand ging. Denn immer mehr fühlte sich Stolbergs Gemüth zur christlichen Wahrheit hingezogen, besonders durch Lavaters Einfluß und die Einwirkung seiner innig geliebten Gemahlin Agnes. Da traf ihn, wie ein Blitz aus heiterm Himmel, der härteste Schlag. Agnes starb am 15. November 1788. „Was einem Sterblichen eine Sterbliche sein kann," schrieb er unter dem Eindruck des ersten Schmerzes, „das war mir meine Agnes. Ich fühle den bessern Theil meines Selbst von mir abgerissen, der andere Theil wird mit dem Leben verbluten. Der Allliebende hat die schöne, reine, an ihm hangende Seele freundlich zu sich genommen und wird auch mich einst mit ihr vereinigen." Vergeblich suchten sein Bruder und seine Schwägerin ihn zu trösten, es gelang ihnen nicht. Schwermüthig und in Grübeleien versunken achtete Stolberg nicht auf ihre Worte. Da kam eine Einladung seines Freundes Friedrich von Reventlow, ihn auf seinem Gute Emkendorf zu besuchen. Er nahm dieselbe an. In Emkendorf fand er einen Kreis christlich frommen und ernsten Lebens, und eine Stimmung, an welche die eigene sich verwandt anschließen konnte. In die religiösen Fragen, die ihn bewegten, gingen die Freunde ein und vermochten es, ihm befriedigende Antworten zu geben. Der Einfluß der Emkendorfer Freunde war in stetigem Wachsen. Mitten in diese Zeit innerer Gährung, die mit der Trauer um den Verlust der Gattin sich mischt, fällt Stolbergs zweite Heirath. Dieser Schritt, so auffallend er ist, steht doch nicht in Widerspruch mit Stolbergs innerem Wesen. Das Bedürfniß nach ehelicher Gemeinschaft ließ ihn den Witwerstand nicht lange ertragen. Er ist in dieser Hinsicht durchaus offen Er schreibt an seinen Freund, den Kriegsrath Scheffner in Berlin: „Ich konnte nicht Witwer bleiben. Ich gestehe, daß ich in der Idee einer lebenswierigen, meine ewig über Alles Geliebte ehrenden Witwerschaft meinen größten irdischen Trost zu finden hoffte, aber Ihr Freund ist ein schwacher Mensch, und Enthaltsamkeit ist ihm nicht verliehen." Die alte Liebe zur vollendeten Geliebten und die Trauer um sie nimmt er in die neue Ehe mit hinein. „Die gestürzte Fackel des freundlichen Genius," schreibt Stolberg an Halem*), „wäre mir lieber gewesen, als die Fackel des Hymen, aber jene darf ich nicht stürzen, so lange sie lodern soll. Und so viel Ruhe und Freude mir nach Agnes' Tode noch zu Theil

---

*) Regierungs- und Justizkanzleirath im Herzogthum Oldenburg.

werden kann, wird mir in den Armen meiner geist- und liebevollen Sophie zu Theil werden. Es ist ein sehr edles liebes Mädchen. Sie ehrt meinen Schmerz, den sie nicht lindern, nicht stören kann, auch nicht stören will. — — — Daß ich nicht dichte, bedarf ich Ihnen wohl nicht zu sagen. Zerknirscht von einem Schmerz, den der Welttaumel betäubt und betäubend reizt, fehlt mir die Freiheit des Geistes, fehlen mir die Stunden süßer Muße, welche den Dichter sanft hin und her wiegen, bis plötzlich die Flamme des Gesanges ausbricht."

Fünf Tage nach der Hochzeit schreibt er an Scheffner: „Dieses liebe Weib ward mir an sichtbarer Gotteshand zugeführt, als ob ich ohne sie auf meinem verödeten Pfade hätte verschmachten müssen. Ich lebe wieder auf, obwohl ich den Nachsommer vom Lenz zu unterscheiden weiß. — — Sanfte Ruhe umschattet mich wieder und macht mich stillempfänglich für ununterbrochene, zuversichtliche Hoffnung des Wiedersehens meiner Ewiggeliebtesten." Wunderbare Mischung sehnsüchtiger Trauer und innerer Befriedigung!

1791 machte Stolberg eine Reise nach Italien in Begleitung seiner Frau und seines ältesten Sohnes. Er reiste über Münster und wurde im Hause der Fürstin Gallitzin auf's freundlichste aufgenommen. Sie sowohl wie Fürstenberg, ja der ganze Münster'sche Kreis gewannen sein Herz und erfüllten es mit Begeisterung. War ihm schon hier ein Blick in das Leben katholischer Frömmigkeit gegeben worden, der ihm dieselbe von der einnehmendsten Seite zeigte, so trug der Aufenthalt in Italien wesentlich dazu bei, diese Eindrücke zu befestigen und zu stärken. Seine Phantasie wurde vom sinnlichen Glanz des katholischen Cultus geblendet; der geschlossene Bau der hierarchisch regierten Kirche erschien ihm bewunderungswürdig, und die volksmäßige Gestalt der Religiosität wurde ihm ein Zeugniß dafür, daß Rom weltbeherrschende Mächte in sich hege. Wichtig wurde für die Annäherung Stolbergs an den Katholizismus auch eine politische Erwägung. Die französische Revolution enthüllte immer mehr ihre innere Natur, und immer klarer mußte es werden, daß von ihr wohl eine Entstellung, nimmer aber eine Herstellung ächter Freiheit zu erwarten sei. Man besorgte in Deutschland, daß der Geist des Umsturzes auch hier einbrechen und der bestehenden Ordnung ein Ende machen werde. Man suchte nach sichtbaren Bürgschaften für die Sicherheit des Staats und glaubte sie in der römisch-katholischen Kirche zu finden.

Stolberg ist kein männlicher Charakter. Empfänglich für die mannichfaltigsten Eindrücke, hingenommen von den Gefühlen, hat er das Wesen einer weiblichen Natur. Der Ernst der Arbeit, die Thatkraft des Willens fehlt ihm in hohem Maße. Die Phantasie dagegen entfaltet sich in ihm reich und vielseitig. Der Protestantismus ist die Religion der innern That, der innern Arbeit. Der Glaube ist That, That des Menschen in Gott. Der Protestantismus erzeugt Männer in Christo, er verleiht auch Frauen männlichen Sinn, männliche Freiheit. Die evangelische Kirche hat keine Gestalt noch Schöne in dieser Welt, so wenig wie ihr Haupt, Christus, sie hatte, als er auf Erden wandelte. Ihr sichtbarer Organismus lehnt sich eng an den des Staates und empfängt von ihm Hülfe und Unterstützung. Sichtbare Garantieen kann sie dem Staat nicht geben, sie, deren äußere Existenz durch die des Staats bedingt ist. Konnte daher Stolberg, wie er nun einmal war, anders, als im Protestantismus das vermissen, was er suchte, und konnte er auf der andern Seite anders, als im Katholizismus eben dies finden! Hier trat ihm eine Kirche entgegen, welche es dem Einzelnen gestattete, seine Christlichkeit auf die Zugehörigkeit zu ihr zu beschränken, die mittlerisch für ihn eintrat. Hier erschien ihm eine sichtbare Herrlichkeit, in der die Erfüllung der Verheißungen Christi,

Sechstes Kapitel.

welche der triumphirenden Kirche gelten, schon vorausgenommen waren, freilich gleichwie ein Raub. Hier endlich sah er eine Gewalt, die dem Staate ebenbürtig, und auch in ihrem äußeren Organismus von ihm unabhängig, allein im Stande zu sein schien, den Umsturzbewegungen der Revolution ein Ziel zu setzen. —

Hiezu kam der Drang nach christlicher Gemeinschaft. Diese fehlte ihm freilich nicht auf evangelischem Boden, es stand ihm Lavater nah und Matthias Claudius, und unter dem Holsteinischen Adel hatte er ja Freunde und Verwandte, die in Christus das Heil suchten. Wir brauchen nur an den Emkendorfer Kreis zu denken. Aber das waren zerstreute Glieder, das war eine Diaspora, die sich im Widerspruch mit der augenblicklich herrschenden Richtung der Kirche befand, eine Anomalie von dem, was jetzt als Regel galt für religiöses Leben und Denken. Stolberg hatte mehrere Herrnhutische Gemeinden besucht, aber schwerlich mochten die engen Grenzen, die hier der christlichen Frömmigkeit angewiesen sind, dem unruhigen, in das Weite schweifenden Sinn des Grafen zusagen. Auch fanden sich in den evangelischen Kreisen selbst, in denen er sich bewegte, katholische Sympathieen. Als die Gräfin Julia Reventlow aus Italien zurückgekehrt war, schenkte sie der katholischen Kirche in Kiel silberne Altargeräthe, ungeachtet ihrer protestantischen Ueberzeugung. Stolbergs Gattin selbst, eine Frau von scharfem Verstand und vieler Thatkraft, hegte ebenfalls eine Hinneigung zur römischen Kirche. Aber den größten Einfluß übte doch auf Stolberg die Fürstin Gallitzin. Schon bei dem Besuch in Münster, auf der Reise nach Italien, hatte sie tiefen Eindruck auf ihn gemacht. Im August 1793 erschien die Fürstin mit Overberg in Eutin, ohne daß in dem Verkehr, der daselbst bestand, dadurch eine Aenderung herbeigeführt wurde. Selbst Voß nahm an den Gästen keinen Anstoß. Anders gestaltete es sich, als die Fürstin die äußeren katholischen Gottesdienstübungen verrichtete, und neue katholische Ankömmlinge in den Kreis eintraten. Da wurde die geistige Atmosphäre immer mehr mit den Elementen katholischer Frömmigkeit erfüllt. Und Stolberg sog diese Luft mit vollen Zügen ein!*) —

Fassen wir unser Urtheil über Stolbergs katholische Sympathieen zusammen. Er wollte sehen um zu glauben, und vermochte nicht zu glauben, wo er nicht sah. Er vertraute nicht der innern Macht der evangelischen Wahrheit, die, welcher Wolkenflor sie auch umhüllt, immer der Sonne gleich siegreich hindurchbricht; die, wenn auch die Hülle ihres äußern Leibes zerfällt, sie aus der innern Kraft des Lebens von neuem fester und stärker bildet. Er wollte eine religiöse Gestalt, eine religiöse Wirklichkeit, und übersah es, daß der, welche er fand, die lautere Seele, die unbefleckte Wahrheit fehle. — Er wollte eine Kirche, die nicht sowohl auf dem Wege des sittlichen Einflusses die Gemüther beherrscht, auf dem langsamen, aber sicheren Wege innerer Einwirkung und Durchdringung, auf dem Wege der Freiheit; als vielmehr eine Kirche, welche durch die göttliche Autorität, die sie sich,

---

*) Ein Zeugniß der Verehrung Stolbergs gegen die Fürstin sind die Verse, die er zu ihrem Geburtstage, am 27. August 1794, verfaßte:

"Schauer der Ehrfurcht,
Der Freude Schauer,
Beben mir, du Geliebte, durch Mark und Bein.
Beim Gedanken an dich,
Die du sonnest im Strahl
Der ewigen Sonne.

Heb' o Geliebte,
Heb', du Gesegnete des Herrn,
Auf Deinen Schwingen
Zur ewigen Sonne
Heb' o Geliebte mich empor."

ihren Dienern und Einrichtungen beilegt; durch den Heiligenschein, in den sie sich kleidet; durch den übernatürlichen Charakter, auf den sie Anspruch erhebt; und durch die Kraft und Gewalt, welche sie in Folge dessen sich zuschreibt, Anerkennung und Verehrung gleichsam erzwingt. — Stolberg wollte sehen, sehen auch im Cultus, er wollte sich in demselben nicht zu Gott erheben und ihn geistig erfassen, — Gott sollte sich zu ihm hernieder lassen, ihm sinnlich und greifbar, an bestimmtem Orte, zu bestimmter Zeit erscheinen. Wie er denn an Lavater schreibt: „Mir wäre doch in ihren Hallen, ohne Altar, ohne praesens numen*), länger nicht wohl geworden." — Die Zeit der Entscheidung kam heran. Der Entschluß, dem Zuge des Herzens nicht zu widerstreben, war gereift.

Am ersten Pfingstfesttage, den 1. Juni 1800, legte Stolberg mit seiner Frau und seinen älteren Kindern, mit Ausnahme der mit dem Vetter Grafen Ferdinand von Stolberg-Wernigerode verlobten ältesten Tochter Marie Agnes, in der Hauskapelle der Fürstin Gallitzin vor Overberg das katholische Glaubensbekenntniß ab. Das war ein Schritt, den die Jugendfreunde aus der Göttinger Zeit schon längst gefürchtet, und schon, bevor er gethan, geschehen geglaubt hatten.

Jetzt kamen nun schlimme Zeiten für den Grafen. Man kann ein guter Protestant sein und den Uebertritt Stolbergs zum Katholizismus durchaus mißbilligen, ohne darum das Benehmen der ihn zurückstoßenden Freunde gut zu heißen, und der vereinsamten Stellung, die ihn erwartete, Theilnahme zu versagen. Als Stolberg mit Frau und Kindern, vom Bruder begleitet, in Eutin ankommt und Jacobi besucht, erklärt dieser, ihn nicht wieder sehen zu wollen, und verläßt bald, um jede Berührung zu vermeiden, Eutin. Voß läßt sich verleugnen, übersendet aber Stolberg ein Gedicht „Warnung an

---

*) Gegenwärtige Gottheit.

Stolberg", und bittet ihn, wenigstens die Kinder nicht übertreten zu lassen. Diese Bitte kam zu spät. Zwischen Voß und Stolberg hatte sich eine unübersteigbare Kluft aufgethan, Voß konnte Stolberg nicht verstehen. Der nüchterne Rationalismus des ersteren konnte das auf das Uebernatürliche gerichtete und darum mystische Wesen des letzteren nicht erfassen. Der Anfang jenes Gedichts legt dafür das beste Zeugniß ab:

> Freien Sinnes, Aufhellung erspäh'n und Wahrheit
> Sonder Scheu, ob Papst und Tyrann durch Machtspruch
> Geistesflug einzwäng', und mit reiner Seele
> Ueben, was recht ist:
>
> Dies allein schafft heiteren Blick zur Gottheit,
> Dies allein Gleichmuth, wenn im Strom des Lebens
> Sanft der Kahn fortwallt, wenn, gebäumt vom Sturmwind,
> Toset die Brandung.
>
> Dies allein auch glättet, am trüben Ausfluß,
> Durch den Meerschwall Bahn zu dem stillen Eiland,
> Wo uns Freund, Urväter und aller Völker
> Weise begrüßen.

In der Antwort Stolbergs heißt es: „Stürmisch werden Sie mich nicht finden, auch nicht mich stürmen machen, selbst dann nicht, wenn Sie von dem, was ich nach langer Prüfung wählte, im Tone Ihres Gedichtes sprächen. Sie werden bedenken, lieber Voß, daß ich meinen anders denkenden Freunden, wie der, von den Seinigen angefochtene Hirt, sagen könne: Irre ich, so irre ich mir. Diese Sache ist eine Sache zwischen Gott und mir; und so ist es auch meine Leitung oder Mißleitung der Kinder, welche nicht Menschen, denen ich Rechenschaft schuldig wäre, sondern Gott mir anvertraute. Gegen Sie und Ernestine (Voß' Frau) bin und bleibe ich der alte und gebe Ihnen die Hand darauf. Nichts wird mich je dahin bringen, meinen alten Freunden nur Mitleid weihen zu können."

Drittes Kapitel.

Die Entfremdung zwischen Voß und Stolberg dauerte fort. Stolberg lebte sehr eingezogen. Auch seine Kinder kamen mit den früheren Spielgenossen in geringe Berührung. Doch blieb innere Theilnahme auf beiden Seiten. Als Stolberg ein Sohn geboren wurde, schrieb Voß, der sofort Nachricht davon erhalten hatte: „Halten Sie den nicht für Unfreund, der seitwärts geht, weil er nicht helfen kann. Segen dem Gebornen!" Umgehend antwortete Stolberg: „Dieses Wort von Ihnen, vielleicht Ihr letztes an mich in dieser Welt, war ein freundliches. Es ging nicht verloren. Herzlichen Dank und Gottes Segen über Sie, über die liebe Ernestine und alle Ihrigen."

Stolberg legte seine Aemter*) nieder und bereitete sich zur Abreise vor. Begegnete er Voß auf Spaziergängen, so grüßten sich Beide, stumm, aber mit bewegtem Herzen. Eine letzte Zusammenkunft, um die Stolberg bat, wurde in einem Briefe abgelehnt, den Ernestine Voß im liebevollsten Tone an Stolberg richtete.

„Ein mündliches Lebewohl müssen wir uns nicht sagen, lieber Stolberg, aus Schonung für Sie und für uns. Es wäre nur eine erschütternde Scene, die Keinem wohlthätig, aber leicht Einem von uns nachtheilig sein könnte. Sie sehen genug, die über Ihr Losreißen weinen; warum sollen Sie auch uns noch sehen? Ihr eigenes Herz soll für uns zeugen, daß kein Haß und keine Bitterkeit uns zurückhält. Wer kann den alten Stolberg so innig lieben, als wir? wer kann es tiefer fühlen, als wir, daß er nach und nach aufhörte, der alte zu sein? Aber unsere Schuld ist es nicht, wenn wir fest daran glauben, daß der alte der Bessere war. Diesen alten Stolberg werden wir, so lange wir leben, mit der innigsten Anhänglichkeit lieben. — — Inniger als wir

---

*) Er war Regierungspräsident und Direktor des lutherischen Consistoriums in Eutin.

soll sich Keiner freuen, wenn Sie da Ruhe finden, wo Sie jetzt sie suchen!" —

Gleich herzlich antwortete Stolberg. Doch läßt sich der Ton der schmerzlichen Klage nicht verkennen, der hindurchklingt. So in den Worten: „Jacobi, der dem Atheisten Fichte sein Haus in Pempelfort anbot, schloß mir hier das seinige."

Am 28. September zog Stolberg mit den Seinen nach Münster, wo er ein Haus gemiethet hatte. Hier lebte er in enger Verbindung mit der Fürstin und dem Kreise, der sie umgab. Oefters begab er sich auch nach Lütjenbeck, in die Nähe von Münster, und hielt sich dort längere Zeit auf. 1812 zog er nach dem Gute Tatenhausen bei Bielefeld, 1816 pachtete er die hannöversche Domaine Sondermühle im Osnabrückischen. Am 5. Dezember 1819 erfolgte sein Tod. Er hegte keinen Groll gegen die, welche ihn oft so hart angegriffen hatten. „Wenige Stunden vor seinem Tode," schreibt seine Frau, hat er Allen, die ihm angehören, die Rüge jeder ihm zugefügten Beleidigung feierlich und ausdrücklich verboten, ohne doch irgend Jemand zu nennen." Auch die Kirche der Reformation hat er nicht nach Convertitenart geschmäht. „Die Reformation," schrieb er 1809 an Perthes, „ging ursprünglich hervor aus reiner Absicht, und so versichert ich auch bin, daß Luther denen, die ihm zufielen, mehr nahm, als Menschen geben können, so erkenne ich doch die großen und vielen Vortheile an, welche denen, die katholisch blieben, aus der Reibung und dem Wetteifer hervorgegangen sind. Wider die Person Luthers, in welchem ich nicht nur einen der größten Geister, so je gelebt haben, sondern auch große Religiosität, die ihn nie verließ, ehre, werde ich nie einen Stein aufheben."

Wie er so Frieden gemacht hatte mit der Kirche seiner Jugend und den Freunden, die ihr angehörten, so wurde ihm auch die Freude, viele derselben in Liebe zu ihm zurückkehren zu sehen. Jacobi wurde milder, Lavater schrieb in herzlichem

Ton. Herder erkannte auch im Katholiken den Christen, Goethe begriff den Schritt Stolbergs aus seiner Eigenthümlichkeit heraus und konnte nicht zürnen.

Im Verlauf der folgenden Jahre traten allerlei Ereignisse ein, welche die Fürstin mit Schmerz erfüllen und an den nahen Abschied vom Leben mahnen mußten. Es starb Hemsterhuys, der liebevolle Freund, 1790, siebenzig Jahr alt, im Haag. Sie bewahrte ihm stets treue und innige Liebe, wie denn auch „in ihrem Hause zu Münster, im großen reich geschmückten Saale, der Büste Homer's gegenüber, diejenige von Hemsterhuys stand, umgeben von den Bildnissen Alexanders des Großen, Goethe's und Herders."*) Ihr Sohn Demetrius sollte in Begleitung des Missionars Brosius nach Amerika reisen, um die dortigen Verhältnisse kennen zu lernen und so eine Weltkenntniß beim Eintritt in den öffentlichen Dienst mitzubringen. Es war ein muthiger Entschluß, den die männliche Frau faßte. Wohl schwerlich ahnte sie, daß sie nie mehr ihren Sohn auf Erden sehen werde. Als dieser, eben im Begriff das Schiff zu besteigen, beim Anblick des Meeres von bangen Gefühlen bewegt wurde und, jetzt in der letzten Stunde noch, daran dachte, die Reise aufzugeben und darüber mit der Mutter sprach, ging diese schweigend zu seiner Seite; wie sie aber nahe am Boote waren, wandte sie sich rasch und mit flammenden Augen zu ihm, und mit den Worten: „Mitri, ich schäme mich in Deiner Seele," ergriff sie ihn beim Arme und führte ihn rasch dem Boote zu. Hier in Amerika trat nun eine offenbare Aenderung in der Richtung des jungen Mannes ein. Sie wurde ernster, tiefer, entschlossener, und so bildete sich in ihm der Wunsch, Priester zu werden und als solcher in Amerika wirksam zu sein. Es ist dies ein Beweis, daß die Fürstin ihren Sohn falsch beur-

---

*) v. Bippen a. a. O., Seite 264—265.

theilt hatte. Sie trug zum großen Theil selbst die Schuld, daß sie so geringe Erfolge sah, indem sie viel zu wenig auf die Eigenthümlichkeit ihres Sohnes eingegangen und zu wenig den Spuren der besonderen Natur gefolgt war. Ein Jahr lang zögerte die Mutter, ihre Einwilligung zu geben und erst, als sie die Gewißheit erlangt hatte, ihres Sohnes Entschluß sei fest begründet, ertheilte sie ihre Zustimmung. So schreibt sie an ihren Sohn: „Der Entschluß, welchen Du jetzt gefaßt, wird uns mit Gottes Hülfe wieder zu unserem natürlichen Zustande der Zärtlichkeit und des gegenseitigen Vertrauens zurückführen. Und dies wird nicht ausbleiben, wenn dieser Dein Entschluß in keiner andern Absicht gefaßt ist, als die vernachlässigten Fähigkeiten, welche Dir Gott verliehen hat, zu entwickeln, Deine Untugenden zu bekämpfen und Dich in der Tugend zu üben, vor allen Dingen aber Deinen eigenen Willen dem heiligen Willen Gottes zu unterwerfen.... Das größte, ja das einzige Glück, dessen ein Mensch sich hienieden erfreuen mag, ist, daß er sich gerade dahin stellen könne, wo Gott ihn haben will, und seinen Posten gut ausfülle.... Wenn Dir die Tugend mangelt oder die so nothwendige geistige Thätigkeit, um die verlorene Zeit wieder einzuholen, dann werden alle meine Sorgen, all mein guter Wille nicht im Stande sein, Dich von dem großen Unglücke einer üblen Wahl zu erretten und von dem noch größeren, nachher die Pflichten Deines Standes schlecht zu erfüllen."

Und nun mußte sie viele Vorwürfe hören und abweisen von nahen Verwandten, selbst von ihrem Gemahl, als habe sie es immer darauf abgesehen und durch die Erziehung angelegt, daß ihr Sohn diesen Stand erwähle. Sie selbst aber sah ihren Sohn nicht mehr, da ihn die Berufspflicht dauernd ferne hielt.

Demetrius ging mit dem Gedanken um, seine Mutter zu besuchen. Aber seine Arbeiten mehrten sich immer mehr und verhinderten die Ausführung seines Wunsches. „Ich darf nicht," schreibt er seiner Mutter, daran denken; das Herz erzittert mir in Liebe: es ist mir, als ob ich durchaus Dich noch einmal sehen müßte, um ruhig und im Frieden aus dieser bösen Welt zu scheiden. Gott weiß, was in diesem Falle am besten wäre und am meisten zu seiner Ehre gereichen würde; aber dem Anscheine nach sieht es nicht so aus, als wenn es so bald möglich sein werde. Die Priester nehmen ab, anstatt zuzunehmen, und die Zahl der Katholiken vermehrt sich. Ich weiß, daß Du dem Willen Gottes in diesem Stücke gänzlich ergeben bist, ja weit mehr als ich, und nichts verlangst, als mich jenseits des Grabes im Schooße des himmlischen Vaters zu sehen. Doch würde es mir wohlthun, wenn ich mich zu Deinen Füßen hinlegen, dieselben mit meinen Thränen benetzen, Deinen Segen empfangen und aus Deinem Munde vernehmen könnte, daß Du mir Alles verziehen habest; dies wäre mir lieber, als alle Schätze der Welt. Es ist mir, als hinge die Hand Gottes schwer über mir wegen meines vorigen Ungehorsams und der Außerachtlassung Deiner guten Ermahnungen. Nie habe ich es inniger gefühlt, als seitdem ich es mit eigenen Augen sehen muß, wie diese verdammliche Freiheit und unbändiger Ungehorsam und falsche Scham so vielen Seelen den Untergang bereitet. Es kommt mir vor, daß ich wohl mein ganzes Leben hier nicht zubringen werde; man ist hier so vielen Versuchungen ausgesetzt, daß ich froh wäre, mein Leben an einem Orte zu endigen, wo ich keine andere Verantwortung hätte, als für meine Seele." Diesen Brief, dem diese Worte entnommen sind, beantwortete Overberg im Namen der damals andauernd leidenden Mutter; sie selbst fügte aber eine Nachschrift hinzu, in der sie bekennt: „Es hat mir auch von jeher geschienen, daß unsere Herzen übereinstimmend genug wären, um, ohne uns großen Irrthümern auszusetzen, von dem Einen auf das Andere schließen zu können, wenn wir gleich in Sachen des Verstandes oder vielmehr des unteren Willens nicht stets übereinstimmten. Daß Du oft Schuld hattest, kann wohl nicht fehlen, weil Du ein Kind, dann ein Jüngling sein mußtest, ehe Du konntest ein Mann sein. Mein Theil der Schuld hingegen, der nicht der geringste ist, hat dieselbe Entschuldigung nicht; — und doch bin ich so fest überzeugt, daß Du, mein Geliebter, insofern es Dich betrifft, mir herzlich gerne verzeihest, daß ich darüber ganz sorglos Dir die Arme entgegenstrecke; um so mehr, da Gottes unendliche Barmherzigkeit, und wie ich es zum Theil Deinem mit herzlicher Anhänglichkeit an Gott gepaarten Gebete zuschreibe, es auf sich genommen hat, meiner eigenen Schwachheit und Unfähigkeit dazu eingedenk mich durch vieles Kreuz in meinem Alter von dem schweren, durchs Alter inkrustirten Sündenschmutz selbst zu reinigen. Bitte also jetzt nur recht inniglich, daß ich diese Operation*) nach seinem Wohlgefallen aushalte. Und sorge Du nicht mehr, wenn Du mich nicht mehr betrüben willst, ob Du noch Verzeihung Deiner Sünden von mir zu erhalten hättest. So weit ich auch zurückzublicken vermag in mein unnützes sündenvolles Leben, so erinnere ich mich doch keiner Epoche desselben, wo etwas von Dir mein Herz auf eine Art affizirt hätte, die meiner Verzeihung bedürfte. Seit mehreren Jahren sehe ich mit Gottes Gnade ganz deutlich selbst in der Verblendung und einer Art Härte, die eine Zeit lang Dein Herz gegen mich geschlossen zu haben schien, — — — ein barmherziges Feuer, um noch hier auf Erden (wenn ich treu bin, es auszuhalten) von meiner Sündenlast so viel zu verzehren, daß ich mit der Hoffnung von hier scheiden dürfe, Dich, meinen innig Geliebten, in Gottes Schooß ewig zu umarmen und, vereinigt mit allen Heiligen, ihm Lob und Preis zu singen. Allelujah; — Ur-

---

*) Eine Beziehung auf ihre Krankheit.

theile daher selbst, ob es möglich ist, daß ich jetzt, daß ich, seitdem ich in Dir meinen Augustin sehe und fest glaube, daß Du in Demuth und Treue Dich Gott immer hingegeben hast, Dir noch etwas zu verzeihen haben könnte!" — Erst im Winter 1839 zu 1840 ist Demetrius Gallitzin in Amerika gestorben.

Um diese Zeit muß es gewesen sein, daß Steffens die Fürstin sah. Er erwähnt eines Besuchs derselben in Kiel*): „Einst, als ich auf Henslers (Professor der Medizin in Kiel) Bibliothek Bücher suchte, hielt ein großer Wagen, mit vier Pferden bespannt, vor der Thür. Er sah einem mächtigen militärischen Rüstwagen nicht unähnlich; eine Plane deckte ihn zu. Als diese geöffnet wurde, sah ich mit Erstaunen den Wagen querdurch in zwei Hälften getheilt; beide Räume waren mit Betten angefüllt. Aus dem ersten erhob sich eine lange, schlanke Dame, die nicht mehr jung war, und mit ihr ihre Begleiterin. Sie stiegen aus dem Wagen, gingen in eine Stube hinein, die unten dicht neben dem Eingange war, fragten, ob ich im Hause bekannt sei, und, als ich dieses bejahete, forderten sie mich auf, die Fürstin Gallitzin bei dem alten Hensler anzumelden. Diese hatte ein durchaus vornehmes, ja gebieterisches Ansehen; ihre Gesichtszüge waren geistig imponirend, und als aus der zweiten Hälfte des Wagens zugleich mit einem Bedienten ein alter Mann heraustrat, der sich durch Ansehen sowohl wie durch Tracht als ein katholischer Geistlicher darstellte, wußte ich, daß die berühmte Freundin Jacobi's vor mir stand. Ich eilte, ihre Ankunft dem alten Hensler bekannt zu machen, und diese Anmeldung machte einen starken Eindruck auf ihn. Er schien erstaunt und bewegt, und eilte, die Dame zu empfangen.

---

*) Was ich erlebte. Bd. 3, S. 258—60.

Ich suchte die Bücher, welche ich brauchte, in der Bibliothek auf, verließ schleunig das Haus, weil ich fürchtete, daß meine Gegenwart lästig sein könnte, und habe die Fürstin seitdem gar nicht gesehen."

Ein neues trauriges Ereigniß traf die Fürstin, indem der Fürst, ihr Gemahl, starb; und widerwärtige Vermögensstreitigkeiten, die russische Verwandte anfingen, wurden nur durch den edlen Sinn des russischen Monarchen beigelegt. Sie selbst aber, die Fürstin, wurde von heftiger Hüftengicht ergriffen, welche ihr die größten Schmerzen bereitete. Diese mußte sie mit seltener Kraft zu verbergen, sie hielt es für Pflicht der Liebe, so wenig wie möglich Andere an ihrem Leiden Theil nehmen zu lassen. Sie bewies eine seltene Kraft der Selbstbeherrschung. Zugleich hatte sie sich aber auch eine fromme Heiterkeit, eine christliche Sorglosigkeit angeeignet, welche sie in der Ueberwindung des Schmerzes sehr unterstützte. Sie war dem Worte Jesu gehorsam: „Sorget nicht für den andern Morgen, denn der morgende Tag wird für das Seine sorgen. Es ist genug, daß jeder Tag seine eigne Plage habe." Sie lebte in diesem Sinn für den Augenblick, dachte weder an vergangene noch bevorstehende Leiden, sie litt eben nur, was die Gegenwart von Leiden darbot. „Die Leiden eines jeglichen Moments, sagt sie mit Recht, sind das Kreuz, das Gott aus Liebe uns zusendet; dieses Kreuz mit Geduld zu ertragen, gibt er uns auch in jedem Moment seine Gnade, nicht aber können wir auf seinen Beistand rechnen, wenn wir uns selbst ein Kreuz auferlegen, das Er uns nicht zugedacht hatte." Diese Grundsätze zu den ihren zu machen war um so mehr nöthig, als mit den leiblichen Schmerzen hypochondrische Verstimmungen der Seele verbunden waren. Um jene Zeit wurde der Fürstin auch viel Kummer bereitet durch widerwärtige Verhältnisse, persönliche Kränkungen, aber auch hier war es eine Uebung christlicher Frömmigkeit, welche die Schmerzen ihr erleichterte. Sie gestattete es sich nicht, im Gedanken mit der Person zu verkehren, gegen welche sie Abneigung fühlte; mit ihnen und gegen sie in der Phantasie monologisch zu reden.

Es widerfuhr natürlich auch der Fürstin, daß mit Zuständen, in welchen das Bewußtsein der Gemeinschaft mit Gott in Christus ihre Seele mit der größten Freude erfüllte, andere wechselten, in denen sie des Gefühls der Nähe Gottes entbehrte. Solche Zustände haben den Zweck, uns zu der Erkenntniß zu führen, daß Gott um Gottes, Christus um Christi Willen zu lieben sei und nicht um der damit verbundenen seligen Gefühle willen. Deßhalb schätzte die Fürstin jene Zustände als besondere Mittel, ihre Seele zu reinigen und zu läutern. Im Sommer 1805 steigerten sich ihre Schmerzen, indem noch eine neue Krankheit, die Wassersucht, hinzutrat und ihr viele Beängstigungen verursachte. Immer schwächer wurde der Körper der Fürstin, und im Frühjahr 1806 mußte sie jeden Tag ihren Tod erwarten. Hohe Heiterkeit spiegelte sich in ihren Zügen, keine Furcht des Todes beängstigte sie, fromme Ergebung, Sehnsucht nach Vereinigung mit Gott verklärte ihr Wesen. Nur wenigen Personen gab sie die Erlaubniß, sie zu bedienen, und sorgte für sie mit zarter Aufmerksamkeit. Sie ließ sich öfters vorlesen, aber den Gegenstand der Lectüre wählte sie immer mit Rücksicht auf Nutzen und Interesse des Vorlesers. Es war ihr oft Bedürfniß, ihren Schmerz zu äußern. Die Aerzte hatten es ihr gerathen, aber dennoch zögerte sie, weil es ihr schien, als ob sie so gegen das aufgelegte Leiden murre und es unwillig trage. Um daher auch hier ihre Ergebung in den Willen Gottes darzustellen, ihr „Ja" und ihre Zustimmung auszusprechen, so sagte sie in solchen Fällen: „O ja". So kam die Nacht vom 26. zum 27. April 1806 heran, die Nacht zum Sonntag Jubilate. Von Overberg empfing sie das heilige Abendmahl in der Stunde, welche sie jährlich schlaflos zuzubringen und der Betrachtung des Leidens Christi zu widmen pflegte. Nachdem sie die Worte des Tagesevangeliums: „Ueber ein Kleines werdet ihr mich nicht sehen, und über ein Kleines sehet ihr mich," mit andächtigem Geiste erfaßt hatte, versank sie in stille Betrachtung. Danksagend für das im Sakrament gefeierte und empfangene Heil schied sie aus dem Lande des Glaubens, um in das Reich ewigen seligen Schauens einzutreten.

Graf Stolberg theilte F. H. Jacobi den Tod der Fürstin mit:

Lütjenbeck bei Münster, den 7. Mai 1806.

„Du wirst vielleicht schon wissen, was ich Dir mit tiefgerührtem Herzen melde. Am 27. v. M. übergab die Gallitzin ihre schöne, große, liebevolle Seele in die Hände Gottes. Seit vorigem Herbst hatte sie weit mehr als je an ischiatischen Schmerzen gelitten. Seit dem 3. März lag sie im Bette. Das Uebel ergriff die Eingeweide; diese wurden entzündet. Hieraus entstand eine Wassersucht. Sie hat während acht Wochen unaussprechliche Pein gelitten. Ihr innerer Friede blieb unangefochten; ihr ganzes Wesen war Glaube, Hoffnung, Liebe. Jedesmal, daß wir sie sahen, ergriff uns der Anblick ihres äußeren Zustandes und Aussehens; wir verließen sie nie ohne Trost des Himmels. Ihr Ende war nicht sanft, aber triumphirend, wie das Ende der Märthrer. Ihr Puls hörte auf zu schlagen unter schrecklichen Schmerzen. Ihr letzter Gedanke war Dankgebet für so eben empfangene heilige Kommunion."

Die Fürstin war eine gereifte Christin geworden, und ihr Ende eine innere Vollendung. Sie hatte erreicht, was ihrem jugendlichen Geiste als Ideal vor Augen gestanden. Die Vollkommenheit müsse erreicht werden, so hatte sie geahnt, erst nach schweren Kämpfen und vielen Mühen; und sei sie errungen, so bedürfe es neuer Kämpfe, um sie zu bewahren. Nun gewiß mehr Kämpfe, mehr Mühen, als sie geahnt und gewünscht, waren ihr zu Theil geworden. Nur insofern hatte ihre Weißagung keine gänzliche Wirklichkeit empfangen, als doch, wenn auch unter schwerer eigner Arbeit, das Heil ihrer Seele sich auf göttliche Gnade gegründet hatte, eine göttliche Gabe gewesen war. Und war nicht das andere auch in Erfüllung gegangen, daß den Vollkommen auch die Freundschaft Vollkommner geschenkt werden müsse? Hemsterhuys, Hamann, Fürstenberg, Overberg und Stolberg, welcher herrliche Kreis hatte sich um sie gesammelt gehabt und war mit Fesseln ewiger Liebe mit ihr verbunden gewesen! Und als ob buchstäblich erfüllt werden solle, was das Mädchenherz geträumt, so war ihr nicht sowohl Liebe als Freundschaft zu Theil geworden.

Ihre Ruhestätte ist zu Angelmodde, auf ihrem Grab steht ein Kreuz mit dem Bilde des Heilands und der Inschrift: „Ich achte Alles für Schaden gegen die Alles übertreffende Gnade Christi, und halte es für Koth, damit ich Christum gewinne."

Wir gedenken aber des Spruches Christi, welcher treffend die Art ausspricht, in welcher die Fürstin Gallitzin das Heil erfaßte und gewann: „Das Himmelreich leidet Gewalt, und die Gewalt thun, reißen es an sich."

Sailer und seine Freunde.

Erstes Kapitel.

Die Einleitung.

Die Mystiker als Pfleger des chriſtlichen Lebens im 15., 18. und 19. Jahrhundert. Aehnlichkeit und Unterſchied, bedingt durch den gemeinſamen, und doch in mannigfaltigen Formen erſcheinenden Feind, den Pelagianismus; ſich äußernd in den Aufgaben und Mitteln von Wirkſamkeit, ſowie in der pſychologiſchen Eigenthümlichkeit. Die Myſtik alle Chriſten vereinigend und dennoch in ihrer beſondern Conſeſſion bewahrend. Die umbildende Thätigkeit der Myſtik in Theologie, Predigt und Cultus. Die Myſtik in der römiſch-katholiſchen Kirche leidet Martyrium oder erkauft ſich Frieden durch zweideutige Zugeſtändniſſe.

Das geiſtige Leben in der zweiten Hälfte des achtzehnten Jahrhunderts gleicht in vielen Hinſichten den geiſtigen Bewegungen, welche der Reformation vorangingen. Dort wie hier befindet es ſich im Widerſpruch mit der herrſchenden kirchlichen Gewalt, dort wie hier wird die Eigengerechtigkeit auf den Thron gehoben und die göttliche Gnade in den Hintergrund geſtellt, dort wie hier ſchließlich ſind es die Wege der Myſtik, auf die das lebendige chriſtliche Leben ſich zurückzieht. Im Kreiſe dieſer neuen Reformatoren vor der Reformation finden wir Sailer und ſeine Freunde. So hat die

Mystik zum zweiten Mal es übernommen, den Samen der christlichen Wahrheit zu pflegen und zu bewahren. Ja fast könnte man behaupten, sie habe in neuerer Zeit zum dritten Mal sich dieser Aufgabe unterzogen, indem sie auch Spener die Wege bahnte, wenn sie nicht damals weniger für die Erkenntniß der Wahrheit als für die innere belebende Aneignung derselben wirksam gewesen wäre. Gottfried Arnold, Johann Arndt, Heinrich Müller und die gleichgesinnten Zeitgenossen hatten nicht sowohl die verschüttete Wahrheit zu befreien und zu ihrem ursprünglichen Glanze wieder herzustellen, als vielmehr von ihrer Zeit zu fordern, daß sie den erkannten Heilsweg betrete, nicht in müßigem Staunen vor Christus stehen bleibe. Sailer dagegen und seine Freunde, überhaupt die Träger des christlichen Lebens in jener Zeit ebenso wie die Vorläufer der Reformatoren hatten die doppelte Aufgabe, für die Erkenntniß der Wahrheit und die persönliche Ergreifung derselben zu arbeiten, sie mußten ebenso wohl Theologen sein wie Propheten. Indessen bei aller Aehnlichkeit zwischen den christlichen Mystikern des 15. und 18. Jahrhunderts besteht dennoch zwischen ihnen ein Gegensatz, der durch die Verschiedenheit des Feindes bedingt ist. Denn die Werkegerechtigkeit, welcher Sailer und seine Freunde entgegen treten mußten, trug einen wesentlich andern Charakter als jene, mit der Tauler, Suso, Thomas von Kempen zu kämpfen hatten. Diese hatten es mit einem Pelagianismus zu thun, der den objektiven Gehalt des Christenthums nicht antastete, sondern nur einen falschen Weg der Aneignung desselben lehrte, welcher die gegebenen Heilsthatsachen anerkannte und nur dem Subjekt eine falsche Stellung zu ihm anwies. Im achtzehnten Jahrhundert dagegen mußte die Mystik für beide Seiten des Christenthums einstehen, sie mußte ebensowohl für die in Christo vollendete geschichtliche Offenbarung den Beweis der Wahrheit führen, wie die Bahnen zeigen, auf denen der Ein=

zelne das Heiligthum zu betreten habe. Ihre Aufgabe war eine schwierige und umfangreiche, weil sie es mit einem Gegner aufzunehmen hatte, der nicht mehr auf halbem Wege stehen blieb, sondern die volle Consequenz des Prinzips zog. Der vorreformatorische Pelagianismus hatte allerdings den Menschen thatsächlich auf sich selbst gestellt, die subjective Erlösung als eine Aufgabe hingestellt, die der Mensch durch eigene Kraft lösen müsse. Das Verdienst Jesu Christi hatte er stehen lassen, aber den Antheil an demselben einzig und allein von der eignen Arbeit abhängig gemacht. So stand es, seiner Kraft und seines Werthes beraubt, nur noch da wie ein starres Denkmal, das wohl Bewunderung und Verehrung erregen, aber nicht Leben spenden kann. Der Fortschritt des konsequenten neueren Pelagianismus, der für Erinnerungen aus alter Zeit, für hehre Symbole, für erhabene Monumente überhaupt nur geringe Sympathien hegte; der, vor Allem ein sondernder Verstand, eine erwägende Beobachtung, fragte, was ist der Nutzen, suchte jenes Denkmal, das die Pietät seines älteren Bruders stehen gelassen hatte, als nutzlos bei Seite zu schaffen. Was soll, so fragte er, der Glaube an das Verdienst Jesu Christi, wenn es nicht eine sittlich umwandelnde Kraft ausübt! Nur das sittlich Wirksame ließ er als Inhalt der Religion stehen, und in diesem Lichte erschien ihm unter den Elementen des christlichen Bewußtseins nur der Hinblick auf den vorbildlichen Wandel Jesu Christi. Hätte er diesen freilich in seiner Einzigkeit und Vollendung erkannt, so wäre es ihm möglich gewesen, von hier aus zu einer tiefern Christusanschauung fortzuschreiten, ja er wäre dazu nothwendig getrieben worden. So aber, da ihm die Vorbildlichkeit Jesu nur eine vergleichsweise, keine für den sündigen Menschen unerreichbare, keine einzige, schlechthin vollkommene war, stand er in einem Verhältniß zu Christus, in dem er die von ihm ausgehenden Kräfte der Erlösung nur unter Bedingungen, welche dieselben

wesentlich trüben und schwächen mußten, empfangen konnte. —
Indem nun die Mystik gegen einen solchen Gegner zu kämpfen hatte, mußte sie selbst Waffen ergreifen, die ihrem inneren Wesen ursprünglich fremd waren. Denn einmal genügte es nicht mehr, die Wahrheit zu bezeugen oder den Inhalt der Intuition wiederzugeben; sie mußte ihrem Gegner auf dem Wege verständiger Reflexion, den er betreten hatte, nachgehen. Sodann genügte es jetzt nicht mehr, sich in die Fülle des inneren Lebens zu versenken und den Weg der Heilsaneignung zu lehren; sie mußte die gegenständliche, geschichtliche Offenbarung, die Fundamente des Glaubens, Christus und die Heilige Schrift, vertheidigen. Es war ihr also nicht mehr gestattet, ihrer Eigenthümlichkeit gemäß, sich nur im Gebiet des innern Lebens der einzelnen Persönlichkeit zu bewegen und ihre Erkenntnisse durch die Vermittelung der Phantasie mitzutheilen; sie mußte jetzt hinaus in's feindliche Leben, hinaustreten auf einen bunten Markt, sie mußte auf bis dahin von ihr unbetretenen Wegen zu ihr fremden Gebieten gehen. Es war das für sie ein Gewinn und ein Schaden, ein Gewinn, indem sie vor Schwärmerei und vor Verengung der Gesichtspunkte behütet wurde; ein Schaden, indem sie in einer aus ihrem Wesen nicht hervorgegangenen Form sich darstellen mußte. Im fremden Gewande konnte sie nicht die Hoheit ihres Wuchses, den freien, leichten Schritt ihres Fußes zeigen. Die vielen Verschlingungen, in denen der Fluß ihres Denkens sich zu bewegen hatte, hemmten seine Schnelle; ließen ihn nicht, wie es ihm eigen war, rauschend, Alles mit sich fortschreitend, dahinströmen. Die Mystik hatte an Umfang des geistigen Gebiets gewonnen, aber an Kraft verloren; sie war breiter geworden, aber auch seichter. Die Tiefen Meister Eckarts, die Glut Heinrich Suso's, die Innigkeit Taulers hatten keine Wurzel im geistigen Fruchtboden des achtzehnten Jahrhunderts. Die Versetzung der Mystik mit den Elementen der verstän-

digen Reflexion, nothwendig von der Zeit gefordert, hatte ihre
Kraft geschwächt. Aber dennoch war gerade diese Mystik ein
erfrischender Brunnen, eine stärkende Quelle. Denn hätte sie
sich begnügt, die tiefen Erfahrungen des inneren Lebens in
der Gestalt auszusprechen, in welche sie sich ursprünglich klei=
den, so wäre sie unverstanden geblieben. Die mittelalterliche
Mystik konnte nur deßhalb so wirksam sein, weil sie einer
Zeit angehörte, die in ihr einen ebenbürtigen Ausdruck ihres
eigenen inneren Lebens sah. Die ursprüngliche Naturkraft,
die in schöpferischer Allmacht waltende Phantasie, welche jenem
Zeitalter eigen war, fühlte sich befriedigt von einer religiös
sittlichen Gesammtanschauung, welche ebenfalls von der Ge=
walt einer geheiligten Natur erfüllt war und ebenfalls im
Gebiet dichterisch erregten Denkens sich heimisch fühlte. Das
achtzehnte Jahrhundert dagegen war durchaus anders gerichtet;
nicht die Natur, sondern der Verstand galt als höchste bewe=
gende Macht; nicht die Phantasie, sondern die nüchtern erwä=
gende Beobachtung, das folgerichtig schließende Denken als
Prägestätte ächter Wahrheitsmünze. Diesen Stempel mußte
daher auch die Mystik tragen, um den Zeitgenossen verständ=
lich zu werden. Und sie trug ihn, natürlich nicht etwa in
Folge eines willkürlichen Entschlusses ihrer einzelnen Ver=
treter, sondern vermöge einer inneren Nothwendigkeit. Alle
ewigen Kräfte der Geschichte nehmen, obwohl unveränderlich
im eigensten Wesen, die mannigfaltigsten Formen an, indem
sie mit dem stetig sich ändernden Zeitgeist sich einen.

Noch in einer andern Hinsicht ist es wichtig gewesen,
daß die Mystik einen so großen Einfluß auf die Bewahrung
des christlichen Lebens im achtzehnten Jahrhundert ausübte.
Sie hat dazu beigetragen, daß einerseits die gläubigen
Kreise sich nicht in sektirerischer Schwärmerei von der
Kirche lossagten, sie hat ferner die christlichen Glieder aller
Kirchen miteinander verbunden. Das ist ein wesentliches Ver=

dienst der Mystik, das sie sich ihrer Eigenthümlichkeit gemäß erwerben mußte. Weil sie den Hauptton auf die Innerlichkeit des religiösen Lebens legt, muß sie sich in gewissem Sinne gleichgültig gegen die verschiedenen äußeren Formen verhalten, in denen sich jenes darstellt. Im Bewußtsein, daß sie unabhängig ist von allem Aeußeren, daß sie sich selbst bewahren kann in jeder kirchlichen Verfassung, in jedem Verhältniß, hat sie keine Ursache zu fordern, daß die gläubigen Glieder sich von der verweltlichten Kirche lossagen, der sie angehören. Ferner, weil das christliche Leben in jeder Abtheilung der christlichen Kirche gedeiht, so sieht die Mystik in den trennenden Unterschieden etwas Unwesentliches, erkennt in den fremdartigen Institutionen der andern Kirche keine Hemmnisse für die Wirkungen Jesu Christi und vereinigt deßhalb die geschiedenen Glieder des Leibes Jesu Christi miteinander. So sehen wir unter den Einflüssen der Mystik Protestanten und Katholiken, Lutheraner und Reformirte einander die Hände reichen und hören doch das Wort der Ermahnung: „Bleibet in den Kirchen, in denen ihr geboren seid, und bewahret die Ordnungen, die in denselben gelten." Haben wir um dieses in kirchlicher Hinsicht vorwiegend passiven Charakters der Mystik willen Unrecht, sie als neue Vorreformation zu bezeichnen; hat sie sich etwa nur um Stiftung kleinerer christlicher Kreise bemüht? Es ist allerdings zuzugestehen, daß sie nicht den Beruf hatte, die Gesammtkirchen, die christlichen Völker zur Buße zu rufen, wie es Luther gethan, zum Theil auch Spener; dennoch war sie nicht ohne reformatorische Bedeutung. Denn sie hat dennoch mittelbar mehr oder weniger umgestaltend auf Kirche, Predigt und Theologie gewirkt. Ließ sie auch den vorgefundenen Cultus, die überkommene Verfassung bestehen, so fühlte sie doch, um sich darin heimisch und wohl zu wissen, das Bedürfniß, für sich die kirchlichen Einrichtungen zu vergeistigen, einen tieferen, reineren Sinn in sie hineinzulegen. Sie zeichnete so die Grundlinien für kirchliche Neugestaltungen. Sie gestaltete ferner die Predigt um, ebenso wie die Theologie. Sie schöpfte aus den Tiefen des geistlichen Bewußtseins, sie legte zu Grunde das Zeugniß der Heiligen Schrift. Von hieraus bekämpfte sie das Unchristliche des Zeitgeistes, nahm jedoch auf die gesunden Elemente desselben Rücksicht, und suchte mit diesen die Wahrheit des christlichen Zeugnisses in Einklang zu setzen. So arbeitete sie an den Grundlagen, auf denen der Neubau der christlichen Kirche ruhen sollte. Ihre Vertreter waren auf diese Weise Vorreformatoren, ebenso wie die Mystiker des 14. und 15. Jahrhunderts. Der Kreis derselben, welchen die folgenden Blätter darzustellen beabsichtigen, hat seine Heimath in der römisch-katholischen Kirche, und nur ein Glied derselben hat dieselbe verlassen. Alle Andern haben in derselben und für dieselbe gelebt bis an ihr Ende. Dennoch stehen sie uns Evangelischen nah. Nicht nur, insofern, als das allgemein Christliche sich in allen Confessionen findet und dieselben miteinander verknüpft, sondern auch insofern, als sie von ächt evangelischen Grundgedanken erfüllt waren, für dieselben kämpften und litten. Sie sind Märtyrer der evangelischen Kirche innerhalb der römischen, und je unbedingter sie die evangelische Wahrheit vertraten, desto mehr wurden sie von den kirchlichen Autoritäten befehdet. Der, welcher den Mittelpunkt dieses Kreises bildete, konnte sich die Ruhe nur erkaufen durch fast diplomatische Vorsicht des Ausdrucks; durch das Ansehen, das ihm mit Recht seine wissenschaftliche Bedeutung gab; durch die einflußreiche Stellung, die er einnahm; durch seine vor energischem Auftreten sich scheuende Natur. Fast alle Andern haben nicht nur geistig, sondern sogar leiblich für das offene Zeugniß der Wahrheit leiden müssen. Und wenn wir sie am Schlusse ihres Lebens mit der römischen Kirche versöhnt finden, so sind es diplomatische Acte, an Clauseln reiche Concessionen, durch

welche die Einheit erkauft ist. So sehen wir im Angesicht
dieser Männer den Zug der Wehmuth und Ergebung; wir
lesen in ihren Augen den Schmerz, daß sie die ersehnte Hei=
math, in der das ungeschminkte Wahrheitswort ohne Verfol=
gung ausgesprochen werden kann, nicht gefunden haben. Wir
erkennen diesen tragischen Zug in ihrem Leben, obwohl die
Ruhe des Alters, die Stille des mit Gott geeinten Herzens,
die Demuth, die mit Selbstverläugnung sich in die hemmen=
den Schranken fügt, uns überall entgegentritt, und der Hauch
des Friedens uns erquickend anweht. Der geschichtliche Ver=
lauf, den das Leben jener Männer genommen hat, wird unser
Urtheil über sie, ihre Stellung und Bedeutung rechtfertigen.

Zweites Kapitel.

Michael Sailers Geburt. Das Elternhaus. Der erste Unterricht.
Der Gang nach München. Der Erwerb des Lebensunterhalts. Die
ersten Studien. Frömmigkeit und Unschuld des Jünglings. Der
erste religiöse Kampf. Die Dankbarkeit des Mannes gegen die Wohl=
thäter des Jünglings.

Am 17. November 1751 wurde Johann Michael Sailer
im Dorfe Aresing bei Schrobenhausen im Bisthum Augsburg
geboren. Seine Eltern waren unbemittelt, aber vom Geiste
ächt christlicher Frömmigkeit erfüllt. Dieser spiegelte und be=
zeugte sich nicht nur in der Einfalt und Schlichtheit des Wan=
dels; er hatte auch feste Sitten und Ordnungen gegründet,
in denen das Leben der Glieder des Hauses sich bewegte
Sie waren die Schranken, welche die Freiheit vor der Will=
kür bewahrten und den Ernst selbstverläugnenden Gehor=

ſams Eltern, Kindern und Geſinde aufprägten. Des Morgens und Abends vereinigte die tägliche Andacht die Glieder des Hauſes und bewies, daß des Vaters Wahlſpruch:

>Mit Gott fang an, mit Gott hör auf,
>Das iſt der beſte Lebenslauf.

feſte Wurzeln in ſeinem Gemüthe geſchlagen hatte. Ebenſo war auch die gemeinſame Mahlzeit durch Gebet geweiht. Da das religiöſe Leben der Eltern dieſe Hausgottesdienſte geweckt hatte, da ſie aus dem Innern hervorgegangen waren, mußten ſie auch wieder Leben ſpenden und auf das Innere zurückwirken. Es war beim Gebet nach Tiſche dem Johann Michael oft zu Muthe, als befinde er ſich in der Kirche. Einen beſondern Einfluß übte auf die Erziehung die Mutter aus, indem ihr eine ſchöne Gabe verliehen war, die immer ſeltener zu werden anfängt, die Gabe lebendiger, anſchaulicher Erzählung. Sie gebrauchte dieſelbe zur Mittheilung erbaulicher Geſchichten. Geſpannt lauſchten die Kinder auf ihre Worte; und oft war es ihnen, als nähmen die gehörten Dinge, die beſchriebenen Perſonen Fleiſch und Blut an und erſchienen leibhaftig vor ihren Augen.

Dieſe Erzählungen feſſelten aber nicht nur Johann Michael und ſeine Geſchwiſter, auch die Nachbarkinder eilten herbei, und ſelbſt Erwachſene ſcheuten ſich nicht, in den Kreis der Zuhörer zu treten. — Unſer Johann Michael wußte, was er ſeiner Mutter ſchuldig war, er hat es als reifer Mann in beredten Worten ausgeſprochen: „Dank Dir, geliebteſte Mutter! Ewig bleib ich Dein Schuldner. So oft mir Dein Blick, Deine Gebärde, Dein Wandel vor mir, Dein Leiden, Dein Schweigen, Dein Geben, Dein Arbeiten, Deine ſpendende Hand, Dein ſtilles ſtetes Gebet in's Auge trat von den früheſten Jahren an, war das ewige Leben, das Gefühl der Religion, mir gleichſam neu eingeboren, und dies Gefühl konnte nachher kein Begriff, kein Zweifel, kein Leiden, kein Druck, selbst keine Sünde tödten. Es lebt noch in mir dies ewige Leben, ob Du gleich schon vor mehr als vierzig Jahren das Zeitliche verlassen hast."

Den ersten Unterricht erhielt er beim Dorfschulmeister Bernhard Seitz, der später seine Schwester Maria Anna, Marianne gemeinhin genannt, heirathete. Den Unterricht in den Anfangsgründen der lateinischen Sprache empfing er vom Kaplan Simon. Indessen war Johann Michael 10 Jahr geworden, und es war nun die Frage, was er werden sollte. Seine Lehrer riethen, ihn studiren zu lassen. Allein sein Vater, der Schuhmacher war und seinen Sohn für eine ähnliche Stellung zu bilden gedachte, sträubte sich dagegen. „Unsereiner, sagte er, ist ein für allemal zu arm, als daß er zu einem so lange währenden und kostbaren Handwerke, wie man mir das Studiren beschreibt, das Lehrgeld sollte bezahlen können." Allein Vater Sailer konnte seinen Einspruch nicht durchsetzen, denn sein Freund, der Dorfzimmermeister Rieger, war ein lebendiges Beispiel, daß es auch Unbemittelten möglich sei, einen Sohn studiren zu lassen. „Ich bin nicht reicher als Du, "sagte Rieger," und doch studirt mein Sohn in München schon die 6. Schule. Künftige Ostern geht Ihr, Du und Dein Sohn, mit mir nach München, da muß er ein Student werden; das Leben gibt der gute Gott, das Futter die guten Menschen." Und so geschah es; als der grüne Donnerstag herangekommen war, machte sich Johann Michael auf den Weg nach München, von den Segnungen der Mutter begleitet, von seinem Vater und Meister Rieger geführt. Die Reise ging über Oberweilbach, nahe bei Aresing. Hier machten die Wanderer Halt, und Vater Sailer kaufte ein Paar Schnepfen, um sie als Geschenk dem künftigen Pfleger seines Sohnes anzubieten. Auch hierin folgte er dem Rathe seines klugen Freundes, der zu ihm gesagt hatte: „Hier, Meister

Zweites Kapitel.

Andres, kauf' ein Paar Schnepfen, die müssen das Glück Deines Sohnes machen." Am Mittag des folgenden Tages schritten unsere Reisenden durch das Thor Münchens und begaben sich zum Schulmeister Traunsteiner, wo, wie es scheint, auch Riegers Sohn wohnte. Dort sprach Vater Sailer seine Bitte aus: „Hier, Herr Schulmeister, bringe ich meinen Hans Michel. Ihr müßt sein zweiter Vater sein und ihn zum Famulus bei dem Sohne reicher Eltern machen. Dafür verehre ich Euch diese zwei Schnepfen, und mein gutes Eheweib wird für die Frau Schulmeisterin noch einige Kloben Flachs nachschicken." Diese Worte fanden Eingang bei Traunsteiner, er machte sich anheischig, Aufsicht und Wohnung dem jungen Sailer zu gewähren; und getrost kehrte deßhalb Vater Sailer in die Heimath zurück, nachdem er dem Sohne noch viele herzliche Ermahnungen gegeben und ihm 45 Kreuzer geschenkt hatte. Es handelte sich nun darum, für Hans Michael Kost zu finden; in den ersten 14 Tagen half freundschaftlich der junge Rieger, indem er den neuen Ankömmling an der eigenen Mahlzeit theilnehmen ließ, die er freilich selbst mühsam erlangt hatte. Denn mit einem Topfe in der Hand ging er bei mildthätigen Leuten herum und sammelte hier, was er zu seinem Lebensunterhalte bedurfte. Aber auch Traunsteiner blieb nicht unthätig, sondern verhalf unserm Sailer, wie sein Vater es gewünscht hatte, zu der Stelle eines Famulus, und zwar bei dem Sohne des Münzwardein Oeker. Für die Dienstleistungen, denen er sich unterzog, empfing er freien Tisch und durfte auch an den Privatstunden des jungen Oeker theilnehmen. Sechs und ein halbes Jahr war er in dieser Stellung geblieben, als ihn Oeker, dessen haushälterische Frau die Ernährung eines Famulus jetzt für unnöthig fand, entließ; jedoch nicht ohne in der freundschaftlichsten Weise ihm seine Hülfe zugesagt und durch ein Geschenk von 2 Dukaten die Wahrheit seines Versprechens verbürgt zu haben. Indessen die Vorsehung Gottes sorgte sichtlich für unsern Sailer. Sein Mitschüler, Alexis Thalhauser nämlich, wählte ihn zum Repetitor, und dessen Base verschaffte ihm dafür freien Mittagstisch im Hause des damaligen Landschaftskanzlers. Aber auch an der Abendkost fehlte es nicht, indem der Seminarinspector Huber für ihn und zwei andere arme Gymnasiasten in der Stube des Pförtners eine Mittelskost zwischen der schlechteren der Seminaristen und der besseren der Expectanten einrichtete. Blicken wir nun auf das geistige Leben Sailers in jener Zeit. Die klassischen Studien fesselten ihn ganz, besonders die Dichter und Redner der Alten; bis in die tiefe Nacht las er Cicero und Virgil; unzählige Mal fand es sich beim Erwachen, daß er über Cicero eingeschlafen sein mußte, weil das Talglicht in seinem eisernen Leuchter ausgebrannt war und Cicero dem Erwachenden auf der Brust lag. Ja selbst auf den Wegen, die er zu machen hatte, lebten seine Gedanken in der ihm so theuren Lectüre.

Unter den trefflichen Lehrern, die ihn unterrichteten, zeigte besonders Interesse für seine Schüler Zimmermann. Er hatte dieselben aufgefordert, schon eine halbe Stunde vor Anfang des Unterrichts zu erscheinen. Und die regeren und fähigeren Schüler, zu denen Sailer gehörte, waren gern der Einladung gefolgt. Hier las nun Zimmermann aus guten Schriften vor und führte in das Verständniß des Gelesenen ein. So machte er die Schüler unter Anderem mit den ersten Gesängen des Messias bekannt.

Ernste Sittlichkeit und Frömmigkeit zeichnete Sailer wie seine Mitschüler aus. Die angestrengte Arbeit, welche damals viel mehr als jetzt das Studium in Anspruch nahm, die Einfachheit des Lebens, das fern war von den übersättigenden Genüssen unserer Tage, die Lernbegierde, welche von selbst als zu Stunden geistiger Freude und Erholung zur Arbeit trieb, bewahrte Sailer vor sinnlichen Aus-

Zweites Kapitel.

schweifungen, ebenso wie seine Mitschüler. Es kam vor, daß viele das achtzehnte, auch zwanzigste Lebensjahr erreichten, ohne daß sich ihnen der Unterschied der Geschlechter innerlich ankündigte. Und diese Gediegenheit des geistigen Lebens fand und suchte im kirchlichen Leben neue Nahrung und Stärkung. Täglich wohnten die Gymnasiasten dem Gottesdienst bei und besuchten außerdem in kleineren Abtheilungen die Kirche. Den Tag schlossen sie mit Gebet. Sie hatten aber auch in den Lehrern und der Schule ein zur Nachahmung aufforderndes Vorbild. Der Unterricht wurde mit Gebet begonnen und geschlossen; und von den Lehrern sagt Sailer, daß die Schüler an ihnen die Religion mit Augen sahen. So konnte es geschehen, daß schon in frühen Jahren ein tieferes religiöses Leben in Sailer erwachte und in inneren Kämpfen sich bekundete. Hören wir ihn selbst:

„In meinen jungen Jahren, vom zwölften bis sechszehnten, da mich das Studium der gelehrten Sprachen und das Lesen der lateinischen Klassiker bezauberte und fast ganz außer mich hinauswarf, kam ein bis dahin unerfahrenes Leiden über mich, das mich gewaltsam in mich zurückwarf und der Freude an Kunst und Wissenschaft ein heilsames Gegengewicht erschuf. In stiller Gottesfurcht und wohlbewahrter Unschuld aufgewachsen, verlor ich in der bedeutendsten Angelegenheit auf einmal das Richtmaß des gesunden Urtheils und fand mich unfähig, mein Gewissen, das durch jeden Schatten der Sünde geängstigt ward, zu stillen. Ich sah Sünde, wo keine war, sah große Sünde, wo nur geringe war, und gleich einem unmündigen Kinde konnte ich weder über Gesetz noch über Sünde noch über Buße nach der Wahrheit entscheiden. Mein ganzes inneres Leben war weiter nichts als Gewissenszweifel, und diese Gewissenszweifelsucht eröffnete in mir einen Abgrund von Furcht und Angst, in den mich jede Beichte, jede Kommunion, jede Gebetsübung, jede Gewissenserforschung.

jede Predigt, der ich aufhorchte, nur noch tiefer hinunterwarf;
ich war der Knabe, der alle Krankheiten, die er nennen hörte,
sogleich in sich fand. Diese Gewissensunruhen wurden da=
durch vermehrt, daß ich die Eingebungen gutmeinender Fröm=
migkeit für Einsprechungen des Heiligen Geistes ansehen, neben
dem Joche des mißverstandenen Gesetzes nun auch das Joch
selbstgerechter Einsprechungen zu tragen hatte. In dieser
Schule hart mitgenommen und lange genug umhergetrieben
fand ich nach vier Jahren endlich in der Mitternacht ein leuch=
tendes Gestirn, einen erleuchteten Gewissensfreund, der mir
mit dem Ausdrucke seiner Liebe das Herz abgewann, und mit
der Ruhe, die in seinem Antlitze sich gelagert hatte, den Strom
in meinem Innersten bändigte. Ein Blick aus seinem Auge,
ein Wort aus seinem Munde, selbst eine stumme Gebärde,
die ich an ihm wahrnahm, band den Dämon der Unruhe.
Allmählich lernte ich ihm glauben, trauen, gehorchen, und das
Gewissen stellte seine Rügen ein — ich ward ein seliges
Kind, liegend im Schooße der Mutter Providenz und gehalten
von dem Worte meines Schutzgeistes. Nicht zufrieden, die
Unruhe durch die Uebermacht des Geistes seiner tragenden
Liebe für diesmal gestillt zu haben, wollte er, um das Uebel
durch eine Radikalkur zu ertödten, mein unmündiges Urtheil
selbst mündig machen. Zu dem Ende führte er mich auf die
Quelle meiner Aengstlichkeit zurück und zeigte mir, daß aus der
Unmündigkeit des Urtheils und aus dem Gutmeinen, das keinen
Führer als sich selbst hat, alle die marternden Zweifel über
das Gute und Böse in meinen Gesinnungen und Handlungen
entstanden seien, und vollendete das Werk, das er durch Auf=
regung eines unbedingten Vertrauens auf sein Wort angefan=
gen hatte, durch Aufhellung des Dunkeln und durch Berich=
tigung des falschen Begriffes." — Versuchen wir, uns diese
Gemüthszustände Sailers näher zu bringen. Wie er selbst
sagt, hatte ihn das Studium der Klassiker in eine Ferne von

Zweites Kapitel.

der Beschäftigung mit sich selbst gebracht. Indem er der Objektivität sich hingegeben hatte, war die Subjektivität in den Hintergrund gedrängt worden. Deßhalb mußte ein Rückschlag erfolgen. Denn der Mensch soll ebenso sich selbst leben, wie für die Außenwelt, bis er gelernt hat, in der Welt den Spiegel seiner selbst und in sich den Spiegel der Welt zu erblicken. Diesen Rückschlag brachte aber nicht ein Leiden; sondern die Geltung, welche die Subjektivität sich errang, verursachte ein Leiden. Denn indem nun Sailer sich selbst beobachtete, nahm er einen innern Zwiespalt in sich wahr, von dem er vorher nichts geahnt hatte. Schmerzlich vermißte er, der so auf innere Harmonie angelegt war, dieselbe in seinem Innern, schmerzlich sah er, wie der Friede, den die Dichter des Alterthums ihm gepriesen hatten, in seinem Innern wenigstens keine Stätte gefunden hatte. Und sein reflectirender Geist entdeckte ihm bald, wie das Uebel seinen ganzen geistigen Organismus ergriffen habe. Das Heilmittel, welches sich ihm darbot, war, wie es sich bald zeigte, nicht im Stande, wahrhafte Gesundheit zu geben. Die Harmonie, die er in sich selbst nicht fand, sah er in einem Altersgenossen, der, in Liebe und Freundschaft mit ihm verbunden, an seinem innern Schatz ihn Antheil nehmen ließ. Krankhafter Reflexion über sich selbst wurde er entrissen, indem ihn das Wort des Freundes, das beruhigende, das fesselnde, und so schon vorläufiger Weise der Glaube, das Vertrauen, über sich selbst erhob und ihm Freudigkeit einflößte.

Wenn nun jener Freund, nachdem er Sailer geholfen hatte durch Befreiung von sich selbst, ihn wieder mit sich selbst versöhnen wollte durch Aufklärung über den geringen Werth der Sünden, die Sailer gepeinigt hatten, so war das ein sehr gefährlicher Weg, weil er leicht zum Leichtsinn und zur Selbstgerechtigkeit führen konnte. Die Sünde in dem Sünder war es, die Sailer quälte, und hier mußte geholfen werden!

Seinen Mitschülern gegenüber bewies Sailer große Freundlichkeit und friedfertigen Sinn. Dazu neigte schon seine Natur; zu hassen und zu hadern widerstrebte gänzlich seinem Wesen. Er sagt selbst: „Ich will mich lieber unschuldig zehn Jahre lästern lassen, als einen Tag auf die Vertheidigung meiner Unschuld verwenden. Das erlittene Unrecht vergessen ist bei mir keine Tugend, denn das Behalten desselben schafft Unruhe; und mir ist die Ruhe des Gemüthes so lieb, daß ich ohne sie nicht leben mag."

Das phlegmatische Temperament bildete die Naturgrundlage, auf der sich die innere Harmonie der Seele stützte, welche Sailer so sehr auszeichnete. —

Das Jugendleben schon trug sichtbare Spuren der besonderen Führung und Leitung der göttlichen Gnade, und Sailer zeigte seine Erkenntniß derselben, indem er seine Dankbarkeit gegen Gott auf die Personen übertrug, deren sich Gott als Träger seiner Hülfe bedient hatte, und in geringfügigen Umständen und Verhältnissen vom Herrn geordnete Wege sah. So erinnerte er sich mit Rührung der Schnepfen, durch die ihn der Vater bei Traunsteiner eingeführt hatte; und wenn Freunde ihn zu einem Gastmahle einluden und bei demselben auch Schnepfen aufgetragen wurden, so sagte er: „Jetzt wird das Mahl für mich liturgisch; denn Gott hat mich durch zwei Schnepfen zu dem gemacht, was ich bin." Deßhalb ließ ihm auch sein Freund Beda Meyer ein Petschaft mit zwei Schnepfen stechen und der Umschrift „unter Gottes Leitung"; und auch am Piedestal des Denkmals, das König Ludwig ihm errichten ließ, sind zwei Schnepfen abgebildet. Stete Dankbarkeit hegte Sailer gegen Oeker; und als er später bei diesem eingeladen war, sprach er es offen aus: „Herr Generalwardein, nach Gott und den zwei Schnepfen habe ich Ihnen mein ganzes literarisches Dasein zu verdanken."

Drittes Kapitel.

Studien in Landsberg. Eintritt in den Jesuitenorden.
Der Kampf des Zweifels.

Im Herbste 1770 verließ Sailer München und begab sich nach Landsberg, um sich dort den theologischen Studien zu widmen, zugleich trat er in den Jesuitenorden. Es war derselbe, zumal in Deutschland, die katholische Gemeinschaft, in welcher damals Wissenschaft eifrig gepflegt und die Erziehungskunst mit großem Geschick geübt wurde. Sailer stellt ihm ein sehr günstiges Zeugniß aus, das freilich darin mitbegründet ist, daß er hier einen Kreis talentvoller edler Jünglinge fand, mit denen bald das Band herzlicher Freundschaft und Hochachtung ihn verknüpfte. „Ich habe im Noviziate zu Landsberg," so bezeugt er selbst, „ein fast paradiesisches Leben geführt. Betrachtung des Ewigen, Liebe des Göttlichen und eine Andacht, die sich in diesem Doppelelemente bewegt; dieses wahrhaft höhere Leben des Geistes war der Gewinn dieser Jahre." Allein auch diese Rose war unter Dornen erwachsen; unter schweren Kämpfen hatte er den Sieg errungen; nach langer Krankheit das Licht der Genesung erblickt. Es war wieder ein Leiden, das der Entwickelungsgang seines inneren Lebens herbeiführte. Hatte der Kampf vorher sich überwiegend im Gebiete des Gemüths bewegt, so hatte er sich jetzt zum Schauplatz das begreifende Denken, den nüchternen Verstand gewählt; und der Zweifel war der Feind, gegen den Sailer sich zu vertheidigen hatte. Hören wir auch hierüber ihn selbst.

Anknüpfend an den ersten Sieg fährt er in der Geschichte seines inneren Lebens also fort: „Diese stille Wonne des inneren Friedens genoß ich, bei anhaltender Gewissenstreue, mehrere Jahre ungestört, und wie es schien, auf die Dauer. Allein die Seligkeit hat auf unserm Planeten leider! keine bleibende Herberge; denn die Gewissenszweifel hatten sich zwar verloren, kamen aber hinter dem Berge in geänderter Uniform in der Gestalt der Glaubenszweifel hervor und verfolgten mich wie ein Gespenst, das mir auf jedem Schritte nachschlich und wie eine Furie mit brennenden Fackeln den armen Flüchtling vor sich hertrieb. Diese Qual dauerte vom achtzehnten bis zwei und zwanzigsten Jahre meines Lebens. Was sie vermehrte, war ein unmündiger Gewissensfreund, der, diese Zweifel aus bösem Willen ableitend, den unschuldigen Zweifler mit ewiger Verwerfung schreckte, obgleich die Bedenklichkeiten alle aus Unkunde hervorgingen und mir noch mehr zuwider waren als ihm selber. Der vornehmste Zweifel, der meinen Glaubenslauf beunruhigte, war dieser: Du glaubst an Christus, weil seine Apostel ihn als den Sohn Gottes und Erlöser der Welt überall verkündigt haben — wie aber, wenn die Apostel, selbst getäuscht, wieder getäuscht hätten. Dieser an sich nichts bedeutende Einwurf war für mich vielbedeutend, war ein schwerer Stein, der mir auf das Herz fiel und es fast erdrückt hätte, wenn mir nicht eine freundliche Hand ihn vorerst gelüftet und dann vollends zu Staube zermalmt hätte. Diese freundliche Hand war ein ehrwürdiger Missionair aus Indien, den ich in meine Seelen-, Geistes- und Gemüthsnoth blicken ließ[*]. Seine Verfahrungsweise ist ein wahres Original. Er hörte meine Klagen geduldig, bis ich ausgeredet hatte. Jetzt aber, als wenn er meine Rede vergessen oder nicht geachtet hätte, führte er mich

---

[*] Namens Pfab.

aus meiner Lebensgeschichte heraus und in die seinige hinein, und erzählte drei Stunden nach einander, was er auf der Reise nach Indien, in Indien selber und auf der Rückreise gesehen, erfahren, gethan, gelitten und auch wohl genossen hätte. Ich war ganz Ohr und vergaß meines Elends. Auf einmal, als wenn er zu einem unverschieblichen Geschäfte gerufen wäre, brach er ab, und indem er mir lächelnd die Hand drückte, hieß er mich nach drei Tagen wieder zu sich kommen. Ich ging und fand mich in Selbstvergessenheit, in die mich seine wunderbaren Erzählungen eingewiegt hatten, ruhiger. Nach drei Tagen fand ich mich zur bestimmten Stunde wieder ein bei meinem lieben Arzte, der mir noch räthselhafter schien, als meine Krankheit. Doch beide Räthsel sollten bald gelöst sein. Wie ich die Thüre seines Zimmers öffnete, ging er mir mit unnachahmlicher Heiterkeit des Blickes entgegen. Ich habe, sagte er, Dir jüngst die Geschichte meiner Mission mitgetheilt: kannst Du denn auch glauben, daß Alles, was ich Dir erzählte, wahr sei?

Ich: Alles halte ich für wahr und nicht das Geringste von Allem kann ich bezweifeln.

Er: Aber ich hätte Dich ja doch täuschen können!

Ich: Ein Mann, der für Christus sein Leben so oft wagte, der für die Wahrheit des Evangeliums sein Vaterland verließ, der will nicht lügen, kann nicht täuschen wollen.

Er: Aber er kann selbst getäuscht sein.

Ich: Er kann auch nicht selbst getäuscht sein, denn er erzählte nur, was er selbst gesehen, selbst gehört, selbst gethan, selbst gelitten hatte.

Er: Aber vielleicht habe ich selbst absichtlich Einiges vergrößert, Anderes verkleinert, um in Deinen Augen bedeutender zu erscheinen, als ich bin.

Ich: Dein gerades, offenes, bestimmtes Auge steht nicht zum krummen oder schiefen Worte.

Er: Also glaubst Du meinem Worte und glaubst deßhalb meinem Worte, weil Du mir genaue Kunde und reine Wahrheitsliebe zutraust?

Ich: Ich glaube Deinem Worte und glaube deßhalb Deinem Worte, weil die Wissenschaft und Aufrichtigkeit des Zeugen, also das Vermögen und das Wollen, nur Wahres zu erzählen, Dir inwohnt und inwohnen muß.

Er: Darf ich noch eine Frage an Dich thun?

Ich: Mein Herz gehört Dir an, warum nicht auch mein Wort?

Er: Wenn Du mir, einem redlichen Manne glaubst, der zwar Christ und Priester, auch von der Kirche als Apostel nach Indien gesandt, aber doch kein Petrus, kein Johannes, keiner von denen ist, die den Herrn gesehen, die am Pfingstfest den Heiligen Geist empfangen, die sein Wort als Zeugen, die den Herrn gesehen, gehört hatten, in alle Welt ausgebreitet haben: solltest Du diesen nicht glauben? Mir glauben und den Boten des Herrn nicht? wie könntest Du das?

Diese Frage, die er in einem überströmenden Flusse von Beredsamkeit immer anders und anders zu wiederholen, auszumalen, zu steigern wußte, diese Frage war ein Donner, der die Tiefen meines Gemüths erschütterte, ein Blitz, der die dunkeln Straßen meines Geistes durchleuchtete. — Die Zweifel waren wie verschwunden. Ich glaubte und fiel auf die Kniee und betete an, stammelnd mit Thomas: Mein Herr und mein Gott. Jetzt hob er mich auf, schloß mich in seine Arme und sagte dies Wort: Selig, die glauben und nicht gesehen haben. Ich blickte dankbar zu ihm auf, küßte ihm dankbar seine Stirn und seine Rechte, welche die Fahne des Evangeliums nach Indien getragen und nun auch in meinem Herzen errichtet hatte. Diese Glaubensruhe in der ewigen Wahrheit — Gott — dauerte ungetrübt bis in mein 69stes Lebensjahr und wird — Gott sei die Ehre — bis zur

Schwelle der Ewigkeit, bis zum Throne des Richters mich begleiten."

In vieler Hinsicht entspricht dieser neue innere Kampf dem ersten, er setzt auf dem Gebiet der Erkenntniß fort, was im Gebiet des Willens begonnen hat. Indem Sailer zu sich selbst als denkendem Geist zurückkehrte, fand er, daß er auch hier in keiner Einheit mit sich selbst sich befinde; daß die religiösen Vorstellungen, die er bis dahin unbefangen aufgenommen hatte, von den Gedanken zurückgestoßen würden, nach denen er den Wahrheitsgehalt alles Gegebenen prüfte. Die Heilung, die hier eintrat, war ebenfalls eine vorläufige, indem zwar der Glaube an die Wahrhaftigkeit der Zeugen des Evangeliums geweckt wurde, dagegen die unmittelbare Erfahrung des in Christo wohnenden Heils noch fehlte.

Im Vorhofe der Wahrheit ruht der Glaube an Christus auf dem Glauben an die Wahrhaftigkeit seiner Zeugen; im Heiligthum wird der Glaube an die Apostel auf dem Glauben an Christus gegründet. Aber es war doch eben wieder das unmittelbare Vertrauen zu einem Menschen, zu den Aposteln, was die Zweifel zerstreute. So sehen wir Sailer im Wollen und Denken den Weg des Glaubens, der unmittelbaren Zuversicht betreten. —

Viertes Kapitel.

Die Aufhebung des Jesuitenordens. Sailer studirt in Ingolstadt, erhält die Priesterweihe und wird Repetitor publicus. Joh. Mich. Feneberg und Sebastian Winkelhofer schließen mit Sailer innige Freundschaft. Das exegetische Kränzchen. Sailer Professor der Dogmatik in Ingolstadt. Die Entlassung Sailers und das Zusammenleben mit Winkelhofer. Die ersten literarischen Arbeiten. Streit mit Nikolai. Sailer Professor in Dillingen. Verkehr mit den Studenten. Sailer trifft wieder mit Feneberg zusammen. Verdächtigungen; der Illuminatenorden. Feneberg geht nach Seeg. Sailers Entlassung. Sailer in München bei Winkelhofer. Literarische Thätigkeit. Feneberg der Dulder.

Nicht lange dauerte der Aufenthalt Sailers im Jesuitenorden zu Landsberg, denn schon 1773 wurde derselbe aufgehoben. Sailer sagte von ihm: „In Entstehung des Ordens regte sich viel Göttliches, in seiner Ausbreitung viel Menschliches, in seiner Auflösung Vieles, das weder göttlich noch menschlich war. Sailer begab sich nun nach Ingolstadt, um dort Theologie und Philosophie zu studiren. Vier Jahre, 1773—1777, widmete er diesem Zweck. Er wurde hier im Jahre 1775 den 23. September zum Priester geweiht und erhielt nach vollendeten Studien das Amt eines Repetitor publicus. Hier schlossen sich nun viele edle Jünglinge an ihn an, mit denen er zu gemeinsamen Studien zusammenkam. Zu diesen gehörte Johann Michael Feneberg. Er war den 9. Februar 1751 zu Oberdorf in Allgäu geboren, hatte mit Sailer schon im Jesuitennoviziat zusammen gelebt und war dort mit ihm in freundschaftliches Verhältniß getreten. Nun traf er mit ihm in Ingolstadt wieder zusammen. Doch waren sie hier nur auf kurze Zeit vereinigt, da 1773 Feneberg an das Gymnasium zu Regensburg berufen wurde. Indessen sollten ihre Lebenswege sich oft

berühren, wie denn auch Beide in ein und demselben Jahre
die Priesterweihe empfingen. Ein anderes zartes und inniges
Band der Freundschaft knüpfte sich damals zwischen Sailer
und Winkelhofer. Sebastian Winkelhofer war zu Munzingen
im Bisthum Passau, einem kleinen, nur aus wenigen Bauer-
häusern bestehenden Dorfe, geboren. Sein Vater, ein Landmann, ließ ihn in der nahen Abtei Altersbach unterrichten
und übergab ihn dann zur weiteren Ausbildung dem Gymnasium zu Landshut. Am 31. October 1759 trat er in das
Jesuitennoviziat zu Landsberg und blieb daselbst zwei Jahre.
Darauf bezog er die Universität Ingolstadt und widmete sich
daselbst philosophischen und sprachlichen Studien; besonderen
Fleiß verwandte er auf die Beschäftigung mit der griechischen
und hebräischen Sprache. Nach Beendigung jener Studienzeit
wirkte er als Sprach-Lehrer in Dillingen, Ellwangen und
München. Am letzteren Orte lernte ihn Sailer kennen, der
damals Schüler des Gymnasiums war. Winkelhofer kehrte
indessen 1768 nach Ingolstadt zurück, um theologische Studien
zu machen. Seine wissenschaftliche Tüchtigkeit bewirkte, daß
er zum Praeses colloquii externorum, bald darauf zum
Praeses colloquii internorum ernannt wurde. Im Jahre
1773 wurde er beauftragt, hebräische und griechische Sprache
privatim in seiner Wohnung zu lehren. Damals trat er nun
in nahe Verbindung mit Sailer, sie wohnten in demselben
Hause. Täglich nach dem Abendbrode kam Winkelhofer, Sailer und zwei junge Freunde zusammen und lasen gemeinsam
die Psalmen; zwei deutsche Uebersetzungen, die Septuaginta,
und der hebräische Text lagen zu Grunde.

Ein anderer wissenschaftlicher Vereinigungspunkt bildete
sich, indem Sailer als Repetitor die Lehre des Professors
Stattler vortrug, die Winkelhofer näher kennen zu lernen
wünschte. Im Jahre 1775 trat Winkelhofer amtlich zu Ingolstadt und seiner Einwohnerschaft in ein näheres Verhältniß.

indem er ordentlicher Prediger an der untern Stadt-Pfarrkirche zu St. Moritz in Ingolstadt wurde. — Sailer stellte Winkelhofer sehr hoch. Er nannte ihn den deutschen Fenelon und legte das Zeugniß von ihm ab: „Seine auffallende, sich stets gleiche Heiterkeit zog mich an, seine Demuth hielt mich, seine Liebe fesselte mich, seine Religion bildete mich." Im Jahre 1780 wurde Sailer zweiter Professor der Dogmatik an der Universität Ingolstadt und damit der Amtsgenosse seines Freundes und früheren Lehrers Stattler. Indessen konnte er in dieser Stellung nicht lange verbleiben, denn die theologische Fakultät zu Ingolstadt wurde aus dem Schulfond des Jesuitenordens erhalten. Dieser fiel nun jetzt nach der Auflösung dieses Ordens an die Maltheser; das Recht aber, die Lehrer zu bestimmen, wurde den baierischen Klosterabteien übertragen. So kam es, daß Sailer mit einem Jahresgehalt von 240 Gulden entlassen wurde. Er zog jetzt mit seinem Freunde Winkelhofer, der ebenso wie Sailer seine Amtswohnung hatte räumen müssen, in einer Miethswohnung zusammen. Hier entstand völlige Gemeinsamkeit des Lebens, stetiger Verkehr, ununterbrochener Austausch der Gefühle und Gedanken, gegründet in ächter Freundschaft. Damals fing Sailer an, mit schriftstellerischen Arbeiten sich zu beschäftigen. So übersetzte er Thomas Kempis Nachfolge Christi, verfaßte eine Vernunftlehre für Menschen, wie sie sind, und ein Gebetbuch für katholische Christen, ersteres und letzteres besonders auf Wunsch Winkelhofers. Die beiden letzteren Schriften brachten Sailer in Beziehung zu Lavater, der damals der Mittelpunkt der Gläubigen in Deutschland wie der Gegenstand erbittertster Feindschaft des Unglaubens war. Lavater mußte an diesen Schriften Wohlgefallen haben; denn obwohl sie das eigenthümlich Katholische nicht unberücksichtigt ließen, stellten sie doch dasselbe in den Hintergrund und suchten es in seiner ursprünglichen Idee, nicht aber in der entstellten Wirklichkeit zu be-

greifen. So konnte der weitsinnige und empfängliche Lavater
freudig jene Schriften empfehlen. Damit aber wurde Sailer
in das Lager der Streitenden versetzt; und die Geschosse, welche
gegen Lavater gerichtet wurden, wandten sich auch gegen ihn.
Besonders Friedrich Nikolai, der Hort seichter Aufklärung und
der Vorkämpfer der Oberflächlichkeit gegenüber allem tieferen
geistigen Leben, belegte Sailer mit dem Bann. Fast komisch
ist die Methode des Nikolai'schen Angriffs und bezeichnend
für die ihm eigenthümliche Gespensterseherei, die in wunderbar
erregter Phantasie in jeder Freundschaft der Gläubigen ein
Complott, in ihrer Milde Verstellung, in ihrem Einklang mit
dem, was auch Nikolai's Vernunft genehmigte, verrätherische
Absichten witterte. Weßhalb hat nach Nikolai Sailer das
allgemein Christliche in den Vordergrund gestellt, weßhalb das
Katholische ideal gefaßt? Nicht etwa weil ihm das Christenthum höher stand als der Katholizismus, nicht etwa weil sein
sinniger Geist die veräußerlichte Form verinnerlichen und von
Innen heraus neu gestalten wollte; wie hätte ein gläubiger
Christ ehrlich, wahr, milde sein können! Nein, offenbar wollte
Sailer die Evangelischen katholisiren, und dazu hatte er jesui-
tisch ein sehr kluges Mittel gewählt. Daß er das Katholische
in den Hintergrund gestellt, oder nach Nikolai, alles Pfäffische
weggelassen, daß er das Katholische tiefer zu erfassen gesucht,
oder nach Nikolai, daß er die katholischen Lehrsätze nicht hart,
auch nicht deutlich ausgesprochen, so daß sie, obwohl vorhanden, doch für ungeübte Augen nicht wahrnehmbar seien — es
hatte alles dies nur den Zweck, die Protestanten mit verbundenen Augen in die Mauern Roms zu führen. Und, was
das Entsetzlichste, mit Sailer im Bunde war ein Protestant,
der schon längst katholischen Ideen huldigte — Lavater. Lavater, das wußte der Alles durchschauende Nikolai, war Sailers geheimer Schildknappe und Colporteur. Lavater hatte
in Circularbriefen das Gebetbuch empfohlen als ein höchst

nützliches Buch. Lavater hatte es den Protestanten in die Hände gespielt, Lavater hatte — dadurch hatte sich Nikolai's scharfem Auge das Complott verrathen — Sailer den lieben Sailer genannt. — Sailer antwortete auf Nikolai's Angriffe in der Schrift: „Das einzige Märchen in seiner Art. Eine Denkschrift an Freunde der Wahrheit für das Jahr 1786. Gegen eine sonderbare Anklage des Herrn Friedrich Nikolai." München 1787.

Die Titelvignette stellt die Göttin der Wahrheit dar mit gebundenen Händen, darunter stehen die Worte: „Will dich frei machen, sagen sie, und binden die Göttin zehnmal fester." Der erste Abschnitt ist nach des Verfassers Worten der Vertheidigung einer Unschuld, der zweite der Herzenserleichterung eines Weltbürgers gewidmet.

Man möchte wünschen, daß Sailer Nikolai mit einigen derben Keulenschlägen abgefertigt hätte, allein dazu war seine milde versöhnliche Natur nicht fähig. Er geht in sorgfältigster Weise, im Tone höchster Ruhe und Milde, die nur mitunter zum leichten Spiel der Ironie sich bewegen läßt, den unsinnigen Behauptungen des Gegners nach und beweist ihm urkundlich, daß die Thatsachen, mit denen er seine Verdächtigungen begründet hatte, von ihm erdichtet oder entstellt seien. So finden wir ein Zeugniß Lavaters:

„Herr Professor Sailer in Dillingen mag es sagen, wenn und wo er will — auch publiciren lassen, wie er will. Ich stehe dazu, daß ich von ihm mehr nicht erhalten als höchstens zwei Exemplare seines Gebetbuches für Katholiken oder von jeder Edition ein ungebundenes Exemplar — ich sage höchstens, weil ich wahrlich selbst nicht gewiß weiß, ob ich das von der zweiten Edition von Ihm selbst oder von dem Buchdrucker erhalten — gewiß aber habe ich nie mehr als zwei Exemplare weder bekommen noch in meinem Hause oder in meinen Händen gehabt; auch gewiß keines, nicht ein einzi-

Viertes Kapitel.

ges, weder um Geld noch gegen Tausch, noch umsonst durch irgend einen Exjesuiten weder mittelbar noch unmittelbar erhalten, so wie ich auch mehr nicht als ein einziges einem Katholiken erst später nach der Nikolai'schen Aufheberei geschenkt habe. Dies bezeuge ich mit der völligsten Aufrichtigkeit — als reine ganze Wahrheit — zu einer Zeit, die das Gelächter des folgenden Jahrhunderts sein wird — weil so was bezeugt werden mußte.

Zürich, Samstags den 16. September 1786.

Joh. Casp. Lavater,

Diak. an der St. Peterskirche in Zürich."

Das Gebetbuch hatte Lavater auch Hamann empfohlen; und obwohl dieser wegen seiner entschiedenen Abneigung gegen den welschen Katholizismus ein Vorurtheil dagegen hatte, entschloß er sich dennoch, das Buch zu lesen; und es gefiel ihm so sehr, daß er es zu seiner täglichen Erbauung benutzte; aber nicht weil der Katholik den Protestanten anzog, sondern weil dieser in dem Katholiken den Protestanten witterte; denn er schreibt — —: „Hätte Luther nicht den Muth gehabt, Ketzer zu werden, würde Sailer nicht im Stande gewesen sein, ein so schönes Gebetbuch zu schreiben, aus dem ich mich alle Morgen erbaue, so sehr ich auch dem guten Lavater, ehe ich das Buch kannte, die Empfehlung desselben übel nahm."

Auch andere Schriften Sailers, die später erschienen, hat Hamann gelesen; so die Glückseligkeitslehre, von der er sagt: „Zufällig kommt mir Sailers Glückseligkeitslehre in die Hände, und ich habe den ersten Theil beinahe verschlungen.*)"

Dieses Schreiben Lavaters erwähnt eine Veränderung, die indessen in Sailers äußeren Lebensverhältnissen eingetreten war. Er war nämlich 1784 zum Professor der Pastoral- und Volks-

---

*) Gildemeister, Leben Hamanns, Bd. III. S. 403—4.

theologie, sowie der Ethik in Dillingen geworden. In diesem Amte lag zugleich die Pflicht, Vorlesungen über die Religion vor Studirenden aller Fakultäten zu halten. Ein geistig reiches Leben ging für Sailer auf. Er trat in enge Beziehung zu den Studenten, besuchte sie auf den Zimmern, verkehrte mit ihnen auf Spaziergängen. Das that er nicht nur, weil er es für Pflicht hielt, sondern weil es seine Freude war. Und das konnte es sein. Denn in Dillingen bestand ein päpstliches Alumnat, in das nur nach strenger Prüfung aufgenommen wurde, so daß Dillingen bald der Vereinigungspunkt begabter und strebsamer Jünglinge wurde. Außerdem konnte Sailer den Umgang seines Freundes Feneberg genießen, der Professor am Dillinger Gymnasium geworden war.

Es war eine seltene Harmonie, die zwischen den Lehrern der Universität und des Gymnasiums, in den beiden Lehrer-Collegien selbst und zwischen Lehrern und Schülern hier und dort herrschte. Deßhalb konnte auch ein höheres geistiges Leben, eine tiefere innerliche Christlichkeit sich bilden, deßhalb konnte die Wahrheit eine feste in sich starke Macht werden, deßhalb konnte, ja mußte der Haß der Welt und Lüge sich regen. Hatte der Unglaube vorher gegen Sailer sich erhoben, so war es jetzt das geistlose Kirchenthum, das Dillingen ächtete. Den Anlaß gab das Treiben des Illuminatenordens.

Dieser Orden*) war am 1. Mai 1776 vom Professor des kanonischen Rechts zu Ingolstadt, Adam Weishaupt, mit etlichen jungen unerfahrenen, zum Theil lüderlichen Leuten, die des Stifters Schüler waren, gegründet worden. Zu den bedeutendsten Mitgliedern gehörten Adolf Freiherr von Knigge und der Buchhändler Nikolai zu Berlin. Der Orden war anfänglich eine eigene geheime Gesellschaft, erst 1777 wurde

---

*) Ersch und Grubers Encyklopädie. Artikel Illuminaten von B. Röse.

Weishaupt Freimaurer und suchte zu diesen den von ihm gestifteten Orden in Beziehung zu setzen. Wesentliche Dienste leistete hiebei Knigge, der selbst Freimaurer war. Ihm gelang es, viele Freimaurer für die Illuminaten zu gewinnen. Die Gestalt, welche das Verhältniß der beiden Orden annahm, war so, daß die Illuminaten in den Maurern die Vorbereitungsanstalt für ihren Orden sahen; jeder Illuminat mußte vorher Maurer gewesen sein; dagegen mußte nicht jeder Freimaurer auch Illuminat werden. Während die unteren Stufen den eigentlichen Zweck des Ordens sorgsam verhüllten, wurde derselbe in den oberen offen dargelegt als Untergrabung des Positiven in der christlichen Religion und der fürstlichen Gewalt. Die Maske, die der Illuminatismus angelegt hatte, bedeckte so das eigentliche Angesicht, daß sehr Viele getäuscht wurden. Weishaupt wunderte sich selbst, wie „große protestantische und reformirte Theologen, die zum Orden gehörten, noch glauben konnten, der darin ertheilte Religionsunterricht enthalte den wahren und ächten Sinn des Christenthums." „O Menschen," rief er dabei aus, „wozu Allem kann man Euch bereden! Ich hätte nicht geglaubt, noch ein neuer Glaubensstifter werden zu sollen!"

Die destruktive Tendenz des Ordens in Kirche und Staat berief sich auf Christus und machte ihn zum Prediger allgemeiner Freiheit und Gleichheit. Als Knigge und Weishaupt als Häupter des Ordens bekannt wurden, sprachen sie sich gemäßigter in Privatschriften aus, ohne jedoch die öffentliche Meinung überzeugen zu können. Diese beschuldigte sie nicht nur, eine politische und religiöse Umwälzung herbei zu führen, was der Wahrheit gemäß war, sondern erhob auch gegen sie die Anklage, daß sie, den Jesuiten gleich, vor keinem Verbrechen zur Durchführung ihrer Absichten zurückscheuten. Hier irrte die Meinung, aber die Unklarheit vieler Mitglieder und die Abgeschlossenheit des Ordens gab den Anlaß zum Irr=

thum. Ganz besonders bedenklich war der strenge Gehorsam, den die Niederen den Höheren zu leisten hatten; die blinde Unterthänigkeit, in welcher die Dienenden gehalten wurden, und die Verborgenheit, in welcher die Leitenden sich einzuhüllen wußten. Auch läßt sich nicht läugnen, daß der Orden offiziell jesuitischen Grundsätzen nicht abgeneigt war, wie denn Zöglingen mehrerer Logen einst zur Bearbeitung das Thema gestellt wurde: „In wiefern ist der Grundsatz wahr, daß alle Mittel erlaubt sind, wenn sie zu einem löblichen Zwecke führen? Und wie ist diese Maxime zu beschränken, wenn zwischen dem jesuitischen Mißbrauche und dem sklavisch furchtsamen Vorurtheile die Mittelstraße gehalten werden soll?"

Am meisten Einfluß hatte der Orden in den pfalzbairischen Landen gewonnen, die meisten Staatsbeamten gehörten ihm an. Hier brach auch der Sturm los, der den Orden sprengen sollte. Mitglieder, die in ihm nicht gefunden, was sie gesucht, die sich in ihm getäuscht hatten, verriethen das Bestehen des Bundes, das bis dahin nur geahnt war. Auch die große Zahl der Mitglieder erregte die Aufmerksamkeit der Regierung. Es wurde eine Untersuchung veranstaltet; ein Versuch, den Weishaupt machte, den Kurfürsten Karl Theodor zu gewinnen, blieb vergeblich. Kein Illuminat sollte ein Staatsamt bekleiden dürfen. Viele Entsetzungen und Versetzungen fanden statt. Ueber Manche wurde Gefängnißstrafe verhängt. Die Verfolgung traf auch viele Unschuldige, die nur äußere Beziehungen verwandtschaftlicher und kollegialischer Natur zu Illuminaten gehabt hatten, ohne mit ihnen zu sympathisiren. Zu diesen Unschuldigen gehörte auch Sailer. Man beschuldigte ihn, mit dem Illuminatismus zusammen zu hängen. Diese Anklage war indessen nur ein Vorwand, den der kirchliche Zelotismus benutzte, um Sailers längst gewünschte Entfernung herbeizuführen. Man wollte auch in seinen Vorträgen Grundsätze gefunden haben, die auf dem Boden des Illuminatismus entsprossen wären.

Aber welches Band bestand zwischen Dillingen und den Illuminaten? Das Band, das Urbild und Zerrbild, Freiheit und Willkür mit einander verknüpft. Da sie indessen gemeinsam hatten den Widerspruch gegen das Aeußerliche, Todte, das in der Kirche und Staat herrschte, so wurden sie auf gleiche Linie gestellt. Man sah nur auf die gemeinsame Verneinung, ohne darauf zu achten, auf wie verschiedenen Behauptungen dieselbe beruhte. Sailer war tolerant, er empfahl Lavaters Schriften, folglich erklärte ihn der Zelotismus für einen Feind der katholischen Kirche; er belegte und begründete die christliche Lehre vor Allem durch die Heilige Schrift; er mußte also ein Verächter des Dogma's sein. An geheimen politischen Verbindungen sollte er theilnehmen. „Es fehlte nicht an dienstbaren Geistern," sagt Sailer selbst, „die mir, wenn z. B. Baiern mit Frankreich kämpfte, österreichische, und wenn sich Baiern dem Bunde wider Frankreich anschloß, entgegengesetzte Gesinnungen andichteten." Gegen Feneberg, den auch nicht einmal der Schein jener Anklagen treffen konnte, wurde die Beschuldigung erhoben, daß er den lateinischen Unterricht vernachläßige. Er vertheidigte sich schriftlich und bewies, daß sprachliche und sachliche Lektionen in gleichem Maße berücksichtigt wurden. Da er indeß wohl wußte, daß seine Gegenschrift keinen Eingang finden würde, bewarb er sich um die Landpfarrei Seeg, nachdem er noch vorher ein lautes muthiges Zeugniß für die Professoren und gegen ihre Verleumder abgegeben hatte. Es hatte indeß keinen Erfolg, 1794 wurde Sailer entsetzt. Er eilte zu seinem treuen Freunde Winkelhofer, der indessen, nachdem er kurze Zeit von 1789—94 in Neuburg als Prediger gewirkt hatte, Prediger in München geworden war. Sailer fand hier die herrlichste Aufnahme (1794), nach seinem eigenen Zeugniß.

„Wie er mich aufnahm, als ich am 4. November 1794 von Dillingen entlassen worden, als ich am 6. November um 10 Uhr Morgens vor seiner Thürschwelle stand. — Was thust Du da? — Sie haben mich entlassen! — Nun, so komm und ruhe aus in meinen Armen. Meine Stube, mein Tisch, mein Bette, meine Habe, mein Herz, all' das Meine ist Dein! — Und sein Blick dazu, der noch mehr sagte, und die Wahrheit des Blickes, die sich in jeder That spiegelte. O diese Aufnahme hätte mir alles Bittere meiner Entlassung versüßen müssen, wenn es auch zehnmal größer gewesen wäre, als es nicht war."

Hier lebte er in stiller Zurückgezogenheit, nur mit literarischen Arbeiten beschäftigt. Und nach den Stürmen der letztverflossenen Zeit fühlte sein Herz, das so sehr nach Frieden und Ruhe sich sehnte, in dieser Abgeschlossenheit von der Welt, in dieser Zurückhaltung von äußerem Wirken, sich wohl und glücklich. Er sagt selbst von sich: „Er genoß wieder die Seligkeit, nichts zu sein. Dies Nichtssein gewann er so lieb, daß ihm an aller öffentlichen Wirksamkeit fast ekelte; gewann es so lieb, weil er ungehindert Gott, sich und seinen Freunden leben konnte. Das geringe Einkommen war nicht zu wenig, weil der Mensch doch nicht davon lebt, daß er viel hat." In dieser Mußezeit schrieb Sailer auch die „Briefe aus allen Jahrhunderten der christlichen Kirche", auch hierin der Aufforderung Winkelhofers folgend. Indessen ließen ihn seine Feinde nicht lange ungestört in München leben, und er sah sich deßhalb genöthigt, Winkelhofer zu verlassen. Er begab sich zu seinem Freunde Carl Theodor Beck, Pfleger in Ebersberg. Von hier aus besuchte Sailer 1796 Feneberg in Seeg, seinen treuen Freund, den christlichen Dulder. Denn das war er indessen geworden. Am 30. Oktober 1793 war Feneberg nach einem Filialdorf geritten, um einen Krankenbesuch zu machen. Er war vom Pferde gefallen, hatte

sich glücklich wieder erhoben, aber nur, um von neuem zu
stürzen. Schwer verletzt wurde er nach Hause getragen.
Es fand sich, daß das Bein gebrochen war. Der Arzt for=
derte die Abnahme desselben. Feneberg weigerte sich nicht, er
gab sein Bein dahin; unter schweren, von ihm mit seltener
Ergebung und Heiterkeit des Gemüths ertragenen Schmerzen
wurde die Operation vollzogen. Die ganze Gemeinde betete
für den theuren Hirten, alle Freunde Fenebergs waren von
inniger Theilnahme bewegt. Gottes Gnade gab langsam
völlige Genesung, eine Stelze ersetzte den Verlust des Fußes,
und endlich konnte Feneberg wieder die geliebte Kanzel be=
steigen.

Unter Thränen des Dankes und der Rührung, die seine
ersten Worte erstickten, hielt er die erste Predigt; gleiche Be=
wegung ergriff die Gemeinde. Ein Freund nach dem andern
stellte sich wieder ein, um den genesenen Feneberg zu sehen.
Jeder wollte ein Scherflein geben, um es ihm zu ermöglichen,
die Kosten der Krankheit zu bezahlen. Die Gemeinde hatte
eine Collekte veranstaltet. Vor Allen aber freute sich über
Fenebergs Genesung sein Freund und Gehülfe, zugleich sein
aufopferungsvoller Pfleger in der Krankheit, Kaplan Bahr.
Es hatte seinen guten Grund, daß Alles in Freude war über
den dem Leben wiedergeschenkten Mann. Denn er war ein
köstliches Kleinod. Es beseelte ihn eine seltene Fülle herz=
lichen, wahren, gläubigen Wesens. Grabheit stand auf seiner
Stirn geschrieben und prägte sich aus in Wort und That.
Heiterkeit und Frohsinn verhüllte die ernste Arbeit der Heili=
gung, in der er doch stetig lebte, und machte sein Haus zu
einer Stätte, die gern von christlichen Gästen besucht wurde.

Sailer hatte den Schatz wohl erkannt, der ihm in Fe=
neberg gegeben war. Er sagt: „Wenn in jedem guten
Menschen etwas vorherrscht, das dem allgemeinen Sein und
Leben des Guten das Gepräge der Individualität gibt, so

war in Feneberg das Aufrichtige, das Einfache, das Kunstlose und Kunsthassende, was sich in ihm und eben dadurch ihn selbst auszeichnete. Keine Komplimente zu machen, war bei ihm nicht Tugend, es war Natur; zu kriechen oder auch nur zu schmeicheln war ihm unmöglich, denn Leib und Geist standen im graden Widerspruch dagegen. Dies einfache grade Wesen war es denn auch, das uns, seine Freunde im engsten Sinne, so fest an ihn anschloß, daß wir nicht mehr von ihm lassen konnten. Dies einfache grade Wesen war es denn auch, das ihm in der Freundschaftstaufe den Namen Nathanael erwarb. Dies einfache grade Wesen hat sich denn nie schöner verklärt als im Gebete, da wo es mit ihm in's Heiligthum ging. Sehr naiv sagte er einmal: „Lieber Gott, wenn ich nicht Du zu Dir sagen dürfte: wir paßten nicht zusammen." Zu dem einfachen graden Wesen gesellte sich freundlich eine muntere Laune, die Würze des Lebens — wenn sie nicht anders durch Leidensgefühle und den Druck des Körpers gehemmt wurde." —

Also Nathanael hatte ihn der Freunde Kreis genannt, er selbst aber unterschrieb sich seit seiner Krankheit, froh sich nach des Apostels Worten auch des Leidens rühmend, Einfüßer, Stelzfuß, Stelzenmann, Stelzenmichel.

Fünftes Kapitel.

Martin Boos. Die Bewegung im Kemptischen. Sailer trifft mit Boos und den Erweckten zusammen und empfängt von ihnen einen Anstoß zur Vertiefung des Glaubens. Boos und Feneberg werden verfolgt. Vorläufige Ruhe. Der Rath Sailers an die Freunde.

Im Jahre 1796 war Sailer, der nun auch ein Dulder geworden, in Seeg zu Gast. Dieser Besuch sollte für ihn verhängnißvoll werden, sowohl für sein inneres Leben wie seine kirchliche Stellung, indem sie ihn in Beziehung zu einer Bewegung brachte, die der nicht unähnlich war, welche Sailer selbst in Dillingen vertreten hatte.

Im Kemptischen war ein tieferes religiöses Leben erwacht, das Bewußtsein der Sünde hatte angefangen, sich in den Gemüthern zu regen, und die Frage, was muß ich thun, daß ich selig werde, war eine Lebensfrage geworden. Diese wurde aber auf eine Weise beantwortet, daß der ersehnte Frieden nicht eintreten konnte. In gesetzlicher Weise hatten jene Frommen Werke auf Werke gehäuft, um die Sünde zu überwinden; und dennoch waren sie nicht zu der Gerechtigkeit gelangt, die vor Gott gilt und ewige Ruhe dem Herzen gewährt.

Da fing ein Mann an unter ihnen zu predigen, der sie auf neue, bis dahin von ihnen noch nicht betretene Wege führte, die er selbst auch erst vor nicht gar langer Zeit kennen gelernt hatte. Dieser Mann war Martin Boos. Er war am 25. Dezember 1762 zu Huttenried an der Grenze von Oberbaiern und Schwaben geboren, als das drittletzte von sechszehn Geschwistern. In seinem vierten Jahre starb sein Vater, ein wohlhabender Bauer, und seine Mutter. Die Waisen wurden unter die nächsten Verwandten vertheilt, Martin kam nach Augsburg zu seinem Onkel, dem geistlichen Rath und Fiskal Kögel. Dieser bestimmte nach dem Rath der Lehrer und Martins eigener Neigung ihn für das Studium. Martin trat in das Gymnasium zu St. Salvator ein, das von den Exjesuiten geleitet wurde. Von hier aus begab er sich in der Absicht, Geistlicher zu werden, nach Dillingen, gemäß dem Wunsche seines Oheims, trotz der Warnungen der Exjesuiten. Hier studirte er Philosophie und Theologie, als Schüler Sailers und seiner Freunde. Nach Beendigung der Studien erhielt er die priesterliche Weihe, wurde als Kaplan in Unterthingau im Unterkemptischen angestellt, aber bald als Kanonikus nach Grünenbach im Kemptischen berufen. Da er hier mit großem Segen arbeitete und viel Einfluß auf das Volk ausübte, so regte sich der Neid seiner Amtsgenossen. Sie erreichten es, daß Boos abgesetzt wurde. Eine Zufluchtsstätte fand er in Seeg bei Feneberg, mit dem ihn von jetzt ab ein Band inniger Liebe vereinigte. Sein früherer Patron rief ihn aber in's Kemptische zurück und ernannte ihn zum Kaplan in der Pfarrei Wiggensbach. Hier war er im Jahre 1796, als Sailer Feneberg besuchte. Das religiöse Leben Boos' war immer rege gewesen, hatte unter den Leiden jener Verfolgung, die seine Amtsentsetzung herbei geführt hatte, neuen Aufschwung genommen und gelangte jetzt zur Tiefe christlicher Erkenntniß. Er war einen Weg geführt worden, ähnlich dem, den Luther gegangen war. Er erzählt selbst: „Ich habe mir entsetzlich viel Mühe gegeben, recht fromm zu leben, z. B. ich lag Jahre lang selbst zur Winterszeit auf dem kalten Boden und ließ das Bett neben mir stehen, ich geißelte mich bis auf's Blut und krönte meinen Leib mit Cilicien; ich litt Hunger und gab mein Brod den Armen, jede müßige Stunde brachte ich in der Kirche und Domgruft zu, ich beichtete und kommunizirte fast alle acht Tage. Kurz ich war so fromm, daß mich die Exjesuiten und Studenten in Augsburg einstimmig zum Präfekt der Congregation erwählten; ich wollte par force ex bonis operibus et ex bonis moribus meis*) leben. Aber ja wohl leben! Der Herr Präfekt fiel bei aller Heiligkeit immer tiefer in die Selbstsucht hinein, war immer traurig, ängstlich, kopfhängend." So war er vorbereitet, das Heil zu schauen. Er berichtet über den ersten Lichtstrahl freudiger Erkenntniß der Erlösung selbst: „Schon in den 1780er Jahren (wahrscheinlich 1788 oder 1789) sagte ich zu einer sehr demüthigen und innigen Seele, die ich im Krankenbette besuchte: Aber Sie werden doch recht ruhig und selig sterben? Sie fragte mich: Warum denn? Ich: Weil Sie so fromm und heilig gelebt haben. Der Kranke lächelte über meine Worte und sagte: Wenn ich im Vertrauen auf meine Frömmigkeit hinstürbe, so wüßte ich gewiß, daß ich verdammt würde. Aber auf Jesum, meinen Heiland, kann ich getrost sterben." Sieh, dies Wort aus dem Munde einer kreuzvollen, im Rufe der Heiligkeit stehenden Seele öffnete mir zuerst die Augen. Ich erblickte Christum für uns, frohlockte wie Abraham, als er seinen Tag sah."

Es war also ächt lutherische Religiosität, die Boos' Seele erfüllte und die er mit großem Erfolg bezeugte. Er war dazu berufen, die geängsteten Gewissen der Frommen in seiner Gemeinde auf den rechten Weg zu führen, und der ganzen Bewegung im Kemptischen eine evangelische Richtung zu geben. Er war auch zum Prediger der Gerechtigkeit, die vor Gott gilt, für Sailer bestimmt und sollte das Werkzeug werden, diesem zur Vollendung des innern Lebens durch tiefere Erkenntniß der Sünde und so auch durch tiefere Erkenntniß des Heils zu verhelfen. Christus war bis dahin Sailer als der Heilige und Herrliche, als der Sohn Gottes erschienen, aber er mußte ihm auch der Erlöser von der Sünde und das Opfer für dieselbe werden. Sailer hatte, wie es das Wesen der Mystik ist, das Leben in Gott, die unmittelbare Gemeinschaft mit ihm, die Reinigung der menschlichen

---

*) In Folge meiner guten Werke und meines guten Wandels.

Seele durch ihn, beides vermittelt durch Jesus Christus, in Folge innerer Erfahrung erkannt und verkündigt. Die Nothwendigkeit der Buße dagegen und der Sündenvergebung, welche die Voraussetzung und stete Begleitung alles christlichen Lebens bilden, war von ihm in den Hintergrund gestellt worden. Deßhalb haftete ihm noch eine gewisse Selbstgerechtigkeit an, ein Rest pelagianischen Selbstgefühls. Zu dessen Tilgung mitzuwirken, war Boos ausersehen. Sailer hatte von den vielen Erweckungen und Bekehrungen gehört, die durch Boos geschehen waren, wünschte sehr, mit Boos selbst persönlich über Alles reden zu können, und ließ ihn durch einen Expressen holen. „Boos*), dem die Reise schon vorher auf eine ungewöhnliche Weise von Gott angezeigt war, machte sich gleich auf den Weg und nahm noch einige von den Erweckten, unter denen besonders Unger voll Einfalt und Heiligen Geistes war, mit, vorzüglich in der Absicht, um sie und ihre Erweckung von den gelehrten Herren prüfen zu lassen. Als sie nun den 18. Dezember 1796 dahin kamen, war Unger, der das erste Mal und nur ein paar Minuten den Gelehrten sah, sehr ergriffen und sagte gleich dem Zobo (d. h. Boos) in's Ohr: „Dieser Mann hat zwar ein gutes Herz und sehr viel Kindliches, er ist aber doch noch ein Pharisäer und Schriftgelehrter und muß noch mehr vom Geiste neugeboren werden. Zobo gab ihm über diese Rede einen Verweis und wollte nicht, daß er den Mann so beurtheile. Allein vergebens; denn als sie wieder zusammenkamen, sagte Unger geradezu dem Gelehrten in das Angesicht: Du bist noch ein Pharisäer und Schriftgelehrter, Du hast zwar die Wassertaufe Johannis, aber noch nicht die Geistes- und Feuertaufe Jesu empfangen. Du hast zwar aus dem Gnadenbächlein schon viel getrunken, aber in das Meer der Gnaden bist Du noch nicht gekommen. Und wenn Du dazu kommen willst, mußt Du klein und be-

---

*) Goßner, Martin Boos, S. 44—45.

müthig werden wie ein Kind u. s. w. Dies und noch mehr sagte Unger zum Gelehrten, voll Geist und Glauben, so daß Alle erschüttert da saßen und Keiner ein Wort darauf zu sagen wußte. Dem Gelehrten thaten diese Reden etwas wehe, und er konnte nichts darauf erwidern. Der Pfeil hatte getroffen und blieb stecken. Unger sagte auch noch, Zobo hätte es ihm zwar verboten, so von ihm zu denken und mit ihm zu reden, allein er müßte reden, wie es ihm Gott gebe, denn er kenne ihn ja nicht, wie könnte er also aus sich selbst solche Dinge sagen; er nähme aus Christo und führe zu Christo."

„Dem Gelehrten war es sonderlich zu Muthe, er sagte weder Ja noch Nein. Nun glaubte ich selbst, daß es so wäre und ließ es durch Worte und Gebärden merken. Das schnitt noch tiefer ein, er ging für heute davon und zu Bette, ohne etwas zu entscheiden. (Denn eigentlich waren ihm und den Andern solche Leute vorgeführt zur Prüfung, ob ihr Geist aus Gott sei. Die Gelehrten sollten die Einfalt und den Geist prüfen, aber der Geist der Einfalt prüfte die Gelehrten.)"

Des andern Tages früh reiste er schnell fort. Zobo wollte ihn nicht lassen, aber er ließ sich nicht aufhalten. Als er Abschied nahm, sagte ihm einer der Erweckten: „Er kam zu den Seinigen aber die Seinigen nahmen ihn nicht auf. Die ihn aber aufnahmen, denen gab er Macht, Kinder Gottes zu werden." Er ließ sich auch das noch sagen und erwiderte: Gut! Gut! und fuhr, wie es schien, sehr unruhig und angegriffen davon. Doch nahm er nichts als Beleidigung auf, sondern es wirkte und arbeitete nur in seinem Innern. Denn vor der Abreise hatte er noch zu Nathanael gesagt: Was Zobo von der ganzen Sache sagt, leuchtet mir Alles als schriftmäßig ein, aber in das, was Unger gesprochen kann ich mich nicht finden. Unger hatte es ihm nämlich schon vorher auch gesagt: Er müsse es bekennen, daß es so sei, daß es noch nicht ganz recht mit ihm stehe, er sähe seinen

Zustand klar und ganz gewiß vor Augen, er habe zwar, wie Cornelius, mit der vor- und zubereitenden Gnade schon viel Gutes gethan und schon sehr viel für das Gute gelitten, aber Christum selbst und seinen heiligen Geist (die Geist- und Feuertaufe) habe er deßwegen doch noch nicht; soll's nur glauben, soll nach Ihm hungern, Ihn aufnehmen und beherbergen, Ihn im Glauben ergreifen u. s. w. Als er nun fort war, mußte ich bitterlich weinen, daß mir das Herz im Leibe bewegt wurde, und die Thränen häufig über die Wangen rollten. Die Andern weinten auch mit, weil sie fürchteten, der innigst geliebte Mann möchte beleidigt oder ihm Unrecht geschehen sein. Unger weinte selbst, weil er dem Zobo nicht gefolgt hatte. Aber auf einmal nach einem kurzen Stillschweigen sagte Unger: Seid getrost, es widerfährt ihm auf dem Wege noch Gnade, Gott thut ein Wunder an ihn. Der Herr wird seinem Herzen erscheinen. Als er um ein paar Stunden weit gereist war, sandte er durch Jemand, der ihn begleitete, folgendes Schreiben zurück: Charissimi! Deus dedit mihi inexplicabilem animi quietem, non dubito, quin Dominus in susurro venerit · vel jam adsit. Credo, quod Joannes aqua, Christus vero spiritu baptizet. Orate, fratres, ne intremus in tentationem. Caetera relinquamus Deo. Valete*).

Durch dieses überraschende, erfreuliche und herzliche Schreiben wurden Alle sehr beruhigt. Nathanael glaubte am stärksten, daß dem Reisenden eine außerordentliche Gnade widerfahren sei, weil er nach seiner Abreise immer habe beten

---

*) Meine Theuren! Gott hat mir eine unaussprechliche Ruhe des Gemüths gegeben, offenbar ist der Herr im Säuseln des Windes gekommen, oder vielmehr er ist gegenwärtig. Ich glaube, daß Johannes mit Wasser, Christus aber mit dem Geiste tauft. Betet, liebe Brüder, daß wir nicht in Versuchung fallen. Alles Andere wollen wir Gott überlassen. Lebt wohl.

Fünftes Kapitel.

müssen: „Herr, wenn Du zu uns kommen willst, so komm doch vor Allem zu ihm."

Sailer selbst hat auf diese abschließende Erfahrung des innern Lebens in dem Kreis der Selbstbekenntnisse Rücksicht genommen, die in der zum Theil schon mitgetheilten Erzählung: „der Friede" enthalten sind.

„Indessen kam in meinem 47. Jahre von einer andern Seite ein Sturm, der mich mit tiefer Bekümmerniß erfüllte, indem er die Grundfeste aller Ruhe in mir einzustürzen drohte. Du Mensch! ist denn die Sünde dir wirklich vergeben? oder ist die Vergebung der Sünde nur Traum? Darfst Du ein seliges Loos in der Ewigkeit erwarten? und hat diese Erwartung Grund, oder ist sie eitel Traumgebilde? Die Versuche, diese Frage zu lösen, führten mich von einem Labyrinthe in das andere und machten die drückende Seelennoth nur noch drückender. Dazu kam ein nächtliches Ereigniß, das ich nie vergessen kann und nicht erklären will. Einmal, da ich von außen stark gedrängt und von den Pfeilen der Lästerung an den zartesten Stellen des Gemüths tief verwundet war, erblickte ich um die Mitternachtsstunde mich von Furien, deren blasser, höchst gräßlicher Anblick hätte versteinern können, angegriffen, und vor Angst und Seelennoth zerrissen; mein Leben war wie todt; ich raffte mich, erst vom Schrecken übermannt, dann wie aus der Ohnmacht mich erhebend, zusammen, kniete im Bette nieder und schrie gewaltig zu Gott . . . . Kraftlos sank ich bald wieder in das Bett zurück und fand mich eiskalt, wie todt, vor Furcht zittern."

„Allmählich kehrte Wärme in den Leib zurück, aber kein Friede in die Seele. In dieser Lage, getrennt von Freunden, wußte ich mich nicht anders zu retten, als durch einen Todeskampf höherer Art. Die Noth selbst, der ich nicht zu entkommen wußte, trieb mich dazu. Es war, als wenn eine heilige Stimme in mir spräche: Nur Christus, oder wie sich

Paulus ausdrückte, nur Gott, in Christus die Welt mit sich
versöhnend, kann Dich retten: ergieb Dich ihm und lauf ihm
nicht aus der Schule; lerne der Sünde vollends absterben
und Christo allein leben. Dies vermagst Du aber nur durch
unablässiges Gebet mit stetiger Selbstverläugnung verknüpft.
Lege nun die Hand an's Werk: Ich bin bei Dir: fürchte
Nichts. Ich wollte dieser Stimme gehorchen; und schon dies
noch schwächliche Wollen ward mit leiser Ahnung der sicher
nachkommenden Ruhe belohnt. Ich wollte, aber indem ich
Hand anlegte, dies Wollen geltend zu machen, schien sich in
mir die ganze Natur zu empören und die Finsterniß, die über
meinem Innern lag, zu vermehren. Da wieder tönte dieselbe
heilige Stimme: Achte nicht des Aufruhrs und nicht der Finsterniß. Wiederhole nur Dein Gelübde, Gott in Christus
anzugehören. Ich bin bei Dir, fürchte nichts. Nicht achtend
weder des Aufruhrs noch der Verfinsterung ermannte ich mich
und ermannte mich wieder, öfter zwölfmal in einem Tage,
mich unbedingt an Gott zu ergeben und von Gebet und Selbstverläugnung nicht abzulassen. Der Schrei des Glaubens:
Herr, Dich laß ich nicht, bis Du mich gesegnet haben wirst,
der mit mir am Morgen erwachte, unter Tags mit mir arbeitete und am Abend mit mir zu Bette ging, fand jeden
Tag neue Todeswehen zu überwinden; Eigendünkel und Ei-
genwille, in ihrem geheimsten Leben sich vor mir verbergend
und doch wieder offenbarend, wollten nicht untergehen — und
sie mußten doch untergehen, wenn das wahre Heil in mir
aufgehen sollte. Die Ueberzeugung, daß der innere Unfriede
durch Unterbrückung alles Eigendünkels tödtlich verwundet und
recht eigentlich zu Tode gebetet werden müsse, bewährte sich
in der Doppelübung des Geistes, der mit seiner rechten Hand
das Göttliche ergriff und mit der linken das Ungöttliche vor
sich niederschlug. Das sich immer wiederholende Gebet war
es vorzüglich, das mich des Friedens empfänglich machte.

Denn wie es mir Herz und Gewissen aufschloß und stets tiefer und tiefer aufschloß, so traten mir jedesmal neue Spuren der Gebrechlichkeit, der Unlauterkeit, des versteckten Neides, des geheimen Wohlgefallens am eignen Selbst, der verhüllten Anhänglichkeit an vergängliche Dinge, unter das Auge. Was konnte ich da anders als mich unter alle Wesen erniedrigen, um Vergebung rufen, neue Wachsamkeit und Treue in Bekämpfung alles Bösen geloben und den Beistand des Heiligen Geistes anflehen. Und dies Gebet, das mit Selbstanklage und Selbstverdammung anfing, zu einer neuen Angelobung der kräftigen Gegenwehr und zu heißem Flehen um Gottes Beistand überging und mit neuer Ermuthigung zur Selbstverleugnung alles Ungöttlichen endete, dies Gebet war es, das an Glauben nie leer ausging und die Stätte Gottes in mir immer noch reiner machte."

„Da ich diese Uebung des Gebetes an mir wohlthätig fand, indem sie dem Unfrieden in mir eine Stütze nach der andern entriß, so gesellte sich zur Selbstanklage, zur Angelobung kräftiger Gegenwehr, zum Flehen um Gnade gar bald ein neuer Schwung des Gemüths, der sich noch segensreicher erwies. Der Arm des Gebetes war allmählich so stark geworden, daß er die Erbarmungen der ewigen Liebe und der tröstlichen Verheißungen des Evangeliums ergreifen und zur stillen Anschauung der nach Trost schmachtenden Seele vergegenwärtigen konnte."

„So wahr Ich lebe, spricht Gott der Herr, Ich will nicht den Tod des Sünders, sondern daß er bekehret werde von seinen Wegen und lebe." (Ezech. 33, 11.) — „Wenn Gott für uns ist, wer ist wider uns? Der auch seines eigenen Sohnes nicht schonte, sondern ihn für uns Alle hingab: wie sollte er nicht auch Alles mit ihm uns geschenkt haben." (Röm. 8, 31. 32.) — „Lieben Kindlein! das schreibe ich euch, damit ihr nicht sündiget. Wenn aber auch Jemand gesündiget hätte, so haben wir ja einen Fürsprecher bei dem Vater, Jesum Christum, den Gerechten, und Er ist die Versöhnung unserer Sünden, und nicht für unsere Sünden allein, sondern auch für die der ganzen Welt." (1 Joh. 2, 1. 2.) — „Denn so hat Gott die Welt geliebt, daß er seinen Eingeborenen dahin gab, daß Jeder, der an ihn glaube, nicht verloren gehe, sondern das ewige Leben habe." (Joh. 3, 16.)

„Diese und ähnliche Stellen sind mir der liebste Betrachtungsstoff und die Reiser geworden, wodurch die stille Glut der Andacht unterhalten und zur Flamme angefacht wurde. Selbst die täglichen Untreuen in Erfüllung der oft erneuten, oft wie vergessenen Gelübde konnten die noch schwache Zuversicht, daß die Hülfe nahe sei, nicht ertödten. Denn eben diese und ähnliche Stellen aus der Heiligen Schrift waren es auch, die in mir die Zuversicht auf die Erbarmungen Gottes belebten und dem Frieden aus Gott den Weg in das Gemüth bahnten. Daß ich in dem ganzen Zeitraum dieses Kampfes nicht säumte, die Kraft dazu durch Beichte und Communion (die nicht blos Heilmittel heißen, sondern auch sind, gerade so geheimnißvoll als segensreich) recht oft zu stärken, versteht sich wohl von selbst. Endlich schlug die ersehnte Stunde der Wonne, die mich nicht mehr zweifeln ließ, daß mir die Sünde erlassen, daß in mir der kindliche Sinn, der zu Gott nur Abba ruft, geboren, daß der Friede aus Gott, dies Pfand der ewigen Huld, mir geschenkt worden, durch Jesum Christum, unsern Herrn. — Dies Friedensgefühl war in der Seele, was die Empfindung der Gesundheit im Leibe. Zwar die Leiden thaten mir auch jetzt noch weh, aber der Friede versüßte mir die Bitterkeit des herben Trankes. Auch die Reize des Bösen schlichen sich mir wieder in's Herz; aber der Frieden stählte mir den Muth zum Widerstande. Auch er, der Friede selber, zog sich manchmal zurück, aber der Wiedergebrauch derselben Arznei, die mich das erste Mal geheilet hatte, heilte mich wieder; ich meine, die wiederholte Hingebung an Christus, die mich als Demuth niederbeugte und als Zuversicht erhöhete — riß die Scheidewand, die ihn vor meinen Blicken verbarg, wieder ein."

Diese Mittheilung Sailers beweist, wie der Abschluß seiner christlichen Entwickelung nicht etwa in den Stunden, in denen er mit Boos verkehrte, und den unmittelbar folgenden Tagen vollzogen wurde, sondern sich allmählich in dem ganzen darauf eintretenden Zeitraum bildete; daß Boos und die Erweckten zu demselben nur den Anstoß gaben, vielleicht auch nur einen ohnehin schon vorhandenen inneren Gestaltungsprozeß beschleunigten. Denn einmal werden die Erweckten von Sailer gar nicht erwähnt, während vorher derer, wenn auch nicht namentlich, gedacht ist, die auf die innere Entwicklung von Einfluß waren. Sodann fällt auch das Zusammentreffen mit Boos in das Jahr 1796 (den 18. Dezember), also in das 45ste Lebensjahr Sailers, während er selbst jenes Erlebniß der Seele in sein 47stes Jahr, also in das Jahr 1798, versetzt oder mindestens in die Zeit nach dem 17. November 1797. Für eine längere Dauer jenes inneren Kampfes spricht auch die Eigenthümlichkeit Sailers, der es nicht sowohl gemäß war, innere Kämpfe in sprunghafter Schnelle zu bestehen, als vielmehr in klaren Erwägungen und danach bestimmten Willensentschließungen langsam, aber sicher zu vollenden. Es spricht dafür auch der Abschnitt jener Selbstbekenntnisse, der den Schluß des Ganzen bildet. Denn die Zweifel, deren Ueberwindung hier Sailer berichtet, sind nur ein Nachklang der Gewissensbedenken, deren Beschwichtigung er unmittelbar vorher mitgetheilt hat. „Die letzte Gestalt, in der mich der Zweifel besuchte, war die Frage, die mich im Gebete, im Geschäfte des Berufs, im Kreise edler Freunde plötzlich durchschauderte: „Ist wohl dein Name geschrieben im Buche des Lebens? Gehörst Du unter die, welche Christus angewiesen hat, sich zu freuen, daß ihre Namen in den Himmeln geschrieben seien. Diesem Zweifel lehrten mich Franz von Sales und andere Schriften seines Geistes die Nerven abschneiden, ehe er groß gewachsen, mich überflügeln und in ein Angstfeuer werfen konnte. „Frage nie, das ist sein Gotteswort, ob Du Gott gefallest, sondern frage Dein Herz, Dein Gewissen, Dein Leben, ob Dir Gott mehr als alles Andere, was Gott nicht ist, gefalle." Dies Wort hat tiefen Grund; denn um zu wissen, ob Gottes Wohlgefallen auf Dir ruhe, müßtest Du unmittelbar in Gottes Vaterherz schauen und darin lesen können, das Dir unmöglich ist. Um aber zu wissen, ob Dir Gott mehr als alles Andere, was Gott nicht ist, gefalle, darfst Du nur in Dein Herz, in Dein Gewissen, in Dein Leben Dich hineinführen, darin lesen, das Dir nicht sonderlich schwer sein wird."

„Noch weniger frage Dich, ob Gottes Wohlgefallen ewig auf Dir ruhen werde, das heißt, ob Dein Name im Buche des Lebens geschrieben sei. Denn um dies zu wissen, müßtest Du in Gottes geheimen Rath von oben herab einsteigen können, das Du nicht kannst; sondern frage nur, ob Gottes Name in dem Buche Deines innersten Lebens geschrieben sei, ob Dir Gott lieber sei als alles Andere: und Du darfst in heiliger Furcht vor Deiner Gebrechlichkeit und in gleich heiliger Zuversicht auf Gottes grenzenlose Erbarmung erwarten, daß Du im Guten beharren werdest bis an's Ende. Sei getreu im Leben, und Du darfst hoffen, daß Du treu sein werdest bis zum Tode und im Tode."

Nahm nun auch Sailer, wie wir gesehen haben, gegenüber Boos eine selbständige Stellung ein, so verdankte er doch diesem und der durch ihn begründeten Bewegung einen nicht geringen Anstoß zur inneren Vollendung seiner Entwickelung; er fühlte sich daher verpflichtet, für Boos einzutreten, als sich die Feindschaft gegen diesen regte. Diese zögerte nicht lange und begnügte sich nicht damit, das Haupt anzugreifen; alle Führer und hervorragende Glieder der Erweckten mußten leiden. Am Neujahrstage 1797 hatte Boos mit großer Kraft in Wiggensbach geprebigt und tiefe Erschütterungen in einem großen Theile der Zuhörer geweckt, in dem andern aber Mißstimmung, Erbitterung und Haß veranlaßt. Wuthentbrannt forderte dieser vom Pfarrer die Entlassung des Kaplans. Der Pfarrer, wohlgesinnt, aber schwach, gab nach einigem Schwanken der Forderung der Masse nach, und Boos eilte nach Seeg, wo ihn Fenebergs treue Freundesliebe gastlich aufnahm. Allein diese Zufluchtsstätte. war ihm nur auf kurze Zeit gewährt. Anfangs Februar erschien in Fenebergs Haus ein geistlicher Rath als Untersuchungskommissar und ließ, ohne eine Vollmacht aufzuweisen, ohne die Rückkehr des auf einige Stunden abwesenden Hausherrn zu erwarten, Pult und Schrank erbrechen und nahm alle Papiere, eigene und fremde Briefe, Gewissens- und Herzensgeheimnisse, Auszüge aus Büchern, eigene Compositionen, kleine Papierschnitte, worauf einige Worte standen, geschriebene Predigten mit sich. Boos schützte nur Krankheit vor sofortiger Wegführung in die Gefangenschaft. Doch gab er sein Ehrenwort, sich, sobald es seine Gesundheit gestatte, vor dem Ordinariat zu stellen, und wirklich erschien er am 10. Februar in Augsburg vor seinen Richtern. Feneberg folgte ihm nach einem halben Jahre, am 30. August war er im bischöflichen Generalvikariat zu Augsburg, um verhört zu werden. So hatten Boos und seine Freunde den Haß des Volkes und die Verfolgung der Obrigkeit zu tragen. Was hatte die Feindschaft erregt, welche Anklage wurde erhoben? —

Zuvörderst die Anklage, die Erweckten rühmten sich neuer Offenbarungen. Darauf antworteten sie, daß sie festhielten an der einen allgemeinen Offenbarung, wie sie in der Heiligen Schrift enthalten sei und zu allen Zeiten in der Kirche verkündet, daß sie allerdings aber der Meinung wären, daß ohne Erleuchtung durch den Heiligen Geist Niemand dieselbe verstehen könne. Aber auch diese Erleuchtung würde von ihnen nicht als auf einmal abgeschlossen erachtet, sondern als sich entwickelnd, stufenweise erweiternd und vertiefend. Sodann hieß es: Ihr haltet Euch für die alleinigen oder doch bevorzugten Inhaber des Heiligen Geistes. Aber das mußte gänzlich zurückgewiesen werden. Wir sind weit davon entfernt, lautete die Vertheidigung, die Herrschaft des Heiligen Geistes auf unseren engen Kreis zu beschränken, wir unterwerfen uns nicht nur der Richtschnur der Heiligen Schrift, sondern auch den Vätern und Beschlüssen der Concile. „Aber Ihr seid auf dem Wege," fuhr die Beschuldigung fort, „die Gottesverehrung aufzuheben, und an deren Stelle die Christusanbetung zu setzen. Ihr seid Christusprediger, Jesusprediger." „Mit nichten," erwiderten die Angeklagten, „vielmehr wollen wir durch die ernste Predigt vom Gekreuzigten, unserm Heiland, Erlöser und Versöhner, rechte und wahre Gottesverehrer bereiten." So verantworteten sich Boos und Feneberg vor ihren Richtern, letzterer auch schriftlich. Wie urtheilten die Richter? Feneberg mußte Sätze, die aus dem Zusammenhang seiner Worte gerissen waren und die er selbst für irrig erkannte, abschwören, seinen treuen Kaplan Bayr entlassen und den Frommen, die der Behörde verdächtig waren, sein Haus verschließen. Nachdem er dann noch acht Tage in einem Kloster ihm auferlegte geistliche Uebungen verrichtet, durfte er zur gewohnten Thätigkeit zurückkehren. Anders ging es Boos. Auch er mußte Sätze, die auf Verdrehung seiner Worte beruhten, abschwören, dann sollte er aber in das Priesterzuchthaus gebracht werden, in dem er schon sieben bis acht Tage vorläufige Haft erduldet hatte, und dort ein Jahr lang theologischen Studien obliegen, um so zu richtigerer Lehre und Erkenntniß zu kommen. Jedoch gestattete man ihm auf seine

Bitten, in der Stadt bleiben zu dürfen, und der Einfluß des
Mannes, den er sich zum Repetenten der Theologie gewählt
hatte, eines alten ehrwürdigen Kapuziners, welcher bald in
Boos seinen Meister erkannt hatte, bewirkte, daß Boos nach
vier Monaten entlassen wurde, und zwar um als Kaplan
nach Langeneifnach, 6 bis 7 Stunden von Augsburg, zu
gehen. Wie empfand und dachte Sailer bei den Leiden seiner
Freunde? Ein Brief mit der Ueberschrift: „An Nathanael
und seine Freunde," welcher in diese Zeit gesetzt werden muß,
ist ein treuer Spiegel seiner Theilnahme und seiner rathenden,
ermahnenden, warnenden Fürsorge.

„Die Stunde des Leidens hat geschlagen — der Schlag
traf auch Euch — und Jeden, der Euch kennt und liebt.
Ihr habt Gott, den Herrn allein, mit Darangebung alles
Anderen gesucht und eben deßwegen auch gefunden. Weil
Ihr nun das Beste gefunden habt, so ist es billig, daß Ihr
für den Fund auch leidet. Das Leid und die Zeit werden
Euren Fund theils bewähren, theils läutern; bewähren das
Göttliche an ihm, läutern das Menschliche. Das Leiden und
die Zeit werden die Mißgriffe, die von Menschen nie fern
bleiben, an Einigen aufdecken, an Andern verhüten; werden
offenbaren den geheimsten Grund in Manchem, der ihn selber
nicht kennt, und für Manchen, der ihn ungekannt gelästert
oder gelobet hat. Die Leiden und die Zeit werden überdem
die verborgene Weisheit, die in den Aussprüchen der großen
Menschen Gottes, Paulus und Johannes, liegt, wieder an
den Tag hervor und neu in die Uebung bringen. Einer
rufet: Löschet den Geist nicht aus! der Andere: Prüfet die
Geister! Löschet den Geist nicht aus, den guten, den heiligen. Prüfet die Geister, die sich noch nicht selbst bewährt
haben, ob sie gut seien. Diese Aussprüche, recht verstanden
und richtig angewandt, würden die Leidenden vor Fehlgriffen
bewahren, die Widerstreitenden von blindem Eifer heilen.

Löschet den Geist nicht aus. Dieser Spruch läßt wenigstens mich nicht dazu kommen, daß ich verdamme, was offenbar gut ist. Offenbar empfehlend für die Sache ist die Quintessenz Eurer Lehre, die von jeher in der Kirche Gottes so oder anders, aber auch so ausgedrückt war: Der Herr starb für die Seinen und lebt in den Seinen. Offenbar empfehlend für die Sache ist die Sinnesweise, die durch den Geist dieser Lehre bei Vielen von Euch veranlaßt ward. Was Euch sanftmüthig, demüthig, stille, duldsam, furchtlos, thätig zu Amtsarbeiten, im Innersten lebendig und froh machet, kann nicht böse sein. Offenbar empfehlend für die Sache ist Euer öffentliches Leben — denn es erbauet Jeden, der nicht Flecken in der Sonne sucht, und wenn er keine sieht, mit dem beschmutzten Sehrohr hinein trägt. Offenbar empfehlend für die Sache ist der Widerspruch des Eifers ohne Licht, und nichts beweisend wider die Sache der Widerspruch des Unglaubens ohne Liebe. Offenbar empfehlend für die Sache ist Euer lebendiges Dringen auf den lebendigen Glauben an den lebendigen Gott. Denn das sticht so recht ab gegen den Geist verkennenden Fort-Esprit des Sabbuzäismus, gegen das geschmückte Grab des buchstäblichen Pharisäismus und gegen den Mechanismus des seelenlosen Haufens. Offenbar empfehlend für die Sache ist der Zeitpunkt, in dem Eure Erweckung zum neuen Leben geschah. Denn da einerseits der herrschende Geist der Politik das äußere, und der herrschende Geist der Philosophie das innere Christenthum für überflüssig erklärt, so scheint eine Belebung des Aeußern durch das Innere und eine Befestigung des Aeußern und Innern dem Bedürfnisse der Zeit sonderlich zu entsprechen. Offenbar empfehlend für die Sache ist die brüderliche Liebe, die Euch zusammenhält. Denn, was aus einem Geiste kommt, ist Eines. Und was einiget, ist Liebe. Offenbar empfehlend für die Sache ist Eure treue Anhänglichkeit an die wesentliche Lehre der Kirche, die sich

selbst durch gerichtlichen Verhör vor den Augen der Welt
dargethan hat. Denn der Gott Suchende versündigt sich nicht
am Kirchenkörper; er will nur den Geist im Körper — be=
leben helfen. Was die Weise der Erweckung betrifft, so ist
sie noch dunkel, was aber davon an's Licht getreten ist, nicht
neu. — Prüfet die Geister, ob sie aus Gott seien. Dieser
zweite Ausspruch ist mir so heilig wie der erste. Wenn die
Sonne scheint, so treibt sie die guten Gewächse hervor, und
ihr Schein locket auch die Schlangen hervor aus ihren Höhlen.
Indem ich nun Gott für das Gedeihen der guten Saaten
danke, bitte ich zu Gott, daß er den Schlangen das Ein=
schleichen in seinen Garten verwehre. Wer den Garten Got=
tes verfolgt, ist Feind; wer betet und warnet und kämpfet,
daß er von Schlangen unbesucht bleibe, ist Freund. — Ich
bin nichts — aber Gott ist Alles — und der Gott, der Alles
ist, bewahre sein Werk. Er bewahret und ihr prüfet, um
mit ihm bewahren zu können. Ihr prüfet. Der Geist der
Prüfung ist in Sachen des Geistes für Jeden, der richten
soll, und für Jeden, der bewahren soll, unentbehrlich. Ob
ihn die Richtenden haben, dafür wollen wir sie sorgen lassen.
Daß ihr ihn habet und treu anwendet, dafür sorget ihr ge=
wiß. Der Geist der Prüfung ist gerade in der heiligsten An=
gelegenheit durchaus unentbehrlich, damit man nicht, was
Form der Lehre ist, für die Lehre selbst halte und zuviel
Gewicht darauf lege. Der Geist der Prüfung ist gerade in
der heiligsten Angelegenheit durchaus unentbehrlich, damit
man die Herzensänderung, die etwa auf andern Wegen ge=
funden wird, nicht verdächtig mache, blos weil sie nicht in
derselben Gestalt erscheint. Der Geist der Prüfung ist gerade
in der heiligsten Angelegenheit durchaus unentbehrlich, damit
man nicht überall das Unmittelbare, das Außerordentliche der
göttlichen Führung erblicke und eigene Meinung für höhere
Erleuchtung halte. Der Geist der Prüfung ist gerade in der

heiligsten Sache durchaus unentbehrlich, damit nicht der Ausdruck der brüderlichen Liebe in den Augen der Uebrigen das Ansehen einer Partei gewinne, damit nicht die Perle in das Auskehricht einer Sekte geworfen, damit nicht der Zirkel der Freunde zu enge geschlossen, und die Harmonie mit anderen Christen gehemmt werde. Der Geist der Prüfung ist gerade in der heiligsten Sache durchaus unentbehrlich, damit nicht etwa das einzelne Leiden, das die Unschuld duldet, für ein entscheidendes Wahrheitszeichen der ganzen Geschichte angesehen und dadurch dem Dünkel Thür und Thor geöffnet werde. Der Geist der Prüfung ist gerade in der heiligsten Sache durchaus unentbehrlich, damit nicht die alte Klarheit des Evangeliums in ein neues Dunkel gehüllt und dadurch seine Verbreitung erschwert werde. Der Geist der Prüfung ist gerade in der heiligsten Sache durchaus unentbehrlich, damit die Armellen in ihrem Berufe bleiben, und die Privatsache des Christen nicht mit der großen Sache des Christenthums vermengt werde. Der Geist der Prüfung ist gerade in der heiligsten Sache durchaus unentbehrlich, damit die Freiheit des Geistes, die den Kindern Gottes verheißen ist, Freiheit des Geistes bleibe. Dies sagten mir die beiden Säulen des Christenthums in's Ohr. Ich fühlte die Harmonie und schrieb an Euch, was mir das Gefühl der Harmonie eingab. Ihr fühltet sie besser als ich — die Harmonie, die in diesen beiden Aussprüchen liegt: Prüfet die Geister und löschet den Geist nicht aus."

Wir sehen, wie Sailer, obwohl er für die Bewegung eintrat, weder sich noch seinen Freunden die Gefahren verhehlte, vor denen dieselbe sich zu hüten habe. Vor Allem fürchtete er den Methodismus und Separatismus mit allen den krankhaften Erscheinungen, die sich in ihrem Gefolge finden, und, so wie jene Richtung selbst, in dem Hochmuth ihren letzten Grund haben.

Sechstes Kapitel.

Boos wird von neuem verfolgt, geht in das Bisthum Linz und wird gegen neue Angriffe geschützt. Sailers offenes Zeugniß für Boos' Stellung zur römischen Kirche. Der Unterschied zwischen Boos und Sailer.

Indessen dauerten für die Erweckten wie für Boos die Zeiten der Verfolgung fort. Acht Wochen hatte Boos in Langeneisnach gewirkt, als ihn die Inquisition vor ihren Richtstuhl rief. Ein Brief von Boos an die verfolgten Gläubigen war in die Hände seiner Feinde gefallen und hatte deren Grimm von neuem erregt. Diesmal versuchte Boos zuerst, ob er entrinnen könne. Er floh von Stadt zu Stadt, von Ort zu Ort. Endlich, wie edles, lange gehetztes Wild zu Boden stürzt, stellte er sich vor seine Richter freiwillig. Vom 9. Dezember 1798 bis zum 29. April 1799 wurde er in Stadtarrest gehalten. Seine Richter, selbst unklar, was sie thun sollten, nicht im Stande, ihn als schuldig zu verurtheilen, und doch begierig, sich des unbequemen Mannes zu entledigen, forderten, Boos sollte in ein anderes Bisthum sich begeben. Er ging nach Linz. Hier wurden ihm einige Jahre der Erquickung zu Theil; freudig nahm man ihn auf, übertrug ihm nach einander die Verwaltung mehrerer Pfarreien, und ernannte ihn 1806 zum Pfarrer von Gallneukirchen, einer sehr einträglichen Stelle. Seine Wirksamkeit daselbst wurde von sichtlichen Erfolgen begleitet, im Jahre 1810 entstand daselbst eine Erweckung. Dies wurde nun wieder der Anlaß, Boos' Thätigkeit zu verdächtigen. Der Neid, der ihm den Segen des Herrn mißgönnte, auch überhaupt mit Unwillen es sah, daß er, der Ausländer, ein so einträgliches

Amt bekleidete, schmiedete eine neue Anklage. Indeß war sie zuvörderst ohne Wirkung, denn der Regierungsrath Bertgen, ein edler Mann, der sich für Boos, seinen früheren Kaplan, persönlich interessirte, nahm die Sache in die Hand und überzeugte sich von der Unschuld des Beklagten. Es gelang ihm, das Consistorium zu beruhigen und Boos zu schützen.

Sailers Liebe begleitete Boos auch in die Ferne, sie weinte über seine Leiden und jubelte über seine Rettung. Voll Dank schrieb Sailer an Bertgen: „Länger kann ich nicht mehr schweigen. Die Mannhaftigkeit, die Klugheit und die Liebe für das apostolische Christenthum, womit Sie unsern hart gequälten Boos in seiner Gewissens= und Glaubensangelegenheit aufrecht gehalten haben, hat mich mit soviel Freude, Verehrung und Liebe gegen Sie durchdrungen, daß ich Gott dafür nicht genug danken kann und gegen Sie selber mein Herz ausgießen muß." Und dann legt er für Boos Zeugniß ab: „Boos ist geistlich=katholischer Christ. Was dem mechanischen Christen Buchstabe, was dem scholastischen Begriff, das ist ihm Geist und Leben, sein Gemüth ist geistlich=katholisch; denn er faßt und beurtheilt alle Lehren der katholischen Kirche aus dem Gesichtspunkte des Geistes, des innern Lebens, der Innigkeit, der Gottseligkeit." Ja, ganz von der Wahrheit des Evangelii, wie sie Boos lehrte, ergriffen, äußert sich Sailer über das Verhältniß zwischen Glauben und guten Werken in diesem Brief: „Wenn Boos nach der Justifikation von guten Werken spricht, so muß man noch unterscheiden: a) Betrachtet man diese guten Werke, in sofern sie der Mensch aus sich und durch sich vollbringt, so sind sie sicherlich von Selbstsucht befleckt und haben also vor Gottes Augen keinen bestehenden Werth. b) Betrachtet man aber diese guten Werke, in sofern sie der Geist Christi, der in Christo wohnt, in und durch den Menschen vollbringt, so sind sie allerdings in Gott gethan, sind köstlich vor Gott, haben einen göttlichen

Werth; aber dieser Werth kommt vom Geiste Christi, den der Christus beseelte Wille in sich schalten und walten läßt; diese guten Werke sind merita Christi applicata*) selber."

„Aber auch der frömmste Mensch ist Mensch, und nicht immer läßt er den guten Geist in sich schalten und walten, oft treibt ihn die Selbstsucht, oft ein böser Geist. Es ist also wohlgethan, daß auch der Gerechte oder Gerechtfertigte sich nicht auf seine guten Werke verläßt, nicht darauf baut, denn da baute er auf etwas, das keine Haltung hätte; aber auf Gott, auf Christus, auf den Geist Christi baut er seine Zuversicht, und dieser Bau steht fest. Das ist auch genau die Lehre der Väter. Justus ex fide vivit. Der Gerechte lebt aus dem Glauben."

Ja, Sailer legt das feierliche Bekenntniß ab: „Ich trete heuer in mein sechszigstes Jahr, und ich würde zittern, vor Gottes Richterstuhl zu erscheinen, wenn ich vor meinem Tode nicht laut bekennete: Die große Angelegenheit des frommen Boos ist aus Gott."

So offen sich hier Sailer für Boos aussprach, so sehr er in seiner Sache die Sache der Wahrheit erkannte, so wenig war er jedoch entschlossen, die nothwendigen Folgerungen, die sich für Boos aus seinem Glauben ergaben, zu billigen, und ihn die Umgestaltung des römischen Dogma's durch die evangelische Predigt sowie die Aufhebung der Schranken zur Gemeinschaft mit den Protestanten ohne Mißbilligung vollziehen zu lassen. Sailer und Boos befanden sich im Widerspruch mit sich selbst. Beide wollten Glieder der katholischen Kirche sein und bekannten doch einen Glauben, den eben dieselbe Kirche mit dem Bann belegt hatte. Sie lehrten einen Heilsweg, wie ihn Luther und die Reformatoren verkündigt hatten, und wähnten doch einverstanden mit denen zu sein, welche eben jene Männer genöthigt hatten, die gemeinsame Kirche zu

---

*) Angeeignete Verdienste Christi.

verlassen. Ihre Katholizität glaubten sie mit Recht behaupten zu können, weil sie den äußern Verband mit der Kirche festhielten, in vielen Stellen der Väter Bestätigung ihrer Auffassung fanden, und der mannichfaltig deutbare Buchstabe des Concils von Trident derselben keinen unüberwindbaren Widerstand entgegen setzte. In der That aber entsprach ihre Lehre weder dem Geist des Tridentinums noch den im Zusammenhang gelesenen und geschichtlich verstandenen Schriften der Väter, und es kam auch doch nicht darauf an, ob sie thatsächlich die Verbindung mit ihrer Kirche lösten, als vielmehr, ob nicht ihre Richtung sie dem die Kirche beherrschenden Geiste entfremdete. So sehr indeß Sailer auf Boos' Glauben und Zeugniß einging, so bestand doch zwischen Beiden eine wesentliche Verschiedenheit. Boos war vor Allem Prediger, Sailer Lehrer der Wahrheit. Boos griff mit kräftiger Hand in das unmittelbare Leben, Sailer wandelte auf den verschlungenen Pfaden der hierhin und dorthin abwägenden Betrachtung. Boos wollte erwecken, Sailer erleuchten. Boos bezeugte den für uns dahin gegebenen Christus, führte die einzelne Seele durch das Feuer der Buße und des Glaubens auf die Höhe evangelischer Freiheit, und forderte die Freigewordenen auf, um Christi willen sich den für die Unmündigen gegebenen Ordnungen und Gesetzen der Kirche zu fügen. Sailer dagegen ging vom Gegebenen in der kirchlichen Lehre und Ordnung aus, vergeistigte dasselbe, suchte gemüthliche Beziehungen desselben zu entdecken, stellte die den Einzelnen zur Demuth führenden und in derselben befestigenden Zuchtmittel der Kirche in's Licht und hoffte so die Lehre und den Cultus der Kirche in das Gebiet der Wahrheit, wie die Glieder der Kirche in das Reich des Lebens und der Freiheit zu versetzen. Boos begnügte sich damit, den Beweis zu versuchen, daß seine Lehre den Vätern und dem Tridentinum nicht widerspräche, schöpfte aber die Wahrheit unmittelbar aus dem erfahrenen und er-

lebten Schriftwort. Boos verfuhr schöpferisch, gründete ein
Neues und überredete sich und seine Freunde, daß dies nur
eine lebendigere Darstellung dessen sei, was die Kirche lehre.
Boos untergrub so das Dogma der Kirche und trat auf den
Boden des Protestantismus. Es ging ihm so, wie Luther in
den ersten Jahren seiner Wirksamkeit, da er den hierarchischen
Bestand festhalten und doch eine Wahrheit behaupten wollte,
deren Entfaltung jenen aufheben mußte. Aber Luther wurde
durch die Geschichte von der Unverträglichkeit des Gesetzes und
des Evangeliums belehrt, während Boos nie zur Erkenntniß
des Widerspruchsvollen seiner Stellung gelangte und als
Märtyrer der Selbsttäuschung ohne so rastloser und heiliger
Thätigkeit entsprechenden Erfolg tragisch endete. Sailer dagegen ging nicht sowohl von einer bestimmten Erkenntniß aus,
sondern vielmehr von einer allgemeinen Stimmung und Sinnesweise. Ihm kam es nur darauf an, das harte Dogma
in soweit zu erreichen und biegsam zu machen, daß es Hülle
sein konnte und Darstellungsmittel für seine Richtung. Diese
bestand nun in der Erfassung der Wahrheit, daß Christenthum und Kirche kein anderes Ziel hätten, als die Reinigung,
Heiligung und Vollendung der menschlichen Seele. Die be-
wirkende Ursache war ihm der Heilige Geist, die kirchlichen
Einrichtungen und Dogmen Werkzeuge für die Thätigkeit desselben. Und nun hob er die Seiten im kirchlichen Dogma
und Cultus, wie in der Verfassung hervor, die geeignet
schienen, eine Vermittlung für das Wirken des Heiligen Geistes zu bilden; den undurchdringlichen Rest ließ er bestehen,
die trübe Mischung der göttlichen und menschlichen Autorität,
welche die menschliche Seele nie zur Freiheit und Freudigkeit
kommen läßt, übersah er. So konnte es geschehen, daß Sailer sich mit der Kirche ausgleichen konnte, während Boos
unaufhörlich gegen ihre Satzungen verstieß. Es kam noch
etwas hinzu. Sailer und Boos sahen Beide im Glauben

das Werkzeug, welches das Heil ergreift, und standen so auf demselben subjektiven Boden, wie die Reformation. Während dagegen Boos dem Glauben das Verdienst Christi, den für uns dahin gegebenen Heiland zum Gegenstand gab und damit das Gebiet der Mystik überschritt, blieb Sailer in diesem stehen, betonte den Christus in uns und als die Erscheinung desselben in den Einzelnen, den Heiligen Geist. Also dort Glaube an Christus für uns, dort Glaube an Christus in uns, dort das Bewußtsein, um Christi willen werden die Sünden vergeben, hier: in dem Gerechtfertigten waltet der Heilige Geist. Dort die Losung: Ist Gott für uns, wer will wider uns sein; hier das Bekenntniß: Wir sind der guten Zuversicht, daß, der in uns angefangen hat das gute Werk, der wird es auch vollenden bis auf den Tag Jesu Christi. So erklärt es sich auch, daß Boos sich dauernd zu den Protestanten hingezogen fühlte und in mannichfachen Verkehr mit ihnen trat, während Sailer vorsichtig und scheu nähere Berührungen mit denselben vermied. Aber es war eine gefährliche Stellung, die er einnahm und eine peinliche Lage, in der er sich befand. Lebhafte Theilnahme zieht ihn zu Boos hin; er freut sich über den Segen, der sein Werk begleitet, er mißbilligt das Verfahren der Gegner. Und dann wieder erfaßt ihn die Furcht, ob nicht Boos zu weit gehe, ob er nicht unvorsichtig verfahre. Dann ermahnt er und warnt. Und so hierhin und dorthin gezogen, bewahrt er eine schwankende und unsichere Haltung, die offenbar ihm am meisten Schmerzen bereitet. — Der weitere Verlauf der Lebensgeschichte Boos' wird die Wahrheit unserer Auffassung bestätigen.

Der Widerspruch, in dem Boos zur römischen Kirche stand, konnte wohl zeitweise verdeckt, aber nicht aufgehoben werden. Die römische Kirche mußte immer von neuem an Boos' Wesen und Treiben Anstoß nehmen. Und sie that es.

Siebentes Kapitel.

Sailers Rath an Boos, vorsichtig zu wandeln. Sailer beweist seine Liebe zu Boos. Der Bischof von Linz versteht weder Boos noch das Wesen des christlichen Glaubens. Boos im Gefängniß. Anna Schlatters Briefe für ihn. Die Entscheidung.

Der Bischof von Linz, unter dem Boos stand, war ein wohlwollender und milder, aber schwacher, in den Kern der Sache nicht eindringender Mann. Zuvörderst glaubte er, durch Aufbietung des Einflusses Sailers, die Sache beilegen zu können. Sailer entsprach den Wünschen des Bischofs und schrieb an Boos, zur Vorsicht in Verkehr und Predigt ermahnend: Boos solle das Leben des Gerechtfertigten nicht unmittelbar von Christus ableiten, sondern mittelbar, er solle den Heiligen Geist und den Glauben, durch welche Christus wirkt, als thätige Kräfte nennen. Aber auch den Begriff Verdienst und Lohn erkennt Sailer den Werken des Christen zu, denn dieser verarbeite fleißig die empfangene Gabe und wirke treu mit der göttlichen Gnade; so habe er Fähigkeit für einen Gnadenlohn. Schließlich fordert er Boos auf, den Umgang mit Protestanten zu meiden und nur katholische Schriften in der Pfarrgemeinde auszutheilen. Auf Grund dieses Schreibens wandte sich Boos an den Bischof und äußerte sich im Einklang mit Sailer. Die Warnung vor dem Austheilen nichtkatholischer Bücher bezog sich darauf, daß Boos mit Erlaubniß der geistlichen Behörde Bernier's „das verborgene Leben mit Gott in Christo" auf Wunsch seiner Pfarrkinder vertheilt hatte. Aber wie stand es mit Boos' Verkehr mit den Protestanten? Der verstorbene Bischof hatte ihn mit dem Kaufmann Kißling von Nürnberg bekannt gemacht. Der Bischof und Boos hatten ihn gemeinsam als

Reichsboten in Geld- und anderen weltlichen Sachen gebraucht. Durch ihn hatte Boos eine Protestantin kennen gelernt und mehr höflich als ernstlich dieselbe gebeten, ihn zu besuchen. Das war zu Boos' Schrecken geschehen. Sie hatte ihn in den Dezembertagen 1810 besucht, nicht um ihn oder seine Gemeinde zur evangelischen Kirche zu führen, sondern weil sie Boos näher kennen lernen wollte. Ein Landregen hatte ihren Besuch im Hause von Boos verlängert. Allein Niemanden hatte sie versucht zum Uebertritt zu bewegen.

Das theilte Boos dem Bischof mit und beruhigte so diesen wie das Consistorium. Die Kläger wurden abgewiesen, Boos im Ganzen Recht gegeben. Zugleich richtete der Bischof an Boos ein Schreiben, das bei aller Milde doch klar herausstellte, wie zwischen dem Standpunkt, den das Tridentinum auf der einen Seite einnimmt, und zwischen dem, auf welchem Boos auf der andern Seite stand, sich eine weite Kluft öffne. Vor Allem hatte der Bischof einen ganz anderen Begriff des Glaubens als Boos, und konnte daher die Forderung aussprechen: „Hüten müssen sich Ew. Hochwürden, Jemand aus Ihrer Gemeinde zu sagen: Du hast den rechten wahren Glauben nicht. So ein Ausdruck ist höchst beleidigend und gegen die Pastoralsanftmuth."

Dieser bischöfliche Brief mußte Boos schmerzlich berühren, um so mehr erfreute ihn Sailer in einer Reihe kleiner von der lebendigsten Liebe eingegebener Billets. Er wirft den Zwang ab, den er sich selbst in jenem halbamtlichen Schreiben hat anthun müssen. Nur leise anzudeuten wagt er, es möchte Boos vielleicht doch hier und da im Ausdruck geirrt haben. „Uebrigens wäre es denn doch möglich, daß Du in Beziehung der Hauptsache — schuldlos und gleichsam unbewußt, und wider Willen — Dich hier und da in eine fremde Manier hineingearbeitet hättest." Aber auch darüber beruhigte ihn Boos, und nun ergoß sich Sailers Freundesherz in liebevollster Anerkennung und zartester Fürsorge. „Ach," ruft er aus, „liebster Zobo, da ich selbst nie aus der Schule der Lästerung herauskomme, so weiß ich wohl, wie man bei voller Unschuld verketzert und verfolgt werden kann." Und dann wendet er sich an Boos mit der Bitte, seine schwache Gesundheit zu pflegen: „Schone, schone, schone Dein Leben, arbeite Dich nicht todt, trink' etwas Wein, er ist gut für Schwindel." Ja, Sailer bietet Boos, falls es ihm nicht möglich sei, zu bleiben, gastliche Herberge an. Er und sein Vetter sind bereit, ihn aufzunehmen. „Wir schätzen uns glücklich, in Dir Jesum Christum zu bewirthen, bis an Dein Ende. Es ist für Dich keine Pflicht, Du hast nichts zu verrichten, Du bist unser Gast, es kostet Dich keinen Heller." Und an Bertgen schreibt Sailer: „Der Consistorialbescheid ist mäßig, christlich, gerecht; nur darf das Consistorium der Meeresstille nicht trauen. Denn wenn auch Boos mit überirdischer Vorsicht und Zartheit wandelt, wie er es gewiß thut, so ist doch der Eifer der Zeloten wider ihn eines andern Geistes."

Zugleich hatte auf Bertgens Rath Sailer sich bei dem Bischof für die Art, wie der Prozeß eingeleitet war, bedankt.

Es trat jetzt eine Zeit der Ruhe ein. Nahmen doch sogar der Bischof von Linz und der Weihbischof von Wien Boos' Gastfreundschaft in Anspruch. Allein zu Ende des Jahres 1811 fing die Verfolgung von neuem an und bekam einen um so bedenklicheren Charakter dadurch, daß Bertgen, der bis dahin Bischof und Consistorium zu Gunsten von Boos beeinflußt hatte, zur Regierung übergegangen war. Im Januar 1812 erschien bei Boos eine Commission, die ein förmliches Verhör mit dem Pfarrer und den Gemeinderichtern hielt, schließlich aber zu keinem andern Beschluß kam, als die ganze Angelegenheit der Regierung und dem Consistorium zu überlassen. Wieder trat Sailer für Boos ein, aber er rieth zum Nachgeben im Ausdruck, freilich dabei übersehend, daß darin zugleich ein Widerruf der Sache lag. „Jesum Christum bekennend, gibst Du die Worte frei, die den Anstoß erregen, aber nur, nachdem Du bekannt hast, daß Du nichts als die alte apostolische Wahrheit damit bezeichnest. In den Sätzen, die im Consistorio gelesen worden, bestehe nicht auf fides fiducialis allein, denn sie ward in der Glaubenstrennung als Loosswort gebraucht. Glaube, Liebe, Hoffnung sind mir ein göttliches Tugendleben im gerechtfertigten Menschen. Paulus, die katholische Kirche und Boos trenne nicht, was Gott vereint hat." Das Consistorium erließ nun nach mannichfachen schriftlichen und mündlichen Erörterungen unter dem 1. Juli 1812 einen Bescheid, der freilich Boos in seinem Amte ließ, aber ihm befahl, „in seinen Lehrvorträgen vom Glauben, von der Rechtfertigung ganz zu schweigen, oder wo es von solchen zu reden unumgänglich nöthig sei, sich sowohl in Predigten, Christenlehren als im Beichtstuhle, Privatunterrichte oder Gespräche hiervon keiner andern Ausdrücke zu bedienen, als deren sich alle übrigen katholischen Seelsorger der Diözese nach den symbolischen Büchern bedienen." An demselben 1. Juli starb Bertgen, Boos' treuer Freund und Fürsprecher. Ende des Jahres 1812, am 19. November, kam auch aus Wien von Seiten der Regierung eine Entscheidung. Boos sei, so lautete es hier, ein unkluger für Mystizismus schwärmerisch eingenommener Mann, aber er könne nicht als Irrlehrer betrachtet, daher auch nicht plötzlich von der Pfarre entfernt werden. Vielmehr solle das Ordinariat ihn belehren, die Predigtaufsätze vor ihrer Abhaltung abfordern und durch Beigebung eines ausgezeichneten Cooperators ihn von seinen mystischen Ansichten abzubringen suchen. Erst wenn diese Mittel nicht Hülfe brächten, dürfte an Versetzung oder Entsetzung gedacht werden. Diese Forderungen, welche das Consistorium sich aneignete und welche es nun stellte, lähmten völlig die freie Bewegung des Geistes und versetzten Boos in tiefe Trauer, und ein Schreiben seines Bischofs, das ihn belehrte, daß seine Gemeinden von ihm nur eine geläuterte, christliche Moral und öftere Predigten vom thätigen Glauben erwarteten, konnte ihn wenig trösten. Boos konnte natürlich nicht aufhören, sein inneres evangelisches Leben zu bezeugen, und die Folge war immer sich erneuernde Inquisition, deren Wagschale bald sich für, bald sich gegen ihn neigte. Im Ganzen ist wohl Boos nach seinem eigenen Geständnisse mehr als hundertmal theils von geistlichen, theils von weltlichen Behörden verhört worden. Immer schwächer wurde dabei seine Gesundheit, unter der Last der Verfolgungen brach er zusammen. Im Jahre 1815 kam es zur Entscheidung. Am 24. Juli verließ er Gallneukirchen, um vor dem Consistorium in Linz zu erscheinen. Nach mehrstündigem Verhör wurde Boos seiner Pfarre entsetzt und seiner Freiheit beraubt. Im Klostergefängniß der Carmeliter sollte er das endgültige Urtheil des Kaisers erwarten. Die Anklage lautete, Boos sei ein Hauptmitglied einer geheimen pietistischen Gesellschaft. Tiefen Schmerz erregte Boos' Schicksal bei den edelsten Gliedern seiner Gemeinde. Sie gingen zum Bischof und zur Regierung und forderten ihren Pfarrer zurück. Sie wandten sich selbst an den Kaiser. In ganz besonderem Maße aber waren die Protestanten betrübt, deren Briefe an Boos aufgefangen waren und als Beweismittel seiner Schuld gegolten hatten. Zu den protestantischen Correspondenzen, die in die Hände des Consistoriums gefallen waren, gehörten auch die Briefe Anna Schlatters, der gewiegten Christin, der Freundin Lavaters und Pfenningers, auch Sailers, der kernhaften Schweizerin, der Krämerfrau aus Zürich. Indem sie sich als Anlaß des Unglücks ansah, das Boos betroffen hatte, fühlte sie sich verpflichtet, für diesen einzutreten, und schrieb daher an die Domherrn Waldhäuser und Haßlinger in Linz Worte der Rechtfertigung für den Gefangenen.

St. Gallen, den 1. August 1815.

An Se. Hochwürden und Gnaden den Hochw. Herrn Domscholastikus Waldhäuser in Linz.

Zu allervorderst bitte ich Ew. Hochw. und Gnaden um Verzeihung, daß ich nicht fähig bin, Ihnen die gebührenden Titel zu geben, da mir unbekannt ist, welche Würden Sie bekleiden, und ich nur zufällig Ihren Namen erfuhr.

Liebe zur Wahrheit und Freundschaft für den ehrwürdigen Herrn Pfarrer Boos ist's, was mir den Muth gibt, an Ew. Hochw. und Gnaden zu schreiben. Ich vernahm schon vor einigen Wochen durch mehrere Freunde, daß die Correspondenz unsers Freundes Boos in Untersuchung genommen sei, und mache aus meiner eigenen Vernunft den Schluß, meine Briefe werden unter allen vorfindlichen Briefen vielleicht die meiste Aergerniß geben. Daher eile ich, Ew. Hochw. und Gnaden 1) ein Wort zu sagen von der Veranlassung zu diesem Briefwechsel zwischen Boos und mir, und 2) ein Wort über den Briefwechsel selbst. Nur im gläubigen Aufblick zu dem, der alles Gute, um Seinetwillen gethan, vergütet, und alles Leiden tragen hilft, ertrage ich den Gedanken, daß der edle Boos um meinet- und meines Sohnes willen etwas Bitteres dulden müsse. — — Es liegt am Tage, daß meine Briefe ganz aus meinem Herzen nur für sein Herz unter den Augen Gottes geschrieben waren. In einem freien Lande und bei einer Kirche geboren und erzogen, wo von Geisteszwang, Correspondenz und deren Untersuchung nie die Rede ist, hatte ich keine Idee, daß meine Briefe einst in andere, als meines väterlichen Freundes Hände kommen könnten. Daher schrieb ich ihm so Vieles, was ich bei dieser Voraussetzung nicht geschrieben hätte. Allein da nach dem Worte Jesu kein Haar von meinem Haupte fällt ohne den Willen meines himmlischen Vaters, so konnte auch kein Brief anderswohin kommen, als wohin er sollte. Deßwegen bekümmere ich mich meinetwegen nicht darum. Nur halte ich's für meine heilige Pflicht, Ew. Hochw. und Gnaden demüthigst zu bitten: Von alle dem, was in meinen Briefen Ihnen Anstößiges steht, keinen Schatten von Schuld auf den theuren Boos zu legen, sondern ganz allein auf mich. Er schrieb mir immer nur kurz, und auf wenige Worte, welche er flüchtig hinwarf, gab ich ihm, nach Weiber Art, große lange Antworten. Ich wollte gern durch ihn belehrt sein und mir die Wahrheiten des Evangeliums auch von ihm beleuchten lassen. Noch nähre ich die Hoffnung, die Zeiten werden sich nähern, wo nicht mehr gefragt werden wird: bist du paulisch oder apollonisch? Sondern blos: bist du christisch? Wo wir Alle uns unsers gemeinschaftlichen Glaubensbekenntnisses, welches von viel Gliedern aller drei Kirchen täglich gebetet wird: Ich glaube an eine heilige, allgemeine, christliche Kirche, Gemeinschaft der Heiligen u. s. w., auch gemeinschaftlich freuen werden. Und ich habe das feste Vertrauen zu der Gerechtigkeit Ew. Hochw. und Gnaden, Sie werden meine Privat-Ansichten, welche ich keinem Menschen aufdringe oder nur beliebt mache, nicht als irrige Grundsätze dem theuren Boos zuschreiben. — Sollten Sie es für die Ruhe des gottesfürchtigen Mannes und seiner Gemeinde nöthig finden, so will ich nie mehr an ihn schreiben, so lange er in Gallneukirch steht. Wenn schon seine Briefe voll Salbung mich sehr erbauten, seine Demuth nach dem Vorbilde Christi meine stolze Selbstgerechtigkeit darniederbeugte, und sein Vertrauen auf die Kraft und den Geist Christi meinen Muth im Kampfe wider die Sünde erhob, so will ich seiner Ruhe gern das Opfer bringen, denn der Geist Christi ist nicht an Menschen gebunden. Er allein ist vollkommen, die Menschen sind alle gebrechlich, wie Paulus, Johannes und Jakobus selber bezeugen — — —. Von jeher waren die Streitigkeiten das kräftigste Mittel, die bestrittenen Sätze recht unter das Volk zu bringen. Wo hingegen Duldung und Ruhe herrscht, bleibt auch das Volk beim alten kirchlichen Glauben. Boos hätte längst nicht so viele Anhänger, wenn er immer in Ruhe gelassen würde. Möchte es unserm Herrn Jesus Christus, der Sein Blut für das Leben der Welt vergoß, gefallen, den Glauben an Ihn und die Liebe zu Ihm in Aller Herzen anzuzünden, so würde die Erde seiner Ehre und Herrlichkeit voll sein. Seine Gnade sei mit Ew. Hochw. und Gnaden nach dem Wunsche Ihrer geringsten Dienerin

Anna Schlatter, geb. Bernet.

Auch aus dem Briefe an Haßlinger (St. Gallen, 24. Dezember 1815) theilen wir einige charakteristische Stellen mit:

„Es ist gewiß ganz richtig, wie Ew. Gnaden bemerken: Hätte Boos Sailers Weisheit, so würde es nie mit ihm dahin gekommen sein. Boos könnte gewiß auch an Sailers Platze nicht wirken und leisten, was jener. Aber ob Sailer in Gallneukirchen so viele Seelen zum einzig seligmachenden Glauben an Jesum Christum gebracht hätte, dies ist eine andere Frage, die nur Gott zu beantworten weiß. — Es ist ja ein Herr, aber vielerlei Gaben und Kräfte, nach 1 Kor. 12 und Ephes. 4, und Christus allein durch den Heiligen Geist der Austheiler aller verschiedenen Kräfte an verschiedene Glieder seines Leibes. So wie der Mund am natürlichen Leibe zu ganz was Anderem dient als die Hand, so müssen Boos und Sailer an dem Leibe Christi und für denselben was ganz Verschiedenes ausrichten. Weil beide menschliche Glieder an dem Leibe der Kirche sind, so werden sie als solche hier oder da einen Mißlaut oder Mißgriff machen; solchen bei dem Lichte des Heiligen Geistes zu erkennen, und soviel an ihnen liegt, zu verbessern streben. Ihr Eigenthümliches wird aber Jeder behalten in Zeit und Ewigkeit, wie auch Johannes und Paulus ihr Eigenthümliches behielten.

Siebentes Kapitel.

Ich glaube mit Ew. Gnaden, Sailer hätte in Gallneukirch in anderem Tone geprebigt als Boos; aber ich glaube auch, Sailers Geist hätte Boos anders beurtheilt. — Es ist ganz richtig, wie Ew. Gnaden bemerken: „In dem Sinn des großen Haufens ist das Glauben leichter als das Thun." Aber dies heißt nicht **glauben**, sondern nur sagen: ich glaube! — wogegen eben Boos so gewaltig eifert. Der wahrhaftige Glaube aber ist nach meinen schwachen Einsichten in das Wort Gottes das Allerschwerste. Glaubt ein Mensch wahrhaftig, daß **seine Sünde** den Sohn Gottes an's Kreuz brachte, daß der **Sohn Gottes** diesen Tod **willig** aus Liebe zu ihm übernahm, und ihm **Alles** sein und geben will: so wird er in Reue zerfließen, und von Liebe zu seinem Erlöser gedrungen, nicht mehr sich selbst und seiner Lust und Leidenschaft, sondern seinem Erlöser leben, also den Sieg haben, der die Welt überwindet. — — Noch bleibt mir eine Frage in Dero gütigem Schreiben zu beantworten übrig, wie ich nämlich glaube, daß ein protestantisches Consistorium einen Pfarrer behandeln würde, welcher darüber angeklagt wäre, er ziehe vorzüglich eine Lehre hervor, die nach Katholizismus röche? Ob es ihn nicht absetzen und wegschicken würde? Hierüber muß ich freilich nur urtheilen, wie der Blinde von den Farben, weil ich von einem solchen Falle noch nie etwas gehört habe. Es käme vorzüglich darauf an, ob die Consistorialräthe von dem Heiligen Geiste erleuchtete Männer wären oder nicht. Wären sie mit apostolischem Geiste erfüllt, so müßten sie den Beklagten genau verhören und seine Ansichten nach den einigen Grundlehren aller christlichen Kirchen, dem Worte Gottes, prüfen; fänden sie seine Lehrart diesem entgegen und seelenverderblich, so müßten sie ihn eines Besseren mit aller Weisheit wahrhafter Schriftgelehrter zum Himmelreich gelehrt, zu belehren suchen, und im Falle der Unverbesserlichkeit seiner dem Worte Gottes entgegenstehenden

Lehrart absetzen. Würde sich aber seine Lehre in der Hauptsache mit den apostolischen Lehren ganz vertragen, und die Klage nur auf Ausdrücken, Wortgebräuchen, Nebendingen beruhen, die keiner Seele schaden könnten, so müßten sie ihn wohl zu belehren suchen, aber wie Paulus lehrt, vertragen, nach Ephes. 4, 2. 3, und in Frieden das Band der Einheit zu erhalten suchen. — — Demüthig bitte ich Ew. Gnaden um Verzeihung meiner Weitläufigkeit; ich besitze als ein einfältiges Weib die Kunst nicht, mich kurz zu fassen, und bedarf in aller Rücksicht der Geduld. Auch bin ich wieder so frei, die Güte Ew. Hochwürden und Gnaden auch ferner in Anspruch zu nehmen mit der Bitte, inliegendes Blättchen dem lieben Gefangenen gelegentlich gnädigst zukommen zu lassen, damit unser lieber Herr Ew. Gnaden wieder etwas Neues zu vergelten habe, ja ich bedaure Ew. Gnaden wirklich, in diesem wichtigen Prozesse mitsprechen zu müssen, wo nicht nur die Welt, sondern auch der Himmel auf Richter und Beklagte niederschaut. Allein jedem Richter, der da hinauf sein Auge richtet, wo unser einst beklagter Richter in göttlicher Liebe und Allmacht thront, kann es an dem rechten Lichte nicht fehlen. — Da dieser Brief gerade an dem Geburtstage unsers nie genug zu erhebenden Herrn und Heilandes abgeht, so kann ich nicht umhin, den Brief zu schließen mit dem Lobgesange der Engel: Ehre sei Gott in der Höhe, Friede den Menschen, die eines guten Willens sind.

In Dank und Verehrung bin ich Ew. Hochwürden und Gnaden auf immer verbundene

geringe Dienerin

Anna Schlatter, geb. Bernet.

So demüthig, so von der innigsten Liebe erfüllt, und doch so wahr und frei schrieb Anna Schlatter an die Vertreter der kirchlichen Obrigkeit Roms. Wir fühlen, jeder Federstrich wird im Bewußtsein der Verantwortlichkeit vor

Gott gethan, jedes Wort athmet die im Heiligen Geiste wurzelnde Nüchternheit und Treue. Ihr zur Seite stand Sailer. Jetzt, da die Stunde der Gefahr für Boos geschlagen hatte, legte er von neuem ein offenes Zeugniß der Zustimmung und Theilnahme ab. Er trat soweit für Boos ein, als seine eigene Ueberzeugung es ihm nur gestattete, und bewährte das Wort Anna Schlatters, daß sein Geist Boos anders beurtheilte. Und da die Anklage, um Boos als politisch gefährlich darzustellen und dadurch um so sicherer zu wirken, ihn als Mitglied geheimer Gesellschaften darstellte, so suchte ihn Sailer vorzüglich dagegen zu rechtfertigen. „Wenn man Sie, wie hier die Rede geht, deßhalb von der Pfarre entfernte, weil Sie in einer geheimen pietistischen Gesellschaft wären, so würden Sie wegen einer Sache entfernt, die nicht nur unerwiesen, sondern durchaus unrichtig ist. Denn Sie sind 1) in keiner andern Gesellschaft als in der katholischen Kirche und des Staats. Sie sind 2) in keiner geheimen Gesellschaft. Sie sind 3) in keiner pietistischen Gesellschaft; denn zu jeder geheimen Gesellschaft gehören drei wesentliche Merkmale; jede geheime Gesellschaft ist: erstens ausschließend gegen Profane, zweitens einschließend gegen die Glieder, und drittens ein geschlossener Kreis, unter dem Siegel des Geheimnisses. Nun all' diese wesentlichen Merkmale sind aus Ihrer Correspondenz, wenn man sie auch als Beweisquelle nach dem Rechten annehmen dürfte, unerwiesen und unerweislich. Denn wer sich, er sei Jude, Heide oder Christ, in irgend einer Gewissensangelegenheit an Sie wendet, dem antworten Sie und geben ihm den besten Rath, den Sie wissen; also ist Keiner ausgeschlossen, Keiner profan. Der Pfarrer von Gallneukirchen ist ein Gemeingut für Alle. — Es ist kein geschlossener Kreis unter dem Siegel des Geheimnisses, denn wenn in Ihren erhaltenen Briefen Vieles vom verborgenen Leben mit Christo in Gott vorkommt, so beweist das so wenig, daß Boos in einer geheimen Gesellschaft ist, so wenig als dieselben Worte: unser Leben ist verborgen mit Christus in Gott, beweisen können, daß Paulus, der eben diese Worte braucht, das Haupt einer pietistischen geheimen Gesellschaft gewesen ist." — —

„Sollte ungeachtet aller dieser Gründe denn doch die Entfernung von der Pfarre beschlossen und ausgeführt werden, sollten Sie kein Mittel finden, die Orthodoxie Ihres Glaubens, die Nichtverwickelung Ihres Namens in vorgebliche geheime pietistische Verbindung darzuthun, also sich genöthigt fühlen, durch freie Resignation Ihrer Pfarre der Straffentenz zuvor zu kommen, so bitten Sie den hochwürdigen Bischof, nochmals und das letzte Mal gehört zu werden, und bezeugen vor Gott, daß Ihnen die katholische Religion von Jugend auf stets heilig gewesen und noch heilig ist; wenn auch dies Zeugniß unwirksam bleibt, dann mögen Sie den Opfer- oder Pilgerstab ergreifen und in Ihr Vaterland zurückkehren; Gott wird Ihr Geleitsmann sein und eine Hütte bereiten, wo Sie ausruhen, einen Tisch decken, wo Sie essen, und einen Freund schenken, der Sie tröstet, bis das kühle Grab Ihren Leib, und Christus Ihren Geist aufnehmen wird."

Schon vorher in demselben Briefe hatte Sailer Boos das freundlichste Anerbieten gemacht: „In meinem Frühmeßhause können Sie, so lange ich lebe, auf meine Kosten leben, und ich nehme es mir zur Ehre, einen so viel geprüften Priester in meine Hütte aufzunehmen."

Sailers Brief läßt schon ahnen, daß Boos' Angelegenheit sich der Entscheidung nahte. Und diese trat bald ein. Vorher wandte sich noch die Gemeinde von Gallneukirchen in ihrem größten Theile ehrfurchtsvoll an den Kaiser und bat um Befreiung und Herstellung Ihres Pfarrers. Auch der Professor der Theologie, Ziegler, legte öffentliches Zeugniß für Boos' Unschuld ab. Auf der andern Seite nahm auch die Verfolgung zu. Der Bischof hatte Boos besucht und ihn zum

Widerruf aufgefordert. Als Boos sich weigerte und den
Bischof an die Sünde erinnerte, die er begehe, indem er ihn
zur Verläugnung der Wahrheit auffordere, vergaß sich dieser
so weit, daß er Boos in's Gesicht spie. Und nun trieb die
verletzte und zur Leidenschaft gesteigerte Ehrliebe zu neuer
Verfolgung. Boos hatte sich nicht dem Gespräch mit ihn
aufsuchenden Gliedern seiner Gemeinde entziehen können.
Dies wurde ihm als ein Bruch seines Versprechens, auf die
Gemeinde weder einzuwirken, noch mit ihr in Verbindung sich
zu setzen, ausgelegt, er wurde noch strenger behandelt und
ihm die Erlaubniß entzogen, die Messe zu lesen. Endlich
am 24. April 1816 entschied endgültig der Kaiser. Von der
Anklage, einer geheimen Gesellschaft anzugehören, wurde er
freigesprochen; eine andere und höhere Untersuchungskommission
sollte eingesetzt werden, in einem Kloster oder Stift habe sich
Boos aufzuhalten, bis ihn der Erzbischof für fähig halten
würde; seinen Aufenthalt nach Belieben, jedoch außerhalb der
Diözese Linz, zu wählen, und damit für würdig, wieder ein
Pfarramt zu bekleiden. Würde jedoch Boos freiwillig aus-
wandern wollen, so sei ihm die kaiserliche Erlaubniß sicher.
Hiervon machte Boos Gebrauch und verließ das Land, in dem
er so schmerzensreiche Jahre verlebt und so viele Feindschaft
getragen hatte.

Achtes Kapitel.

Das Leben Goßners. Der Bildungsgang. Sailers Warnung. Evangelische Einflüsse. Verfolgungen. Freie Thätigkeit in München. Sailers wiederholter Warnungsruf ein Wiederhall der veränderten Zeiten, Verhältnisse, des neuen Verkehrs. Goßner in Petersburg. Die Wirksamkeit in Berlin.

Bevor wir Boos auf den letzten Abschnitt seines Lebensweges begleiten und ihn auch hier als Sailers Freund und Geistesgenossen wirksam sehen, werfen wir unsere Blicke auf einen Mann, den unsere evangelische Kirche als Frucht dieser Bewegungen empfangen hat. Das ist Johannes Evangelista Goßner, Sailer's und Boos' Freund, der tiefgegründete Christ, der unermüdliche Arbeiter, der ehrwürdige Vater vieler Gläubigen.

Im Dörflein Hausea bei Ober-Wallstadt wurde Goßner im Jahre 1773 geboren. Er studirte in Dillingen und Ingolstadt, also an Universitäten, wo Sailer gewirkt hat; an der ersten wenigstens konnte Goßner die Spuren von Sailers Thätigkeit finden und die Wirkungen derselben erfahren, auch ihn selbst hören. Denn erst 1794 wurde Sailer entsetzt, und 1793 schon war Goßner in Dillingen. Er war gewiß hier Schüler Sailers; Selbstbekenntnisse, die in einem Aufsatz vom 27. Juli 1796 enthalten sind, lassen darauf schließen: „O wie oft fühlte ich recht stark das Bedürfniß, einen Freund zu haben, unter dessen Leitung und Führung ich mir hätte feste Grundsätze sammeln und zur Ruhe gelangen können, und da wünschte ich mir nie einen andern als Sailer; ich reiste 1795 im August in der Absicht nach München zu ihm, um mit ihm näher bekannt und vertraut zu werden, war entschlossen, mich länger dort aufzuhalten, um durch seinen Umgang im Mo-

ralischen und durch seine Belehrung in anderen Grundsätzen
zu profitiren, aber theils kannte er mich nicht — doch soll
er nachher zu seinen Freunden gesagt haben, ich wäre ein
ganz anderer Mensch geworden, als der ich in Dillingen war
— theils konnte und getraute ich mir nicht, mich zu erklären,
was ich von ihm wollte. Dann war der gute Mann damals
im Exil, in einer Lage, in der er sich nicht ohne Unterschied
jedem Hergelaufenen vernünftig anvertrauen durfte; ich verließ also München gleich wieder und ging unbefriedigt, Gott
weiß wie ungerne und wie tief fühlend den Schmerz, diesen
Mann, von dem ich mir soviel versprach, unbenutzt verlassen
zu müssen." In Ingolstadt war Goßner zu einer Zeit, da
Sailer daselbst noch nicht ein öffentliches Lehramt erhalten
hatte. Dies geschah erst im Jahr 1799, während schon Ende
des Jahres 1796 Goßner ordinirt wurde und von da ab
bis April 1801 in Seeg als Hülfskaplan Fenebergs thätig
war. Hier trat er in neue Beziehung zu Sailer, hier empfing er Anregung von Boos und wurde in die durch ihn
entstandene Bewegung hineingezogen. Sein christliches Leben
aber wurde nicht hier und jetzt erst begründet, dies hatte
schon vorher in allmählicher Entwickelung und unter mannich-
faltigen Einflüssen feste Wurzel geschlagen. Indessen mußte
der Aufenthalt in Seeg nothwendig dasselbe immer inniger
und tiefer werden lassen und dem Auge neue und weitere
Aus- und Einsichten darbieten. Sailer wurde nun, sowohl
indem er seine Theilnahme dem Boos'schen Kreis zuwandte,
als auch mit alter Liebe seinem Freunde Feneberg zugethan
blieb, veranlaßt, auch auf die Person Goßners seinen Blick
zu richten. Er mußte durch diese gefesselt werden, denn
offenbar trat ihm in ihr ein verwandter Geist entgegen.
Beide stellten die unmittelbare Gemeinschaft mit Gott in Christo
in den Vordergrund und ließen Dogma, Cultus und Verfassung in zweite Linie treten; beide suchten sorgsam sich in

den Schranken überlieferter Ordnung zu bewegen; beide endlich erfüllte ein eigenthümlich zarter, weicher Sinn. Beide liebten es, fern vom Geräusch der Welt in der Abgeschlossenheit enger, vertraulicher Kreise sich einzuhegen. So ist es zu begreifen, daß Sailers Stellung zu Goßner in hohem Maße das Gepräge des Innigen und Rücksichtsvollen trägt. Wohl ist Sailer besorgt, Goßner möge sich zu ungestümem Wesen, der eigenen Natur zuwider, verleiten lassen und im eigenen Innern wie in dem kirchlichen Leben frühreife Früchte hervorbringen, er scheut sich nicht, seine Gefühle und Bedenken mitzutheilen, aber der Hauch der Innigkeit, die auch den Schein des Vorwurfs zu vermeiden sucht, weht in seinen Worten, und der Geist zartester Liebe regiert seine Feder. "Erzwinge in Deinem innersten Menschen nichts, denn es läßt sich auch nichts erzwingen. Kannst Du dem Ostwinde gebieten, daß er in Deine Fluren wehe. So etwas wollen, hieße den Himmel stürmen. Sei kein Himmelsstürmer, sanfter Johannes. Bereite dem Gotte der Liebe die Stätte und laß ihm das Kommen und Gehen nach Stunde, Gabe, Weise über. Was uns spannt, ist nicht aus Gott. Bewahre den innersten Frieden in Dir als das Kleinod, das nur gesalbte Augen kennen. Denn siehe, ohne diesen Frieden kannst Du das Wahre nicht in ungetrübtem Lichte sehen, das Schöne nicht mit unentweihter Freude genießen, das Gute nicht mit ordnender Weisheit entwerfen und vollbringen, das Widrige nicht mit unbesiegtem Muthe tragen, das Gegenwärtige nicht mit stiller Besonnenheit lenken, dem Zukünftigen nicht mit vorsichtiger Energie Bahn machen. Mancher will der Liebe, die ihn führet, vorlaufen, ich halte es besser, ihr nachgehen. Das „Wartenkönnen" und jede Begierde an das Wartseil binden, ist auch im Leben des Geistes das Nöthigste, das Schwerste, das Nieauslernbare. Dadurch bleibt nicht nur die Friedensburg im Innern des Menschen bewahret, auch das Aeußere bleibt unerschüttert. Aus innerem Frieden quillt äußere Ruhe. Daher kommt es denn auch, daß die wahre Gottseligkeit, ob sie gleich im Himmel ist, doch auf Erden für Ordnung und Ruhe arbeitet. Daher kommt es denn auch, daß gerade die gottseligsten Menschen ihr Herz und Gewissen am liebsten einem weisen Herzens= und Gewissensfreunde aufschließen und um des Geistes willen auch die Form heilig halten. Es ist nicht milde Andacht des Frommen, es ist wilde Hitze des Frömmlers, was die Zügel so gerne abwirft. Christus sagte: Gib dem Kaiser, was des Kaisers, und Gotte, was Gottes ist. Bacon lehrte: „Gib der Vernunft, was der Vernunft, und dem Glauben, was des Glaubens ist." Und wenn Du zu Deinem Freunde sprächest: Gib dem Geiste, was des Geistes, und der Form, was der Form ist, so hättest Du nicht nur im Sinn des Philosophen, Du hättest im Geiste Christi gesprochen. Weibliche Gemüther, wenn sie Morgenluft wittern, werfen gerne zu früh das Joch der Ordnung ab, trauend dem Gefühle, nicht ahnend, wie nahe Fleisch und Blut dem Geiste liegen. Gewissenstyrannei hasse ich, wie Einer, aber auch Selbstdünkel, der mit verbundenen Augen am Rande des Abgrundes spielt. Was Freund Salesius, der Milde, stets empfiehlt, das ist der goldene Mittelstand zwischen Gewissenstyrannei und Selbstdünkel, ist der Pfad der Liebe, die angstlos sich selbst unterwirft der Form, um dem Geiste in sich und Andern kein Hinderniß zu legen. Freier Sinn und Ordnungsliebe in Einem — machen den Mann. — Sei Mann!"

Im Jahre 1801 verließ Goßner das Feneberg'sche Haus, um in Augsburg zu wirken. Hier blieb er indessen nur kurze Zeit, denn schon 1804 wurde er Prediger in Dirlewang und arbeitete daselbst bis zum Jahr 1811 mit großem Segen. Von hier aus nahm er den lebhaftesten Antheil an den durch Boos erweckten Bewegungen und theilte die Leiden der Ver=

folgung, die jener und seine Freunde erleiden mußten. Unter diesem Druck wuchs in Goßners Seele die Erkenntniß der Wahrheit. Der Verkehr mit Gliedern der evangelischen Kirche nährte sie. Er trat in Beziehung zur Brüdergemeinde und las Zinzendorfs Schriften. Auch ein frommer Quäker hatte Einfluß auf seine Entwickelung. Schon regte sich in Goßner der Gedanke des Uebertritts zur evangelischen Kirche. Auch mit der evangelischen Bibelgesellschaft unterhielt er eine nahe Verbindung, wie er denn auch das Neue Testament übersetzte. Die römische Kirche erkannte, daß in Goßner nicht ihr Geist lebe und häufte über ihn Verfolgung über Verfolgung. Selbst Gefangenschaft mußte er erdulden. Da verzichtete Goßner freiwillig auf sein Pfarramt und begab sich nach München. Hier lebte er anfangs zurückgezogen, nur mit schriftstellerischer Thätigkeit beschäftigt. So entstanden viele Erbauungsbücher, auch die Uebersetzung des Neuen Testaments erhielt hier ihre Vollendung. Bald indessen bewog ihn der Trieb, die ihm eigenthümliche Gnadengabe der Predigt zu üben, dazu sich selbst zur Aushülfe im Predigen anzubieten. Viele Aufforderungen erfolgten, und offenbarer Segen ruhte auf seinem Worte. Viele schlossen sich enger an ihn an und traten zu Privaterbauungen in seinem Hause zusammen. Schon wagte er liturgische Veränderungen im öffentlichen Gottesdienste nach Maßgabe evangelischer Erkenntniß vorzunehmen. Anzeigen bei den Behörden hatten keinen Erfolg. Aber die Herausgabe der Schrift „das Herz des Menschen ein Tempel Gottes oder eine Werkstätte des Satan", sowie die Uebersetzung des Neuen Testaments erregte Anstoß und veranlaßte eine Vorladung vor das Dekanat zur Verantwortung. Allein schon war ein Ruf aus Preußen auf dem Wege. Am 8. September 1817 reiste Goßner nach Düsseldorf, um als Religionslehrer und Professor am dortigen Gymnasium zu wirken. — Mit welchen Augen sah Sailer die Thätigkeit seines Freundes an? Auf=

schluß hierüber gibt uns ein Brief, der sich in Sailers Nachlaß findet mit der Ueberschrift: „An unsern lieben Johannes. Eine Erinnerung nicht für ihn, sondern durch ihn für Andere, und wenn ihrer Niemand bedarf, für Niemand," und der nach des Herausgebers der Werke Sailers, des Domherrn Widmer, Mittheilung an Goßner gerichtet ist. Er ist zu Landshut am 6. Januar 1816 geschrieben. „Wer seinen Nachbar in die lebendige Gemeinschaft mit Gott, mit Christus, mit dem ewigen Leben gebracht hat, der hat ohne Widerrede den Geist des Christenthums in ihm geweckt. Da nun aber der Geist überall eines Gefäßes, das ihn hält, einer Nahrung, die ihn stärkt, und eines Zaumes, der ihn schützt, bedarf, so ist es unerläßlich für diesen Zögling des himmlischen Lebens, daß er sich nun auch die Gemeinschaft mit der Kirche heilig sein lasse. Dazu bedarf er nun eines demüthigen und einfältigen — (nicht dumm einfältigen, sondern edel einfältigen) Sinnes. Dieser demüthige einfältige Sinn wird ihm das Gefäß der wahrhaft göttlichen Weisheit aufschließen, daß er allmählich verstehen lerne, sowohl die Hauptlehren der Kirche als die Sakramente und die gottesdienstlichen Handlungen derselben

    a) geistig aufzufassen,
    b) geistig zu gebrauchen,
    c) geistig zu genießen.

„Da wird dem Candidaten des christlichen Lebens erst recht wohl werden. Er wird z. B. in der Beichtanstalt eine fortdauernde Reinigung und Erlösung von der Sünde und in der Meßanstalt ein fortdauerndes Opfer für die Sünde der Welt, eine fortdauernde Stärkung des geistlichen Lebens in der damit verknüpften Communion erblicken."

„Ganz anders, wer immer jenen bemüthigen Sinn und diese Wahrheit nicht erlernt hat; der wird sich

1) unvermerkt in einem geheimen Separatismus von der katholischen Kirche befangen sehen. Er wird

2) allmählich einen polemischen Sinn wider einzelne Lehren, wider die Gebräuche der Kirche anziehen und mit bewaffneter Beredsamkeit wider jene und diese zu Felde ziehen, wodurch a) die Frommen betrübt, b) die Schwachen geärgert, c) die Trennung von der Kirche immermehr herausgebildet und die Gestalt einer neuen Sekte hervorgetrieben werden muß, die dann die Macht der Bischöfe reizen und endlich nöthigen wird, die sogenannte neue Lehre zu verdammen, die Pflanzung der Religiosität zu zertreten und die Pflanze selbst zu vertreiben. Zu dem, was die scheinbare Gestalt einer neuen Sekte immer mehr herausbildete, gehörte wohl auch dies, wenn Einige in ihrem Eifer für auswärtige Andachtsformen ihre Anhänglichkeit z. B. an die Zinzendorfischen Verse und Schriften so weit trieben und so großes Gewicht darauf legten, daß sie alle eigene und häusliche Erbauung nur daraus holen zu müssen glaubten; oder wenn sie die verschrieene Lehrformel von dem Glauben, der allein rechtfertige, die unter Protestanten soviel Unheil stiftete, nun auch in Erbauungsschriften für Katholische mit Zurückdrängung katholischer Formen hervorzogen. Sollte aber auch die obengenannte äußere Verwüstung noch länger abgehalten werden können, so wäre doch damit noch nicht alles Uebel und alle Gefahr, und zwar der innern Verwüstung, entfernt. Denn wer nicht demüthig und einfältig des Geistes genug besitzt, sich in der heiligen Gemeinschaft mit der Kirche zu erhalten, der wird den unzähligen Anlässen und Reizen in Schwärmereien der Einbildung, in Irrthümern des Verstandes, in Sünden fleischlicher Freiheit verstrickt zu werden, auf die Dauer wohl nicht entgehen können; es fehlt ihm, getrennt von der Kirche, an einer Leuchte, an einem Stabe, an einem Führer, außer ihm, außer seinem Dünkel."

Achtes Kapitel.

„Diese dreierlei Gefahren sind besonders drohend für die weiblichen Seelen, weil sie, statt eine stille Armelle zu sein und nach Paulus in der Kirche oder mit Maria zu den Füßen Jesu zu sitzen, viel lieber reden und herrschen möchten, wozu sie, zumal ihnen alle gelehrte Bildung fehlt, untüchtiger sind, als sie glauben können."

„Hierzu kommen noch zweierlei Erscheinungen, die die Gährung noch größer machen dürften."

„Erstens: Religiöse Gemeinschaften, wenn sie nicht einem erleuchteten Führer folgen, lassen sich gar zu leicht zu einem Hasse der Wissenschaft und zur Verachtung aller Gelehrsamkeit verleiten, wodurch sie den ganzen gebildeten Theil der Nation wider sich bewaffnen und sich als Feinde des Lichts und als Kinder der Finsterniß müssen verschreien lassen. Wohl mag dieser Haß der Wissenschaft meistens erdichtet und vergrößert sein, allein, Etwas muß doch wohl daran sein. Und das ist schon gefehlt. Denn Wissen, Kunst und Kultur aller Art gehören nun einmal so gut in die Weltregierung hinein, wie die Sonne, der Mond und die Sterne in die physische Weltordnung, und alle Kunst und alle Kultur steht dem guten Manne recht schön an. Und gerade der Geistliche kann die Wissenschaft nicht entbehren. Nur der Dünkel der Wissenschaft schadet; sie, die Wissenschaft, nicht."

„Zweitens: Religiöse Gemüther sondern sich, wenn sie ohne weise Führung nur sich folgen, gern von Menschen ab, die sie als Kinder der Welt ansehen; mögen z. B. nicht mit einem frommen Mann zu Mittag essen, wenn ihnen seine Frau nicht fromm genug zu sein scheint. Das taugt nun abermal nichts. Warum soll man nicht mit Christus sogar an der Tafel der öffentlichen Sünder essen dürfen? Ließ doch Paulus den christlichen Mann bei der heidnischen Frau und die christliche Frau bei dem heidnischen Manne: warum wollen wir denn die Scheidungslinie so genau ziehen, da wir nicht wissen, was Gott aus uns und durch uns aus Andern machen werde. Diese Betrachtungen wollen Niemanden anklagen, Niemanden belehren, sie sind blos da, um zu erinnern an wichtige Wahrheiten, die durch alle alten und neuen und selbst durch die neuesten Erweckungsgeschichten sich bestätigen werden."

„Wohl dem Erinnerer, wenn die Erinnerung überflüssig wäre, oder wenn sie da, wo sie nicht überflüssig wäre, Eingang fände. Denn, lieben Freunde, die Wahrheit sprach einst durch Bileams Eselin, warum nicht auch durch mich?"

Dieser Brief ist offenbar höchst bezeichnend für den Umschwung, der allmählich in Sailers Anschauungen vor sich gegangen war; vergessen wir nicht, daß wir unvermerkt aus dem 18. in das 19. Jahrhundert getreten sind. Während auf enge Kreise, auf die Grenzen Baierns und Oesterreichs beschränkt, eine evangelische Bewegung sich bildete, hatte der Wendepunkt beider Jahrhunderte Erschütterungen hervorgerufen, die im staatlichen, gesellschaftlichen, religiösen Leben ganz Europa's gespürt wurden, ja die selbst andere Welttheile, wenn auch im geringeren Maße, erfaßten. Die wilden Wasser der Revolution hatten über die Länder Europa's sich ergossen, auf den Trümmern der alten Ordnung hatte der Militairdespotismus des französischen Kaisers ein neues Gebäude aufgerichtet, dessen Räume immer weiter sich dehnten, um alle Völker Europa's in sich aufzunehmen. Aber das stolze Haus war gefallen, die Nationen hatten sich geweigert, am neuen babylonischen Thurme mitzubauen; zurückgekehrt zur alten Sitte, zum alten eigenthümlichen Leben hatten sie die Sicherheit und Kraft gewonnen, das Gehege des Zwingherrn zu verlassen und die Hütten eigenen politischen Lebens zu gründen. Der Schwindelgeist des Weltbürgerthums, dessen Triebe das Kaiserthum Napoleons beherrschten, die dämonische Gewalt, die es nicht blos durch die siegreichen Waffen, die es noch mehr durch den blendenden Glanz der Worte ausübte, die auf den Fahnen der Heere standen — sie hatten aufgehört, die Völker zu bethören. Zerrissen wurden die Ketten, mit denen das Weltreich die einzelnen Völker umschlungen hatte, und die Freiheit des nationalen Lebens wurde fortan die begeisternde Losung. Alles Individuelle regte sich, das Zusammengehörige wurde sich seiner Einheit bewußt, man erkannte sich wieder in der eigenen Vergangenheit, in der eigenen Geschichte. Dieser individuelle Zug, welcher die ersten Jahrzehnte des neuen Jahrhunderts kennzeichnet, offenbart sich auch in den Bestrebungen des kirchlichen Lebens. Hatten am Schluß des 18. Jahrhunderts die einzelnen Christen abgesehen von den eigenthümlichen Kirchen, deren Glieder sie waren, und im Allgemeinen des Christlichen, sich allein heimisch gefühlt, so erwachte jetzt das Bewußtsein einer bestimmten, geschichtlich gegebenen Kirche anzugehören, regte sich der Glaube, in jenen dogmatischen Begriffen, in diesen Formen kirchlicher Verfassung das eigene christliche Leben wieder zu finden. Der Confessionalismus war der Wiederhall, den der Ruf nach nationaler Selbständigkeit im Gebiet der Kirche erweckte. Die großen Gegensätze des Protestantismus und Katholizismus erstanden wieder von neuem in ungeschwächter Kraft, und in den Grenzen des ersteren suchten die lutherische und reformirte Kirche sich eigenthümlich zu gestalten. Kein Wunder, daß auch Sailer sich von denen zurückzog, welche evangelischen Glauben, evangelische Anschauungen, Begriffe, Schriften, Gesänge und Gebräuche in die katholische Kirche verpflanzten; daß ihm der Gegensatz zwischen Glauben und Unglauben in den Hintergrund trat gegenüber der äußeren kirchlichen Einheit, und er noch ängstlicher als vorher sich bemühte, die gegebenen Formen und Lehren des Katholizismus so auszubeuten, daß sein religiöses Leben so wenig Anstoß als möglich daran nehmen könnte. Die Geringschätzung, welche die Erweckten wohl hier und da der Wissenschaft und dem wissenschaftlichen Berufe erwiesen, mußte Sailer, dem theologischen Lehrer, besonders peinlich sein, mochte ihn vielleicht auch persönlich verletzen. Geändert hatten sich auch die amtlichen Verhältnisse Sailers, auch seine Umgebung fing an, eine neue zu werden.

Als im Jahre 1799 der Churfürst Karl Theodor gestorben und an seine Stelle Maximilian Joseph getreten war, hörte Sailers unfreiwillige Muße auf. Im November 1799 wurde er Professor der Theologie in Ingolstadt; und als im folgenden Jahre die Universität von dort nach Landshut verlegt wurde, zog Sailer mit hinüber. Eine reiche, anhaltende, gesegnete Wirksamkeit öffnete sich hier für ihn. Die mannigfaltigsten Gebiete der Wissenschaft pflegte er; Moral und Pastoraltheologie, Homiletik, Katechetik und Liturgik, auch Pädagogik wurden von ihm vorgetragen. Außerdem hielt er Privatvorlesungen über Sinn und Geist der Heiligen Schrift, und Mitglieder aller Fakultäten suchte er in Betrachtungen über die Religion zu christlichem Sinn und Verständniß zu führen. Als Universitätsprediger gewann er noch unmittelbarern Zugang zu den jugendlichen Gemüthern, und in dem öfters von ihm bekleideten Amt eines Universitätsseniors zeigte sich ihm ein neuer Weg, für das Wohl der Akademie zu wirken. Weit über die Grenzen Baierns hinaus erstreckte sich seine Thätigkeit; vom Rheine her, aus der Schweiz, aus Würtemberg kamen junge Männer, von seinem Namen angelockt. Aus fremden Ländern kamen Berufungen; Stuttgart, Heidelberg und Mainz, Klagenfurt und Breslau luden ihn ein, in ihrer Mitte zu wirken; ja 1818 erging selbst die ehrende Aufforderung an ihn, den erledigten Stuhl des Erzbischofs von Köln zu besteigen. Allein Sailer blieb; der patriotische Sinn, die Anhänglichkeit an sein besonderes Vaterland, vielleicht auch sein Ruhe liebendes, Veränderungen der Wirksamkeit abgeneigtes Temperament hielt ihn zurück.

Achtes Kapitel.

Hier machte auch Heinrich Steffens*) die Bekanntschaft Sailers. „Eine für mich höchst wichtige Bekanntschaft, die bei meiner damaligen Stimmung geeignet war, ein wichtiges Moment in der Entwickelung meines Lebens zu bilden, machte mir den kurzen Aufenthalt von wenigen Tagen in Landshut auf immer unvergeßlich. Ich lernte hier den theologischen Professor, später Bischof in Regensburg, Sailer, kennen. Seine Uebersetzung von Thomas a Kempis Nachfolge Christi war mir schon seit längerer Zeit in meinen besten Stunden ein theures Buch geworden. Wir schlossen uns innig an einander; er verleugnete seine Gesinnung nicht, aber er drängte sich nicht auf. Was mich zum Katholiken machte, wenn ich mit ihm sprach, machte ihn in meinen Augen zum Protestanten, und nie trat mir die Einheit des Christenthums in allen seinen Formen inniger, tiefer entgegen; seine offene unbefangene Freundlichkeit übte eine recht eigentliche religiöse Gewalt über mich aus, und mir war es, wenn ich ihn sah, wenn ich ihn sprechen hörte, als würden mir alle jene, sonst lästigen Ceremonien, alles Nebelwerk des Katholizismus durchsichtig, daß ich den reinen innersten Herzenskern desselben entdeckte. — — Sailer wußte den ernsthaftesten Gesprächen eine durchaus freie Bedeutung zu geben. Sie traten völlig natürlich hervor, sie nahmen bald eine rein menschliche, bald eine streng wissenschaftliche, dann selbst andächtige Wendung; immer aber drang das stille Element reiner christlicher Hingebung durch alle Gegenstände hindurch, und eine gläubige Zuversicht, eine unsägliche, liebevolle Freundlichkeit und Milde leuchteten aus Allem hervor, was er sprach und äußerte. Traten Andere hinzu, so nahm zwar die Unterhaltung eine andere Wendung, er ging in die fröhliche Richtung der Gespräche unbefangen ein. Leichte Scherze vernahm er gern und

---

*) Was ich erlebte. Bd. 8, S. 353—55.

erwiderte sie, aber mir war es doch, als leuchtete das heilige Licht der ernsteren Stunden über alle diejenigen, die ihm nahe waren, nicht als ein beschwerliches blendendes, vielmehr als ein Lebenslicht, welches bewußtlos fast alle Aeußerungen leitete, ja freier entwickelte, nicht hemmte oder fesselte. Sailer gehörte nicht zu den sogenannten Geistreichen. Tiefe überraschende Ideen hörte ich von ihm nicht, aber der stille Friede, die reine Liebe, des Glaubens grenzenlose Macht gaben dem einfachsten Ausdruck eine wunderbar tiefe Bedeutung."

So war jetzt Sailer nicht blos ein Mann, den die Christen aller Kirchen liebten und verehrten, sein Name hatte wieder einen katholisch-kirchlichen Klang gewonnen, sein Einfluß war nicht auf Privatverkehr und Schriftstellerei beschränkt, er hatte amtlichen Boden empfangen, und wenn er auch ferner durch Milde, Weitsinnigkeit und Duldung unter den Standesgenossen eine eigenthümliche und fast vereinzelte Erscheinung blieb, so schwanden doch die evangelischen Sympathieen und Verbindungen immer mehr, und nur die äußerste Neigung zu starrem Kirchenthum konnte am Sailer des 19. Jahrhunderts Anstoß nehmen. — Getrennt wurde Sailer auch von den Freunden, die seine bis dahin eingehaltene religiöse Richtung wesentlich mit bestimmt hatten, sei es, daß die äußeren Umstände, sei es, daß der Tod die Scheidung herbeiführten. Im Jahre 1806 starb Winkelhofer, am 12. Oktober 1812 wurde Feneberg abgerufen. Sieben Jahre vorher hatte der Letztere Seeg verlassen, um die Pfarrei in Böhringen bei Ulm zu verwalten. Mancherlei Leid mußte er noch vor seinem Lebensende ertragen. Es war ihm nicht gelungen, seine Geldverhältnisse in eine erfreuliche Lage zu bringen, er hatte immer mit Armuth und Sorgen für den Lebensunterhalt zu kämpfen. Und doch wollte er gern schuldenfrei sterben. Da legte sich denn der alternde Mann mancherlei Entbehrungen auf, er versagte sich den Genuß des Weins und vertauschte ihn mit Bier, sogar entließ er seinen Hülfspriester, letzteres war für ihn um so schmerzlicher, als ihn ein Augenleiden befiel. Schon fürchtete er zu erblinden und klagte: „Gütiger Himmel, hast Du am rechten Fuße noch nicht genug, willst Du auch das Auge noch." Allein er wurde geheilt. Und bald ging er hin zu den Hütten der Seligen, von deren Augen alle Thränen um Noth, Leiden und Krankheit abgewischt sind. — Martin Boos hatte sich von Oesterreich nach Baiern begeben und daselbst auf dem Gute eines Freundes verweilt, mit dem Unterricht der Kinder desselben beschäftigt. Eine schwere Krankheit befiel ihn hier, die Folge der vielen Leib und Seele aufreibenden Leiden, die er hatte ertragen müssen. 1817 ging er als Professor und Religionslehrer nach Düsseldorf, wohin ihm Goßner bald nachfolgte. Diese Stellung entsprach nicht den Neigungen Boos', für wissenschaftliche Beschäftigung hatte er wenig Interesse, ihn zog nur an, was das religiöse Leben des Gemüths berührt. Nur der Religionsunterricht und die zwei wöchentlichen Predigten, zu denen er verpflichtet war, hatten für ihn Reiz. Gern vertauschte er daher dies Amt mit einer Landpfarre und zog 1819 als Geistlicher nach Sayn. Hier in einer finstern Bergschlucht, in welche nur selten das Licht der Sonne drang, verlebte er seine letzten Jahre, ohne Verfolgung von Außen zu dulden, aber auch ohne sinnfällige Erweckungen zu bewirken. Er hatte genug gearbeitet, die müde Seele sollte jetzt in Abgeschlossenheit und Stille den inneren Frieden gewinnen, durch den sie zur Reife und innern Vollendung gelangt. Am 19. August 1825 entschlief er. — Auch Goßner blieb nicht lange in Düsseldorf. Schon nach einem Jahre folgte er einer kaiserlichen Berufung nach St. Petersburg. Hier eröffnete sich ihm eine umfassende Wirksamkeit. Seine Predigten versammelten eine Fülle von Andächtigen, die den verschiedensten Ständen und kirchlichen Gemeinschaften angehörten. Tief-

greifende, erschütternde Bewegungen erfaßten oft die ganze
Versammlung, und nur der heiligen Nüchternheit Goßners
gelang es, die Klippen der Schwärmerei und Sektirerei zu
vermeiden. Aber es blieb, wie zu erwarten, trotzdem Feind=
schaft nicht aus. Diese traf ihn nicht allein, weil der Neid
der Geistlichen, die mit keinem oder geringem Erfolge arbei=
teten, an dem Segen seiner Wirksamkeit Anstoß nehmen
mußte, auch nicht blos, weil der Weltsinn und das weltliche
Treiben durch die Predigt der Buße und des Glaubens ge=
kränkt wurde — es kamen noch andere Gründe hinzu. Denn
im Auftrag welcher Kirche predigte Goßner? Der römisch=
katholischen gehörte er freilich noch an, aber er war ihr inner=
lich entfremdet, der evangelischen Kirche stand er innerlich
nah, ohne doch schon auch ihr äußeres Glied zu sein. Am
feindlichsten stand er dem griechischen Katholizismus gegenüber.
Denn was war ihm wohl weniger verwandt, als todter For=
mendienst, ihm, dem Manne voll Geist und Leben! So
konnte es dahin kommen, daß das Zusammenwirken seiner
Feinde den Kaiser bewog, seiner eigenen Neigung zuwider,
Goßner die Erlaubniß zur Predigt zu entziehen und des Lan=
des zu verweisen. Er begab sich nun nach Deutschland;
Berlin, Altona, Hamburg und Leipzig waren die Städte, in
denen er seinen Aufenthalt nahm, nur mit schriftstellerischer
Thätigkeit beschäftigt. Wenn auch seine Neigung ihn davon
zurückhielt, sich einer bestimmten kirchlichen Gemeinschaft an=
zuschließen, und er wohl am liebsten im allgemeinen Christ=
lichen sich bewegte, so vermochte ihn doch der Drang zur
Predigt und der Wunsch, allerlei Unbequemlichkeiten, die ihm
aus seiner Ungebundenheit erwuchsen, zu vermeiden, Glied
der evangelischen Kirche zu werden und das Berliner Con=
sistorium um Anstellung zu bitten. Nach mancherlei Bedenken
erklärte sich dies bereit, und am 12. April 1829, an einem
Palmsonntag, hielt Goßner in der böhmischen Kirche zu Ber=

Achtes Kapitel.

lin, als Pfarrer der böhmischen Gemeinde daselbst, seine Antrittspredigt. Hier war er wirksam bis zum Jahre 1846, indem er zugleich mancherlei Wohlthätigkeitsanstalten, gründend und pflegend, seine Arbeit widmete. Vor Allem war er rastlos thätig im Gebiet der Heidenmission, durch ihn entstand eine besondere Missionsgesellschaft, welche durch eine fast ausschließlich religiöse Bildung ihrer Sendboten, durch Wahl derselben aus den niedern Volksschichten, sich eine eigenthümliche Einfalt erworben und bewahrt hat. Als Vater, als Selbstbeherrscher mit strengem und doch liebevoll mildem Stabe leitete er diese Mission, verehrt, geachtet und geliebt von den Missionaren. 1846 legte er das Predigtamt nieder und zog sich in das Elisabethkrankenhaus zurück. Seelsorge und sonntägliche Predigt füllten seine Thätigkeit aus. Viele holten auch noch jetzt von ihm Rath und Trost, und aus den entlegensten Theilen der Stadt sammelte sich im kleinen Saale des Sonntags ein Kreis andächtiger Hörer, die auf seine aus dem Innersten entsprungenen, ursprünglich gedachten und gesprochenen Glaubenszeugnisse lauschten. Die Mission pflegte er bis zu seinem Tode. Am 30. März 1858 starb er, 85 Jahre alt. Er war in Berlin eine durchaus eigenthümliche Erscheinung, mit wenigen Amtsgenossen stand er in naher Verbindung. Schlicht und grade, tief und innig, körnig und ursprünglich, in Allem naturwüchsig, keiner Partei angehörig, vom Pietismus durch Weitsinnigkeit, durch Klarheit vom Mystizismus geschieden, lebte er mitten unter Parteibestrebungen mannigfaltigster Art, mitten unter einer Bevölkerung, in welcher die Civilisation durch ausgesuchte Formen des Verkehrs, durch Einengung und Unterdrückung des Individuellen, ebene und glatte Bahnen geschaffen hatte. Der Strom des Weltlebens rauschte an ihm vorüber, aber seine Wellen riefen ihm nur zu: Es ist Alles eitel; und der vielgeschäftigen Menge der Hauptstadt verkündete er allezeit, daß nur Eines noth sei. —

Neuntes Kapitel.

Die Fanatiker der römischen Kirche wirken gegen Sailer. Sailers öffentliche Erklärung, in der er sich über seine kirchliche Stellung ausspricht. Die Lossagung Boos' vom Aftermystizismus. Sailers kirchliche und bürgerliche Würden. Sailers Tod. Wittmann und Diepenbrock.

So waren sie denn Alle weggezogen, die Freunde Sailers aus den letzten Jahrzehnten des achtzehnten Jahrhunderts. Winkelhofer und Feneberg hatte der Herr abgerufen, Boos und Goßner hatten ein neues irdisches Vaterland gefunden. Damit waren dem katholischen Baiern die hervorragenden Führer der evangelischen Bewegung entzogen worden, und in Sailers Gemüth mußte die Erinnerung an die eigene Theilnahme an derselben in gedämpftem Lichte erscheinen, da die unmittelbare Umgebung und die unmittelbaren Verhältnisse sie nicht nährten. Doch der höhere Clerus Baierns hatte Sailers Vergangenheit und Entwickelung nicht vergessen. Im Jahre 1819 wurde Sailer zum Bischof von Augsburg gewählt, ohne indessen die päpstliche Bestätigung zu erhalten. Offenbar waren die Berichte der Münchener Nunziatur Ursache. Als Grund wurde angegeben Sailers Mystizismus. Hiervon spricht sich Sailer frei: „Was die Anschuldigungen des Mystizismus betrifft, die jener Zurückweisung zum Motiv gegeben wurden, so sind sie in Hinsicht auf meine Person durchaus falsch, denn ich habe nie eine andere Gottseligkeit gelehrt, als die a) mit dem Gehorsam gegen die Kirche, b) mit dem Gebrauch der heiligen Sakramente und c) mit steter Erfüllung der Berufspflichten verbunden ist, was ich auch mit aller Schärfe darthun könnte. Ich unterscheide mit allen erleuchteten Kirchenlehrern in der katholischen Religion ein doppeltes Leben, das nur in der Einheit gedeihen und in der Trennung sich unmöglich halten kann, ein inneres und ein äußeres Leben." Außerdem gab er eine Erklärung ab, durch welche er seiner Uebereinstimmung mit der Kirche einen bestimmten Ausdruck gab. Sie ist lateinisch und deutsch abgefaßt und findet sich im 9. Bande seiner Werke unter dem Titel: „de se ipso".

„Wenn es nach Salomo und aller gesunden Vernunft eine Zeit gibt, zu reden, und eine, zu schweigen, so muß wohl auch das Schweigen des Mannes von sich selbst und das Reden von sich selbst seine eigene Zeit haben. Das Schweigen von sich selbst muß dem klugen Manne Regel, das Reden eine Ausnahme sein. Insbesondere schweigt der Christ so lange von sich, bis ihn eine heilige Nothwendigkeit drängt, von sich zu reden. Die heilige Nothwendigkeit ist keine andere als die der Pflicht. Von dieser Pflicht allein gedrungen rede ich von mir. Ich sage: Von der Pflicht allein gedrungen. Denn es schreckt mich keine Furcht, es lockt mich keine Hoffnung, es zwingt mich kein Machtbefehl, das Stillschweigen zu brechen, das ich mir bei mancherlei offenbar falschen Anschuldigungen geboten hatte und bisher gebieten durfte. Aber nachdem die Versicherung höchst glaubwürdiger Männer mir die Gewißheit verschaffte, daß die genannten Anschuldigungen den Weg selbst bis zum heiligen Vater in Rom zu finden, und daß man (Gott weiß, daß ich Wahrheit schreibe) Christo und der Kirche treu ergebene Gemüther auf mancherlei Weise verdächtig zu machen wußte: so hielt ich es für Unrecht, länger zu schweigen, und glaubte es mir als Mitglied der katholischen Kirche, als Priester, als Doctor der Theologie, als öffentlichem Lehrer derselben, und auch als Schriftsteller schuldig zu sein, der Wahrheit das Zeugniß zu geben, das ich ihr in der ruhigsten Stunde meines Lebens, mit heiterer Stirne und mit reinem Gemüthe, nach meinem innersten Bewußtsein und wie vor dem Auge der ewigen Wahrheit hiermit gebe. Vor dem Auge der Wahrheit erkläre ich mit der höchsten Einfalt, die dem Jünger Christi ziemt:

1) daß ich der heiligen katholischen apostolischen römischen Kirche mit der Pietät eines Sohnes, mit dem Glauben eines wahren Christen und mit der Wissenschaft und Einsicht eines katholischen Theologen anhange, standhaft, aufrichtig und wahrhaft, und es mir zur höchsten Ehre rechne, der katholischen Wahrheit mit voller Ueberzeugung zugethan zu sein.

Ich erkläre vor dem Auge der Wahrheit

2) daß ich verdamme alle Grundsätze, Maximen, der Pseudomystiker der ältern und neuern Zeit, unter welchem Namen sie immer umhergeboten werden mögen; alle Grundsätze nämlich, die das gläubige Gemüth von der gesunden Vernunft zu den Täuschungen der Phantasie, von dem Geiste der Universalkirche zum Privatgeiste, von dem Gehorsam gegen geistliche und weltliche Obrigkeit zur falschen Freiheit des Gemüths hinüberlocken und eben deßhalb meinem Gemüthe stets fremde waren, und alle anderen Irrthümer, welche die heilige, katholische, apostolische, römische Kirche verdammt.

Ich erkläre vor dem Auge der ewigen Wahrheit

3) daß, wenn es mir wider all mein Bewußtsein und all mein Wollen begegnet sein sollte, in meinen Büchern, Schriften, Gesprächen irgend etwas von der Wahrheit Abweichendes, irgend einen Irrthum zu behaupten, ich denselben verwerfe und dem Beispiele des großen Fenelons nachfolgend in allem mich dem Urtheile des höchsten Oberhauptes der Kirche unterwerfen und auf diese Weise der Wahrheit zum Siege, der Kirche zu Frieden und Eintracht, mir zur Ehre des Gehorsams Glück wünschen werde. Diese Erklärung, die ich am 17. November 1820, gerade bei meinem Eintritt in mein siebenzigstes Lebensjahr mit freiem Gemüthe gegeben und mit eigener Hand unterzeichnet habe, erneuere und be=

stätige ich heute am 17. November 1830 bei meinem Eintritt in mein 80. Lebensjahr und unterzeichne sie mit meiner Hand

Johann Michael von Sailer,
Bischof von Regensburg.

An der Aechtheit dieses Aktenstücks ist wohl nicht zu zweifeln, es trägt den Stempel der Sailer'schen Eigenthümlichkeit und steht im Einklang mit seiner weichen biegsamen Sinnesweise, die schon aus innerem Unbehagen an Widersprüchen zu deren Ausgleichung sich getrieben fühlte. Daß er diesem Naturhang selbst bis zur Verleugnung des eigenen Rechts und der darin enthaltenen Wahrheit folgte, und hierbei der Verpflichtung zur Demuth zu gehorchen glaubte, darin zeigt sich der römisch-katholische Zug, welcher die Wahrheit in der jeweiligen kirchlichen Autorität verkörpert sieht und die eigene Ueberzeugung derselben opfert. Auch in dieser Stellung zur Kirche wurde Sailer seinem Ideale Fenelon ähnlich, im falschen Gehorsam, der aus der falschen Demuth erwächst, und nicht sowohl als ein Zuviel, sondern als ein Zuwenig der Selbstverläugnung anzusehen ist.

Läßt sich Sailers Handlung leicht aus seinem Wesen erklären, so treten größere Schwierigkeiten ein in der Beurtheilung des gleichen Schrittes, den Boos gethan hat. Hören wir, wie er sich selbst darüber ausspricht: „Den 12. Oktober 1823 ließ mein Generalvikar, ernannter Bischof von Trier, ein Schreiben an mich ergehen, worin er sein Bedauern äußert, daß ich im Hirtenbriefe des Bischofs von A. und andern öffentlichen Schriften immer noch als das Haupt der Aftermystiker erwähnt würde, da ich doch so ruhig und stille hier unter ihnen lebte; daß man alte Dinge immer wieder aufwärme. Ich solle daher allem Antheil und Hinneigen zu dem Aftermystizismus öffentlich und laut entsagen, ihn verdammen und verwerfen, und bezeugen, daß ich den wahren Grundsätzen der katholischen Kirche anhange und darauf zu leben und zu lehren mich anheischig mache. Dies war der Kanonenschuß, nicht auf einen katholisch-apostolischen Glauben, sondern lediglich auf den Aftermystizismus, der leider auch immer neben der heiligen Pflanze des lebendigen Glaubens, wie das Unkraut neben dem Waizen, mit aufwächst. Dem After — dachte ich — und allen aftermystischen Dingen — kannst Du wohl entsagen mit ruhigem Gewissen, weil Dich Dein General-Vikar dazu auffordert, wie Sailer vor zwei Jahren, unbeschadet des lebendigen Glaubens an Christum, dessen Abschwörung man von dir gar nicht fordert. Darum schwur ich und erklärte mich mit vielen Erläuterungen und Ausnahmen, und mit dem ausdrücklichen Beisatze, daß, wenn man unter dem Aftermystizismus den alten, reinen apostolischen und lebendigen Glauben verstände, den ich immer gepredigt hätte, so müßte ich diese meine Erklärung zurücknehmen, und er möchte für diesen Fall keinen Gebrauch davon machen! — — Es ist ja bekannt, daß sie unter Aftermystizismus eine gefährliche geheime Gesellschaft verstehen, die den Staat und die Kirche zugleich bedrohe. Wer sollte sich nicht dagegen erklären und so was ohne Anstand verwerfen und verdammen?" — —

Es ist offenbar eine große Selbsttäuschung, in der sich Boos befand. Er wußte, daß unter dem Aftermystizismus die Kirche nichts Anderes verstand, als die Bewegung, deren Leiter er gewesen war, geschah doch die Aufforderung, denselben abzuschwören, deßhalb, weil er als Führer desselben genannt wurde. Er wußte, daß er und die Kirche etwas ganz Anderes unter Aftermystizismus verstanden. Er sollte doch in der That auch nicht abschwören, was er als Aftermystizismus ansah, sondern was die Kirche als solchen ansah. Nur diese sophistische Selbsttäuschung, die selbst ein so edler Mann, wie Boos, begehen konnte, macht seinen Schritt erklärlich. Gleiche, ja größere Schuld trägt aber die Kirche, die mit jener scheinbaren Unterwerfung zufrieden war, und auf das unehrliche Spiel mit dem Auge des Siegers hinblickte! — Im Jahr 1821 wurde Sailer Domkapitular zu Regensburg, besonders durch den Einfluß des neuen bairischen Regenten, König Ludwigs, welcher Sailer auch fernerhin viele Zeichen des Wohlwollens und der Verehrung gab. Im Herbste des folgenden Jahres erhielt Sailer das Amt des Generalvikars und Coadjutors des Bischofs von Regensburg, v. Wolf, mit der Aussicht, sein unmittelbarer Nachfolger zu werden. Die Bestätigung Pius VIII. erfolgte, zugleich mit der Ernennung zum Bischof von Germanikopolis in partibus infidelium. Die Pflichten des neuen Amtes erfüllte er mit großem Eifer, durch zahlreiche Visitationsreisen überzeugte er sich selbst vom Stand des religiösen Lebens bei Geistlichen und Gemeinden, viel Sorgfalt widmete er der Schule, die Geistlichen suchte er durch regelmäßige Zusammenkünfte enger zu verbinden, und durch vielfachen mündlichen Verkehr selbst in nahe Beziehungen zu ihnen zu treten. Neue Ehren brachten die folgenden Jahre, 1825 erhielt Sailer die Würde eines Dompropstes, König Ludwig erhob ihn in den Adelstand, 1826 empfing er den Civilverdienstorden der bairischen Krone, und 1828 ließ König Ludwig ihm das eine Meile von Regensburg gelegene Schloß Barbing meubliren und übergab es ihm zur Nutznießung. Dort wohnte er fast regelmäßig in der schönen Jahreszeit, häufig von König Ludwig besucht.

Drei Jahre vorher, am 3. September 1825, hatte Sailer die Erinnerung an die vor 50 Jahren empfangene Priesterweihe festlich begehen können. An seine Freunde richtete er folgende Einladung:

Lieben Freunde!

Da am 23. September laufenden Jahres das fünfzigste, das Jubeljahr meines Priesterlebens beginnt und ich diesen

Tag ohne alles Gepränge blos mit einem Dankamte in unserer Domkirche zu feiern vorhabe, so lade ich mit diesem Rundschreiben meine ferneren Freunde ein, daß sie (weil sie sich denn doch in der Domkirche zu Regensburg an diesem Tage nicht zusammenfinden können, wie sie in meinem Herzen zusammenleben) sich im Geiste mit mir vereinigen zum gemeinsamen Flehen, zum Bitten und zum Danken für mich und für einander — nach dem sinnvollen Worte, das so oft Inhalt und Seele unserer mündlichen Unterhaltungen war, das den besten Wunsch, das seligste Geschäft und die schönste Hoffnung eines christlichen Gemüthes ausspricht: Nihil solliciti sitis, sed in omni oratione et obsecratione cum gratiarum actione petitiones vestrae innotescant apud deum. Et pax dei, quae exsuperat omnem sensum, custodiat corda vestra et intelligentias vestras in Christo Jesu (Phil. IV, 6—7).

Regensburg, den 23. August 1825.

Bischof von Germanikopolis,
Coadjutor und Dompropst von Regensburg.

In sein Tagebuch aber schrieb er: „Heute röthet sich das fünfzigste, das Jubeljahr meiner Weihung zum Priester der katholischen Kirche. — In der Jubelmesse sprach der Herr zu mir: Je mehr sich Dein Herz von aller Anhänglichkeit an das Irdische losgerissen haben wird, desto geistlicher werden dem Gemüth Sehnen, Gedanken, Wort, Blick, That, Gebärde u. s. w. sein. Und desto geistlicher Du selber wirst, desto mehr werden Dir die Natur und die Geschichte Bilder zur weitern Verklärung Deines Innersten und Spiegel und Wiederhall Deines wirklichen Seins. Die fünfzig Jahre, die wie ein Morgentraum vorüber sind, geben mir das Infinitesimum von einem Ewigkeitsblicke, dem die Vergangenheit, die Gegenwart und die Zukunft als ein Ganzes erscheinen, dessen Mittelpunkt Gnade, dessen Umkreis lauter Barmherzigkeit ist."

Im Jahre 1829 wurde Sailer zum Bischof von Regensburg ernannt. „Den 23. August 1829 Morgens 9 Uhr saß ich," erzählt er selbst, „als Reconvalescent in einem stärkenden Bade, das von dem aufgelösten Stahle eine ganz schwarze Farbe hatte. Da trat einer meiner Hausgenossen, der mich oft durch seinen Witz zu erheitern suchte, herein und sagte: „Wie, Sie sitzen da im schwarzen Meere und sollten doch eher in der Regensburger Donau sitzen." Ich verstand nicht ganz, was er meinte. Als ich nach dem Bade eine Stunde geruht hatte, trat er wieder zu mir an's Bett und sagte: „Sie mögen wohl ruhen, Hochwürdigster! Denn Sie haben heute schon eine große Reise gemacht." — Eine große Reise! sagte ich. „Ja, von Germanikopolis nach Regensburg." — Jetzt verstand ich den Sinn. Der 86jährige hochwürdigste Bischof von Regensburg, den man in den letzten Tagen schon sehr krank gesagt hatte, war gestorben und ich, als Coadjutor und ernannter Nachfolger, trat an seine Stelle."

Nicht lange Zeit verwaltete Sailer das bischöfliche Amt, am 18. Mai 1832 empfing er die Sterbesakramente. Den folgenden Tag verbrachte er in ununterbrochenem Schlaf, den 20. Mai 5 Uhr Morgens trat ein Schlagfluß ein, der seinem Leben ein Ende machte. Er war achtzig und ein halbes Jahr alt geworden. Am 21. Mai wurde er im südlichen Seitenschiff des Doms begraben. Dem Grabe gegenüber ließ König Ludwig ihm ein Denkmal errichten. Sailer sitzt als Kirchenlehrer auf dem bischöflichen Stuhl. Der Blick ist nach Oben gerichtet. Zu seinen Füßen ruhen zwei Chorknaben, von denen Einer ein Buch hält, in dem Sailer zu schreiben scheint. — Die letzten Jahre verlebte Sailer im Verkehr mit zwei Männern, die auf ihn, wie er auf sie, bedeutenden Einfluß ausübten. Diese Verbindung bildet den geistigen Umschwung ab, der im Laufe der Zeit in Sailer vorgegangen war. Eine weite Kluft ist zwischen den alten und neuen Freunden Sailers befestigt, weiter fast als die, welche den jugendlichen vom alternden Sailer scheidet. Der eine von ihnen war Georg Michael Wittmann. Ihn schildert treffend die Trauerrede Diepenbrocks: „Seit fünf und vierzig Jahren wandelte täglich zu gewissen Stunden durch die Straßen Regensburgs mit eilfertigem Schritte ein Mann in altpriesterlicher Kleidung, mit gesenktem Haupt und Blick, ehrerbietig gegrüßt von Jedermann, und freundlich liebreich wiedergrüßend einen Jeden, nicht selten von einer Schaar Kinder begleitet, die an seinen schwarzen Mantel sich anklammerten. Sein Weg führte ihn durch die abgelegensten Gassen, in die Häuser der Armen und Kranken, in die Spitäler, in die Schulen und Kirchen. Sein eilfertiger Gang, sein gesammeltes Wesen verrieth, daß er in höherem Auftrage und Dienst einherschritt; und wo er erschien, verbreitete sich Ernst, Ehrfurcht und Friede."

Diepenbrock gibt uns auch Aufschluß über seine früheren Lebensverhältnisse und seinen Bildungsgang. „Er ist geboren den 23. Januar 1760 auf dem Finkenhammer bei Pleistein in der Oberpfalz, aus einer nicht unbemittelten Familie, in welcher aber christliche Gesinnung noch immer das schönste Erbtheil ist. Schon in der frühesten Jugend bemerkte man an dem Knaben eine auffallende Liebe zur Einsamkeit. Im zehnten Jahre kam er zu einem frommen Pfarrer nach Mißbrunn, und dort fand man ihn öfter in der Hauptkapelle eingeschlossen, wo er, anstatt kindischen Spieles, gottesdienstliche Gebräuche übte; sehr oft hörte man als Kind ihn einsam predigen, wenn er sich unbelauscht glaubte. Von da kam er in die lateinische Schule nach Amberg und genoß hier noch mehrere Jahre den trefflichen Unterricht der Jesuiten. Wenn er in den Ferien zu seinen Eltern heimkehrte, wurde ihm ein einsames Kämmerchen zum Studiren und Beten eingeräumt, das er dann auch selten verließ, und niemals eine Gesellschaft besuchte. Diese Liebe zur Einsamkeit, das Merkmal einer großen, ernsten Seele, ist ihm sein ganzes Leben hindurch bis zum Tode eigen geblieben, und nur durch sie konnte er werden, was er war, der Bürger und Zeuge einer andern Welt, als die auf dem Marktplatze des Lebens ihr vergängliches Spiel treibt. Von Amberg ging er auf die Universität Heidelberg, und legte dort den Grund zu jenem ausgebreiteten, gediegenen Wissen, das in seinen Vorträgen und Schriften so überraschend aus der schlichten anspruchslosen Form hervorleuchtet. Er machte auch von da aus eine Reise durch einen Theil von Deutschland. Im Seminar zu Regensburg empfing er noch besondere Vorbereitung für das priesterliche Amt, zu dem er 1782 geweihet wurde. Fünf Jahre wirkte er als Seelsorger auf dem Lande, dann folgte er einem Rufe zum Subregens an dem Regensburger Seminar. Großen Fleiß und Eifer entwickelte er in dieser Stellung, er begnügte sich nicht mit dem Vortrag der Wissenschaft, sondern suchte in persönlichem Verkehr mit den Einzelnen deren inneres Leben zu bilden und zu pflegen. Besonders ermunterte er die Seminaristen, künftig als Geistliche dem Unterrichte der Kinder Sorgfalt zu widmen und mit herzlicher Liebe an ihrer Erziehung zu arbeiten. 1803 wurde Wittmann erster Vorstand des Seminars, und ein Jahr später übernahm er auch die Verwaltung der Dompfarre. Damit öffnete sich ihm ein Feld neuer gesegneter Thätigkeit, das er mit der größten Aufopferung anbaute. Hier konnte er vorbildlich die Sorgfalt in der Kindererziehung zeigen, die er von seinen Zuhörern forderte. Und er zeigte sie. Mehrere Jahre hindurch gab er 37 Stunden die Woche Unterricht in der Religion. Zugleich gewährte er den hülfsbedürftigen Kindern leibliche Hülfe, soweit seine Mittel es gestatteten. Als Seelsorger trat er, ein Bote des Friedens, in die Familien, in denen die Zwietracht herrschte, und ein Wohlthäter in die Hütten der Armen. Muth und Entsagung, um der Pflicht der Nächstenliebe zu gehorchen, bewies er in Fällen allgemeinen Unglücks. Bei einer großen Wassersnoth fuhr er mit eigener Gefahr auf einem Kahne, um durch die Fenster den Bewohnern der vom Wasser umspülten Häuser Nahrungsmittel zu reichen. Als am 23. April 1809 Regensburg erstürmt wurde, wanderte er durch die Straßen, ohne die ihn umsausenden Kugeln und die Roheit der wilden Soldaten zu scheuen, half hier beim Löschen eines Feuers, brachte dort Unglücklichen Trost und Sterbenden geistliche Erquickung. Als im Jahre 1813 das Spital von Nervenfieberkranken angefüllt war, verbot er seinen Hülfsgeistlichen den Besuch derselben und übernahm allein ihre Pflege. Jene sollten sich für die Pfarrei erhalten, um ihn sei es nicht schade. Einfach war die Weise seiner Predigt, aber herzlich, aus innerer Erfahrung entsprungen. 1821 trat er als Kanonikus in das neu errichtete Domkapitel ein und 1829 wählte ihn Sailer zum Weihbischof. Diepenbrock stellt Beide vergleichend neben einander: „Der Eine von jeher mehr auf den offenen Schauplatz der Welt hingestellt, in's Weite zu wirken, der Andere durch seine Stellung auf einen engern Kreis zu mehr intensiver Wirksamkeit angewiesen, arbeiteten sie Beide für Gottes Reich, kämpften Beide gegen Unglauben, Weltsinn und Finsterniß; der Eine ein Johannes, der Jünger der Liebe, mit dem zahmen Vöglein im Schooße, der Andere ein Jakobus, der Gerechte, mit den Kamelschwielen an den Knieen vom unaufhörlichen Beten im Tempel." Der sterbende Sailer übergab Wittmann das Bisthum, aber dieser ahnte, daß er den bischöflichen Stuhl nicht besteigen werde. Noch ehe die Bestätigung des Papstes eintraf, hatte er sein Leben geendet. Als er die Nähe seines Todes fühlte, ließ er sich auf die Erde betten, ein Kruzifix vor sich hinstellen und sagte: Ich bin ein Christ, ich will unter dem Kreuze sterben.

In Wittmann stellt sich der Ernst und die Treue des christlichen Lebens dar, seiner umfassenden Gelehrsamkeit indessen entsprach weder die Fähigkeit, sie zu verarbeiten, noch die Gabe, den Gehalt des Christenthums im Gedanken zu erfassen. Er war keine schöpferische Natur. Aber es schmückte ihn tiefe Demuth, die durch die reiche Thätigkeit in Liebeswerken und die Genauigkeit in der Erfüllung kirchlicher Uebungen keinen Abbruch erlitt. Darin sehen wir Spuren evangelischen Sinnes und Glaubens. Aber freilich war auch das eigenthümlich Römische in seinem Wesen stark ausgeprägt. In seinen kirchlichen Uebungen lag etwas Mechanisches, und der Hauch des Friedens und der Freudigkeit umwehte ihn nicht. Die unterdrückte Natur machte sich in den heftigsten Ausbrüchen geltend und führte ihn oft an den Abgrund der Verzweiflung. Er war Sailer wenig verwandt und konnte in innere, nahe Beziehung zu ihm nicht treten. Bei weitem reicher angelegt, von seinerem Gefühl, von höherem Gedankenschwung, weniger vom Römischen im Katholischen beeinflußt und im ganzen Wesen Sailer verwandt, erscheint der Mann, dessen Trauerrede wir unsere Charakteristik Wittmanns entnommen haben, Melchior v. Diepenbrock.

Am Dreikönigstage 1798 wurde Diepenbrock zu Bocholt im Fürstenthum Solm-Solm geboren. Er stammte aus einer wohlhabenden und geachteten Familie, die den Adel besaß, ohne sich dessen zu bedienen. Der Vater war Hofkammerrath, ein biederer, kirchlich gesinnter, vielseitig gebildeter Mann, die Mutter eine Frau von tiefer Frömmigkeit. Kühner Sinn, der im Hang zur Tollkühnheit ausartete; höheres Streben, das in unstätem Umhertreiben sich äußerte; lebendiges Selbstgefühl, das sich im Zerrbild des Muthwillens kundgab, machten Melchior zwar zu einem anziehenden und anmuthigen, aber auch schwer zu erziehenden und zu zügelnden Knaben. Der Vater, der sich dieser Aufgabe nicht gewachsen glaubte, übergab ihn frühzeitig einem Geistlichen in Pension. Aber weder dieser, noch ein Knabeninstitut zu Münster, in das er dann aufgenommen wurde, erreichten günstige Erfolge. Sailer macht auf die Ursachen davon aufmerksam: „Ach, man muß ihn lieben und — wie man sich immer dagegen sträube, man muß ihn auch verziehen; wir Alle lieben und verziehen ihn, wie hätten die Eltern stärker sein, wie hätte die Mutter diesen Sohn nicht überaus lieben und — auch ein Bischen verziehen sollen? Melchior war leicht gereizt, seine Mutter zu sanft, der Vater zu beschäftigt, die Lehrer zu schwach, die Geschwister Mädchen." 1810 kam Melchior in's militairische Lyceum zu Bonn; aber auch hier war seines Bleibens nicht lange, denn bald wurde er wegen Verstöße gegen die Disciplin entlassen. Einige Zeit beschäftigte er sich mit den Arbeiten des Domainenbüreaus, und widmete sich nebenher unter Leitung eines jungen Mannes wissenschaftlichen Bestrebungen im Gebiet der Naturwissenschaften und der Mathematik, so wie der älteren und neueren Sprachen. Der Krieg gegen Frankreich riß ihn aus diesem Stillleben. Als Offizier folgte er den Fahnen der verbündeten Heere, aber nur auf kurze Zeit. Die Unfähigkeit, sich der militairischen Ordnung zu fügen, führte ihn in die Heimath zurück. Die verlassenen Studien nahm er wieder auf, besonders in den neueren Sprachen, und widmete viele Sorgfalt der Lektüre poetischer Erzeugnisse. Den Trieb, in der freien Natur sich zu bewegen, befriedigte er in der Jagd und Landwirthschaft. Um diese Zeit kam er mit Sailer in Berührung. Dieser hatte im Jahre 1817 seine Freunde in Westfalen besucht und war durch Clemens Brentano in das Diepenbrock'sche Haus eingeführt worden. Melchior, der in dem neuen Gast einen Träger freiheitsfeindlicher Richtungen zu sehen glaubte, hielt sich scheu zurück. Als Sailer in das Haus eintrat, verließ er dasselbe, und nur die Bitten des Bruders bewogen ihn, bei Tische zu erscheinen. Während der Mahlzeit verhielt er sich schweigsam. Gegen Ende derselben stand Sailer plötzlich auf, ergriff Melchior am Arm und sagte: Lieber Melchior, wollen wir nicht ein wenig spazieren gehen. Kaum eine halbe Stunde dauerte der Spaziergang, zu dem sich Melchior schweigend und fast willenlos entschlossen hatte. Am Tag darauf ging Melchior zur Beichte und Kommunion. Sailer reiste bald ab. Er hatte in kurzer Zeit dem auf das Höchste gerichteten, aber über die Art, dies Streben zu befriedigen, unwissenden Jüngling den Weg des Friedens gezeigt. Wenige Worte hatten genügt, die Knospe zur Blüthe zu entfalten. Diepenbrocks Stunde war gekommen. Schmerzlich vermißte nun Diepenbrock die Nähe Sailers. „Ich fühlte mich," erzählt er selbst, so einsam und verlassen, wie ein Kind, das sich im Walde verloren hat. Meine Sehnsucht nach ihm steigerte sich mit jedem Tage und nahm mich endlich so ganz und gar in Besitz, daß ich daran gestorben wäre, hätte ich ihrem mächtigen Zuge nicht folgen dürfen." Er folgte diesem Zuge und ging nach Landshut, um Cameralia zu studiren. 1819 kehrte er zurück. Ein innerer Widerspruch kämpfte in ihm, er konnte nicht volles Genüge finden in dem gewählten Studium, die erregte Seele fand in ihm keine Befriedigung, und wenn es ihn hintrieb zum geistlichen Stande, als einem Wege zum Frieden, so hielt ihn davon zurück der unruhige, in's Weite schweifende Sinn. Er scheute die engen Schranken, die den katholischen Geistlichen vom Reichthum des irdischen Lebens trennen. Dennoch entschloß er sich, in jenen abgesonderten Kreis einzutreten. Er hielt sich einige Zeit im Clerikalseminar zu Mainz auf, dann begab er sich nach Münster, endlich nach Regensburg. Am 22. Dezember 1823 erhielt er von Sailer die Subdiakonatsweihe, bald darauf folgten die übrigen. Das Band, das Diepenbrock und Sailer verknüpfte, wurde immer inniger, zumal da um jene Zeit die Mutter des Ersteren starb. Diepenbrock zog nun in Sailers Haus und wurde ihm Gehülfe, Freund, Sekretair. Der Bericht eines Augenzeugen stellt anschaulich die Art des Verkehrs dar, welcher zwischen Beiden stattfand. „In Sailers Gesicht war Sonnenschein, wenn er auf seinen jungen Freund blickte, dem er neben sich den Platz anwies, dem er eigenhändig vorlegte, und mit dem er überhaupt so viel beschäftigt war, daß er, der liebenswürdigste aller Wirthe, die übrige Gesellschaft darüber beinahe vernachlässigte. Dieses, wie ich glaube, zu entschuldigen, sagte er: Unser lieber Diepenbrock ist leidend, er war früher an starke Leibesbewegungen, war besonders viel zu reiten und zu jagen gewöhnt; daher seine jetzige so ganz veränderte Lebensweise nachtheilig auf seine Gesundheit wirkt. Diepenbrock selbst sprach nur wenig, aß noch weniger und verließ unmittelbar nach aufgehobenem Tische das Zimmer, nachdem er zuvor Sailers Hand geküßt. In der Art, wie der hochgewachsene junge Mann sich zu dem etwas kleinen, alten Sailer herabbeugte, wie dieser ihm die Linke gleichsam segnend auf den Scheitel legte, lag etwas eigenthümlich Rührendes. — — Sailer sprach gern und mit großer Wärme, aber auch mit einer gewissen geheimnißvollen Begeisterung von seinem Liebling. — — Sailer, der Diepenbrock mit der ganzen Kraft seines Wesens umfaßte, ihn wie seine eigene Jugend, seine eigene Vergangenheit liebte, konnte durch Niemanden so leicht, als durch diesen, ja er konnte durch ihn allein nur sich manchmal verletzt fühlen, während dieser seinem alten Freunde gegenüber zuweilen in den Charakter eines leidenschaftlichen eifersüchtigen Liebhabers fiel. So geschah es einmal während unserer Anwesenheit, daß eine kleine Verstimmung zwischen Beide trat. Wir hatten schon während des Mittagessens den leisen Mißklang herausgefühlt, der bis zum Abendtische sich noch gesteigert zu haben schien. Sailer sah tranrig, Diepenbrock vollkommen unglücklich aus, als Letzterer

plötzlich vom Tische aufsprang, mit raschen Schritten auf Sailer
losging und diesen, indem er ihm um den Hals fiel, mit tiefer
Rührung und wirklicher Zerknirschung um Verzeihung seines
Ungestüms bat. Wie glücklich war Sailer, und wie gern ver-
zieh er! Laß nie, mein Sohn, sprach er, einen Schatten des
Mißtrauens zwischen uns treten, laß wenigstens die Sonne
nicht über ihm untergehen. Wir Beide gehören zusammen,
Gott selbst hat uns zusammen geführt. Nun war plötzlich
Alles gut. Diepenbrock ging schnell von dem tiefsten Trüb-
sinn in die allerheiterste, glücklichste Stimmung über. Sein
Witz sprühte Funken, welche um sich greifend ein ganzes Feu-
erwerk von Humor und Laune in der Gesellschaft entzündeten.
— Als Sailer am folgenden Tage über diese Abendscene,
ohne ihre eigentliche Veranlassung zu berühren, sich gegen uns
aussprach, sagte er in Beziehung auf Diepenbrock: „Ich kann
mich nie von ihm wenden, kann nie einen Augenblick aufhören,
ihn zu lieben, denn ich kenne sein Herz, das reich und groß
ist wie kein zweites. Seine Fehler liegen im Temperament
und bilden die Schattenseiten einer glühenden Seele, ich darf
ihm jedoch das Zeugniß geben, daß er stets bemüht ist, seine
heiße Natur zu bändigen, und wenn er sein Roß reitet mit
Zaum und Zügel, ist er unter allen Menschen, welche mir auf
meinem langen Lebenswege begegneten, der Erste und Edelste.
Aber freilich, setzte er bedenklich hinzu — wenn das Roß ihn
reitet, dann wirft es Alles nieder — und auch mich."

Die Freundschaft, die Sailer und Diepenbrock verband,
war wesentlich unterschieden von der Liebesgemeinschaft, die
der erstere mit seinen früheren Freunden unterhalten hatte.
Es waren nicht gemeinsam verlebte Studienjahre, oder gemeinsame kirchliche Bestrebungen, welche die Einheit der Herzen
begründeten — es war der unmittelbare Zug persönlicher Verwandtschaft, welcher hier waltete. Sailers Zartheit und innere Harmonie, Sailers weibliche Stille und Innigkeit fesselte

Diepenbrock, und Diepenbrocks Jugendfeuer, Diepenbrocks hoher, edler Sinn, Diepenbrocks ritterliches Wesen und Manneskraft gewann ihm Sailers Freundschaft. So leuchtete noch in die letzten Tage Sailers der Glanz einer gleichsam bräutlichen Liebe hinein. Denn wie eine Braut wurde Sailer von Diepenbrock geliebt, und wie zu einem Bräutigam blickte Sailer zum starken und muthigen Diepenbrock hinauf. In der That, alle Liebe, die Diepenbrock einem Weibe hätte widmen können, übertrug er auf Sailer, wie wir denn auch nicht wissen, daß Diepenbrock sich je zu Frauen hingezogen gefühlt hätte. Die Liebe zu Sailer schloß aber nicht aus, daß große innere Kämpfe in Diepenbrocks Seele vorgehen mußten, um die innere Harmonie zu erlangen, die er in dem älteren Freunde bewunderte. Ihn zog es hin zur Jagd, er liebte es, sich auf Rossen zu tummeln, und die eigene Kraft hier zu entfalten. Aber er entzog sich diesen Uebungen, um den unruhigen Sinn zu dämpfen und die innere Stille zu pflegen. Nur der Liebe zur Natur gab er sich unbefangen hin, und blieb bis zum Ende des Lebens ihr treu. Die Mußestunden waren literarischen Beschäftigungen gewidmet. In Barbing pflegten die Freunde heiteren Frohsinn und edle Geselligkeit. Hier wurden Concerte veranstaltet oder Gedichte vorgelesen, fremde wie eigene. Die schriftstellerischen Leistungen Diepenbrocks entstanden in jener Zeit, der geistliche Blumenstrauß und die Herausgabe der Schriften Suso's. Diepenbrock war aber nicht nur Sailers Freund, er war auch sein Gehülfe. Sailer übertrug ihm wichtige Geschäfte, so unter andern die Abfassung des Hirtenbriefes bei Uebernahme des Bisthums. Als Diepenbrock das Concept vorlas, umarmte ihn Sailer und sagte: „Wie thöricht wäre es doch von mir alten Manne, wollte ich die eigenen Waffen aus der rostigen Scheide ziehen, nachdem mich Gott mit diesem wackern Degen hier umgürtete. Ohne Diepenbrock durfte ich in meinen Jahren den Bischofstuhl nicht mehr besteigen, ohne ihn könnte ich ihn nicht behaupten. Er weiß das wohl, und so weiß auch ich, daß er, wo ich seiner bedarf, mir beistehen und während des kurzen Weges, den ich noch zum Grabe habe, mir Stab und Stütze sein wird." Und an Brentano schrieb Sailer: „Diepenbrock ist mir ein wahrer Engel. Er leihet mir seine Feder, seinen Kopf und sein Herz und macht mir's so mit der Gnade Gottes möglich, daß ich meinen Beruf erfülle." Bei einer andern Gelegenheit spricht sich Sailer so über ihn aus: „Welch ein Herz ist das seine. Wen er mit halbem Herzen liebt, der besitzt einen größern Schatz der Liebe, als wenn ihm hundert Andere mit ihrem ganzen Gefühlsvermögen anhangen. Und seine Fehler sind leicht zu erkennen, denn sie liegen auf der Oberfläche einer tiefen reichen Natur: diese allzu rasche, oft unvorsichtige Handlungsweise, die gewaltige Erregbarkeit, diese Zornesflammen, welche so leicht auflodern und so schwer verletzen, in diesen Fehlern selbst, wie sehr sie auch zu beklagen sind, liegt durch die Art, wie er sie erkennt, bekämpft und bereut, eine Erhabenheit, zu der es gar viele Menschen mit ihren Tugenden nicht bringen." So urtheilte Sailer über Diepenbrock. Dieser aber bekannte, daß er mit vielen Anderen in Sailers freundlich liebem Antlitze den wegweisenden Stern aus dem Heidenlande zum Heilande, zur Krippe in Bethlehem gefunden.

Diepenbrock war Zeuge von Sailers Tod. War damit auch das enge Band gelöst, das ihn an Regensburg fesselte, so lebten doch daselbst noch manche Personen, denen er in Liebe zugethan war. Er blieb daher in jener Stadt. Seine Schwester Apollonia und sein Vater zogen zu ihm. Diepenbrock war, höhere kirchliche Aemter anzunehmen, durchaus abgeneigt. Mit Widerstreben hatte er noch bei Sailers Lebzeiten die Würde eines Domherrn angenommen. Jetzt wünschte der sterbende Wittmann ihn zum Nachfolger, aber allen Bitten blieb er unzugänglich. Kaum daß er dem Andringen König Ludwigs nachgab und die Stelle eines Domdechanten annahm. Damals schon wandte sich das Domkapitel zu Breslau vor der Wahl an ihn mit der Bitte, den erzbischöflichen Stuhl zu besteigen, er lehnte sie ab. Auch traf die Wahl des Kapitels nicht ihn, sondern einen sehr bejahrten Mann. Indessen starb nach kurzer Amtsverwaltung auch Wittmanns Nachfolger, Schwäbel, und Riedel, der nun das erledigte Amt einnahm, ernannte Diepenbrock zum Generalvikar. Da jedoch keine nahen Beziehungen zwischen beiden Männern sich bildeten, legte Diepenbrock sein Amt nieder und lebte nun ganz Beschäftigungen der Muße. Da starb der greise Erzbischof von Breslau. Von neuem wandten sich die Augen der Wähler auf Diepenbrock, und obwohl dieser wiederum ablehnte, fand dennoch die Wahl statt, und Diepenbrock gab endlich seine Bedenken auf. 1845 ergriff er den bischöflichen Stab, 1852 nahm ihm Gott denselben aus der Hand. Sailers Geist leitete ihn im neuen Amte. So schreibt er selbst (29. Dezember 1845): „Mehr als je pflege ich jetzt geistigen Umgang mit dem lieben seligen Sailer und frage mich oder ihn, wie er dies oder jenes beurtheilt, behandelt haben würde. Das gibt mir oft willkommenes Licht." Und in einem Briefe an König Ludwig von Baiern, der bald, nachdem Diepenbrock den Cardinalshut empfangen hatte, geschrieben ist, erzählt er demüthig, Sailer habe ihm oft in den heiligsten Momenten gesagt: Freund, glaube es, Gott hat uns nicht umsonst zusammen geführt. Ihm komme es nun vor, als sei es seine, des geringen Schülers und Jüngers Bestimmung, alle die Ehre und Anerkennung zu tragen, die der Lehrer und Meister so reichlich verdient und nicht erhalten habe. Sailers Geist lebte in Diepenbrock, sowohl in der Erinnerung desselben wie in der Richtung des Gemüths. Auch Diepenbrocks kirchliche Stellung spiegelt Sailers Sinnesweise ab. Wie jener immer mehr in die eigene Confession sich eingelebt hatte, ohne die Milde in der Beurtheilung der anderen Formen des christlichen Lebens abzulegen, so stellte sich auch in Diepenbrock eine schöne Verschmelzung einer alles Christliche liebevoll umfassenden und doch vor Allem der eigenen kirchlichen Gemeinschaft ergebenen Sinnes dar. Adel der Seele, Innigkeit des Gemüths, Demuth des Herzens machten ihn zu einer ausgezeichneten Erscheinung und gewannen ihm die Liebe auch von Gliedern der evangelischen Kirche. Friedrich Wilhelm IV. gab ihm viele Beweise seiner Hochachtung und Freundschaft. Mit dem Frankfurter Arzt Passavant, einem Protestanten, der auch ein Schüler Sailers war, blieb er in stetem Verkehr und ging lebhaft in dessen Bestrebungen ein, durch philosophische Vermittelungen eine Lehreinheit der evangelischen und römischen Kirche herbei zu führen. Noch die letzte Krankheit Diepenbrocks rief Passavant herbei. Demuth und Hochherzigkeit, Milde und Entschiedenheit waren der Grundzug von Diepenbrocks innerem Wesen. Aber vergessen wir nicht einen Zug, der dem Gesammtbilde wesentlich ist, den Zug der Wehmuth. Wir treten damit an das innerste Geheimniß seines Lebens heran. Die Natur hatte Diepenbrock mit einer Fülle geistiger und leiblicher Kräfte begabt, die nur im Gebiet der mannigfaltigen Thätigkeiten, deren Schauplatz die Welt ist, sich entwickeln konnten. Es regten sich diese in ihm mit Heftigkeit und Gewalt und forderten als Triebe ihr Recht und ihre Befriedigung. Diese konnte der Priester ihnen nur zum geringsten Theil gewähren, er drängte sie in sich zurück, er unterwarf sie dem Willen und opferte sie dem Beruf. Die Arbeit ward mit Erfolg gekrönt, aber der Zug der Entsagung, wie groß auch die Willigkeit des inneren Lebens war, sie zu vollbringen, blieb unauslöschbar dem geistigen Antlitz Diepenbrocks aufgedrückt.

Zehntes Kapitel.

Sailers Weisheit. Die Bestimmung des Menschen. Verstand und Gemüth. Gott ist das Leben und die Schönheit. Christus das Lebensmuster. Die menschliche Sünde. Die Gotteskindschaft als Demuth und Freiheit. Die Kraft, die vom lebendigen Christen ausgeht. Die Stufen der Heilserkenntniß. Die Kämpfe des Christen. Das Römische in Sailers Auffassung. Keine Betonung des Marienbienstes. Schutzengel und Heilige. Die Kraft des Glaubens. Gnade und Verdienst. Die Bekehrung. Die Kirche. Der Priester. Die Messe. Die Heilige Schrift. Die Familie. Die Erziehung. Das gesellige Leben. Die innere Entwicklung. Der Charakter Sailers.

Der äußere Weg, den das Leben Sailers durchschritten; der Wechsel von Ereignissen, der dasselbe erfüllt hat; der Reichthum persönlicher Beziehungen, der sich hineingeflochten, hat sich uns dargestellt. Und aus dieser Mannigfaltigkeit von Thatsachen, Verhältnissen, Erlebnissen und Zuständen tritt uns immer klarer und lebendiger das innere Bild Sailers vor Augen, seine Persönlichkeit sehen wir unter langen Kämpfen reifen und sich vollenden, entgegengesetzte Strömungen in sich aufnehmen und verschmelzen, selbst den Gegensatz zweier Jahrhunderte zum Einklang in sich stimmen. Eins bleibt uns übrig. Die Einheit des geistigen Lebens kommt zur Erscheinung in einer Gesammtheit sich gegenseitig ergänzender Anschauungen und Urtheile, deren Inhalt das menschliche Leben ist. Es bildet sich so ein in sich geschlossenes objectives Bewußtsein, in welchem sich das Innere des Gemüths spiegelt. Und so ergibt sich für uns die Aufgabe, auch Sailers Gesammtauffassung der Beziehungen des menschlichen Lebens darzulegen. Wir werden damit nicht nur einen Beleg geben, daß wir das Wesen Sailers recht verstanden haben, sondern

Zehntes Kapitel.

uns auch befähigen, dasselbe in seinen innersten Regungen zu ergreifen, das feine Geäder und die leisen Schattirungen zu erkennen. Um aus dem Ton der Stimme, der Wahl der Wörter, dem Gefüge der Sätze die Eigenthümlichkeit zu erlauschen, lassen wir Sailer selbst reden.

Das Leben der Menschen hat ihm nur Werth, insofern es stetig auf Gott gerichtet ist. „Die Bestimmung des Menschen ist, Gottes Rathschluß mit ihm und seines Gleichen erforschen, und an sich und seines Gleichen ausführen helfen, d. i. Ordnung herstellen in sich und außer sich." Religiös geartet ist ihm auch der Grund des sittlichen Lebens, die Tugend. „Man mag die Tugend setzen, worin man wolle, sie ist doch nichts anders als ein lebendiges Gottes- und Ewigkeitsgefühl, in dem sich der Entschluß, so zu handeln, daß wir im Auge Gottes und der Ewigkeit bestehen mögen, erzeuget, festiget, realisirt." Das innere Leben wurzelt aber in der Tiefe des Gemüths, nicht im Gebiet des sondernden Verstandes. „Wenn du alle Länder und alle Meere in allen Welttheilen nur auf der Landkarte im Besitze hast, so hast du bei alle diesem Besitze nichts. So auch, wenn du alle Tugend, alle Religion und alle Weisheit nur auf der Landkarte deines Denkens im Besitze hast, so hast Du von alle dem nichts." „Nicht der bloße Verstand, gemüthlos und kalt wie Stein, sondern das stille, lautere, himmlische Gemüth ist der Grund und Boden, in dem allein die rechte Erkenntniß, die unsterblich ist und unsterblich macht wie Gott — wurzeln und gedeihen kann."

„So wenig der Blinde ein Gemälde schauen kann, weil ihm das schauende Auge fehlt: so wenig kann der bloße Kopf Gott finden, weil die Vernunft, die Gott findet, das Auge, das Gott schaut, erst in einem reinen, der Thorheit und Vergänglichkeit erstorbenen Gemüthe, ausgeboren werden kann. Selig, die ein reines Herz haben, denn die werden Gott schauen — werden Gott schauen hier, so viel es im Lande der Dämmerung sein kann; werden Gott schauen dort im Lande der Klarheit, wo lauter Tag ist und keine Nacht mehr." Damit will Sailer jedoch keineswegs die Religion in die stetigem Wechsel unterworfene Empfindung gesetzt haben, er ist weit davon entfernt, diese zu überschätzen. „Was die Gefühle der Andacht betrifft, so gehen und kommen sie, aber sie, die Andacht selbst, diese ewige Richtung des Gemüths zu Gott, die bleibt, die erneuert sich im täglichen Flehen, im täglichen Kämpfen wider alles Böse, im Lesen, im Betrachten, im Umgange mit Christen, am Altare, im Leiden." „Religion faßt in sich den Ernst des Gott Suchenden und die Seligkeit des Gott Findenden." „Die wahre Andacht ist nichts anders als ein fester Blick auf die ewige Schönheit, ein sich Selbstausstrecken nach der ewigen Schönheit."

Geht so das Leben des Menschen immer von der Andacht aus und kehrt zu derselben zurück, so muß Gott, der Inhalt und das Ziel derselben sowohl als Träger wie als Spender alles wahren Lebens erkannt sein.

„Gott ist nichts anderes, als der Eine ewige unerschöpfliche Reichthum des Lebens (die ganze Fülle des Lebens, des Lichts und der Liebe) mit unendlicher Mittheilungslust und mit unbegrenzter Mittheilungsmacht."

Wie die Religion den höchsten Bedürfnissen des Gefühls Befriedigung gewährt, indem sie der Phantasie die erhebendsten Bilder zeigt, so muß Gott selbst das vollkommene, ganz hinnehmende Bild, die höchste Schönheit sein. „So wie es für das sinnliche Auge eine sinnliche Schönheit gibt, so gewiß muß es für das ewige Auge in uns eine ewige Schönheit geben, und diese ewige Schönheit ist Gott."

Die Frömmigkeit aber, von der Sailers Herz erfüllt ist, quillt aus der Gemeinschaft mit Christo, auf ihn führt er die Wahrheit des Lebens zurück. „Es kann das Sein nur vom Schöpfer, das Gutsein uns nur vom Erlöser kommen."

Und zwar geht die erlösende Kraft nicht sowohl von der Lehre, als vielmehr von dem Leben, der Persönlichkeit Jesu aus, worin jene Fleisch und Blut angenommen hat. Und hier wiederum ist es der Menschensohn, das leibhafte, wirklich gewordene Urbild des Menschenwesens, in dem das Heil sich uns darstellt und mittheilt.

„Das Beispiel Jesu ist mir nur realisirte und in ihm und an ihm versinnlichte Lehre Jesu, realisirt im Inwendigen, versinnlicht im Auswendigen — dieses göttlichen Menschenfreundes. Dies Beispiel ist auch besonders deßwegen ein Beispiel, weil es unsern Erlöser Christus mehr als eine Agonie kostete, dies Muster der Liebe gegen seinen Vater und seine Brüder zu werden. Ohne diese Agonie wäre Christus nur ein Ideal, ein Urbild des Guten sein, wie der himmlische Vater, kein Muster im strengsten Sinn!" In Christus ist nun das Weltziel erschienen, die vorchristlichen Zeiten bereiten ihn vor, die nachchristlichen eignen ihn an.

„Man mag das Christenthum setzen, worin man wolle, es ist doch nichts anders, als der besondere göttliche Geist der israelitischen Offenbarung und Verfassung in's Allgemeine übergegangen. Aus der sinnlichen Richtung eines Volkes zu Gott mußte eine geistliche Richtung aller Völker zu einem Gotte hervorgehen — mußte hervorgehen durch Christus, in dem sich der Geist der israelitischen Verfassungen, Weißagungen, Verheißungen u. s. w. konzentrirt hatte, und durch Christi Jünger, von Christi Geist belebet. Und diese hervorgegangene neue Richtung aller Völker zu Gott mußte einen neuen geistlichen sichtbaren Gottesstaat auf Erden gründen und erhalten. Und dieser neue Gottesstaat hat die Merkmale: Er kommt aus Gott durch Christus, umfaßt alle Völker, ruhet auf dem Fels Petrus und dauert, vom Geiste Christi regiert, bis an's Ende der Welt." Das innere Bedürfniß, dem die Erscheinung des Herrn volle Genüge bietet, ist die menschliche Sündhaftigkeit. In ihrem Verständniß hält Sailer die rechte Mitte zwischen der Auffassung, welche sie das Wesen des Menschen eben nur an der Oberfläche berühren, und der anderen, welche das menschliche Wesen in sie aufgehen läßt. Sailer steht zwischen Pelagius und Flacius.

„Es ist zu wenig Ernst im Menschen, um gut, und zu viel, um ganz böse — Satan zu werden. Wir haben die Qualität, zwischen Satan und Engel zu schwanken."

Ist Christus angeeignet vom Menschen, so tritt eine Umwandlung des inneren Lebens ein, das Bild Christi spiegelt sich in ihm. Damit tritt Sailer in das Gebiet, in dem er sich vor Allem heimisch weiß. Er ist kein Bußprediger im besonderen Sinne des Worts, ihn treibt es nicht, sich in den Abgrund des Bösen zu versenken, den das menschliche Herz enthält, er betrachtet die sonnigen Fluren der Gnade, er blickt in die Geheimnisse des erleuchteten, erneuerten Sinnes. Hier sieht er mit scharfem Auge, und in begeisterten Worten rühmt er die Herrlichkeit der Gotteskindschaft. Ueberall hebt er es, ächt christlich und, fügen wir hinzu, ächt evangelisch, hervor, wie hiebei auf Gottes Seite das Geben, auf des Menschen Seite das Empfangen sei. So schreibt er an Passavant (13. Juli 1813): „Sie haben bisher zwei Dinge gelernt, wie die Wege heißen, die von Gott herab in unser Herz, und wie die Wege heißen, die von unserm Herzen hinauf zu Gott führen. Die ersteren Wege sind lauter Huld, Liebe, Erbarmen, die zweiten Demuth, Gebet, Treue. Wohl uns, wenn beide einer werden." Daher ist ihm auch die Demuth christliche Grundtugend. Sie erhebt er wie im Preisgesang: „Himmlische Demuth, wie schön bist du! Stille und mit beschämtem Blicke hältst du den Schleier über das Angesicht der heiligen Liebe, daß sie kein Hauch der Eitelkeit beflecke, daß keine Selbstgefälligkeit Staub werfe in ihr reines Auge, stets aufschauend zu Gott mit Dank und niederschauend mit segnender Güte zu den Menschen. Schön ist die Demuth."

Mit dieser Demuth verbindet sich keine Schwäche, keine des Selbstgefühls entbehrende Mattigkeit. Denn der Christ ist im Besitz der Freiheit: der Gehorsam gegen Gott macht unabhängig gegen Menschen.

„Frei ist nur der, der von allem unabhängig ist, was nicht Gott und Gottes heiliger Wille ist; jeder Andere ist Sklave, die Fessel sei noch so versteckt oder vergoldet."

Ist nun der Christ Spiegel Christi, leibhaftige Frömmigkeit, so muß, mit ihm verkehren, die höchste religiöse Anregung gewähren.

„Es gibt Auserwählte, die uns nicht nur im wirklichen Anblicke, sondern auch in bloßer Erinnerung Engelsdienste thun. Ein schnell einblitzender Gedanke an sie hebt und trägt, straft und reinigt, tröstet und stärket uns schon."

„Es ist die zweite Gnade, einen frommen Christen, einen Wurzelmann (der in Gott wurzelt) in der Nähe zu sehen; denn die erste muß es sein, Ihn, den Herrn selber, zu sehen oder für ihn zu leiden."

Der Christ steht aber im Werden, er hat eine Stufenfolge der Entwickelung hinan zu schreiten. Diese bezieht sich im Gebiet des Denkens auf immer klarere und tiefere Erkenntniß Jesu Christi, die aber nur durch Erleuchtung des Heiligen Geistes und Wandel des Glaubens gewonnen werden kann.

„Aus den Früchten des Geistes in sich erkennt der Christ den Heiligen Geist, den geistigen Christus (in quo sunt omnia). Aus dem Heiligen Geist, aus dem geistigen Christus erkennt er im neuen Lichte den historischen Christus (per quem sunt omnia). Aus dem historischen Christus erkennt er den ewigen Christus, das Wort, den Sohn — im Vater und den Vater selbst (ex quo sunt omnia)."

Wohlerfahren ist er aber auch in den Kämpfen, die auf dem Wege zur Vollkommenheit liegen und bestanden werden müssen, und kundig ist er der Waffe, die der versuchten Seele sich darbietet.

„Der Mensch hat einen zweifachen Kampf, als sinnliches Wesen wider das Fleisch, als verständig-geselliges Wesen wider die Selbstgefälligkeit. Virtus in infirmitate perficitur. Fliehen erleichtert den Sieg im ersten, Nichtachten im zweiten Streite; in beiden siegt nur das augenblickliche Hinwegreißen des Gemüths von dem Reize, und das feste Hineinwerfen des Gemüthes in ein heiliges, reines, himmlisches, göttliches Element. Dieses ist das große Doppelwerk des Glaubens, der, weg von der Vergänglichkeit und aufschauend zur Unvergänglichkeit, dem Gemüthe die wahre Siegeskraft verleiht. Haec est victoria, quae vincit mundum, fides nostra."

Diese Siege des gläubigen Herzens werden unter dem Drucke des Kreuzes errungen. Deßhalb ruft Sailer einem schwer Geprüften tröstend zu:

„Die Hand, die dich, Vielleidender, belastet hat, kann dich entlasten und wird es auch, wenn der Träger, durch Lastentragen, in Entwickelung seines inneren Sinnes da ist, wo ihn die Liebe haben muß, um ihn ihrer ganz empfänglich und reich an Seligkeit machen zu können."

Wir haben in den bisherigen Aeußerungen Sailers eine Sinnesweise sich kundgeben sehen, der das evangelisch-christliche Bewußtsein seine Zustimmung nicht versagt. Aber Sailer steht auch in innerem Zusammenhang mit der römisch-katholischen Kirche, und es ergibt sich uns so die Aufgabe, auf diesen unser Augenmerk zu richten. Freilich das brauchen wir nicht zu fürchten, daß sich derselbe im Betonen der Dogmen äußern werde, in denen der Katholizismus sich im gespanntesten Gegensatz zur evangelischen Kirche befindet, in denen er sich die Sympathien des sinnlichen Volksgeistes erwirbt, wir dürfen nicht fürchten, Maria jene hervorragende Stelle einnehmen zu sehen, welche seit dem verhängnißvollen neuen Dogma ihr eingeräumt ist. Von dieser sinnlichen Richtung hält sich Sailer fern. Freilich findet sich im Gebetbuch für katholische Christen ein „Morgengebet zur göttlichen Mutter". Aber das ist nicht sowohl ein Gebet, als vielmehr eine Selbstermahnung mit Rücksicht auf das Vorbild der Maria. An demselben Orte findet sich ein Gebet am Feste Mariä, aber die Anrede ist an Gott gerichtet, und obwohl Maria heilig und rein genannt wird, so bleibt doch unbestimmt, in welchem Sinne dies geschieht. Auch ein Gebet am Feste der Himmelfahrt der Maria ist daselbst zu lesen, aber was ist sein Inhalt? Maria ist bei dem Herrn. Maria ist selig, weil sie an das Wort des Herrn geglaubet hat. Selig sind auch wir, wenn wir der Maria ähnlich werden. Schließlich, dreimal selig ist Maria, denn, den sie einst am Kreuze hängen sah, den sieht sie jetzt sitzen auf dem Throne Gottes zur Rechten des Vaters.

Wir sehen, das sind Auslassungen, wie sie ein Protestant sich allenfalls auch aneignen könnte. Bedenklicher steht Sailer in der Frage, ob Engel und Heilige anzurufen sind. Den Gebeten reiht er ein Morgengebet zu den heiligen Engeln ein.

„Ihr wachet für unser Wohl an Leib und Seele. Der uns und euch erschaffen hat, der Vater aller Geister, hat uns hier auf Erden eurer Wachsamkeit und Treue im Himmel anvertraut, ihr heißet und seid unsere Schutzengel, unsere Vormünder und Führer. Darum empfehle ich mich und alle Menschen eurer Leitung und eurem Schutze!"

An seinen Schutzengel richtet er folgendes Gebet:

„Du, mein Schutzgeist, Gottes Engel,
Weiche, weiche nicht von mir.
Leite mich durch's Thal der Mängel
Bis hinauf, hinauf zu dir.

Laß mich stets auf dieser Erde
Deiner Führung würdig sein,
Daß ich stündlich besser werde,
Nie ein Tag mich darf gereu'n.

Gehe täglich mir zur Seite,
Wann mir manche Schlaffheit winkt.
Gib mir dann auch das Geleite,
Wann mein mildes Leben sinkt.

Sei in einer Welt voll Mängel
Stets mein Schild und mein Panier,
Du, mein Schutzgeist, Gottes Engel,
Weiche, weiche nicht von mir."

Offenbar ist hier Sailer von der Neigung der römischen Kirche, zwischen Gott und den Menschen Mittelspersonen einzuschieben und denselben göttliche Ehren zu erweisen, stark beeinflußt, und die eigene Phantasie bot für dieselbe einen fruchtbaren Boden. Sorgfältiger ist die Frage von der Anrufung der Heiligen behandelt.

„Endlich können und dürfen wir die Heiligen als Freunde Gottes auch anrufen, daß sie mit uns und für uns um die Gabe der Nachahmung und um alles Gute bei Gott bitten.

Nicht, als wenn sie selbst helfen könnten; nicht, als wenn wir sie anrufen müßten; nicht, als wenn wir auf die Erbarmungen Gottes mißtrauisch wären; nicht, als wenn die Verdienste Jesu Christi um das Menschengeschlecht nicht vollgültig wären; nein, blos als Freunde Christi, die einst auf Erden gelebt haben wie wir und jetzt bei Christo sind, blos um das Mißtrauen auf unser kraftloses Gebet zu bezeugen und uns etwa auch in dem Vertrauen auf die Barmherzigkeit Gottes zu stärken, können und dürfen wir um ihre Fürbitte flehen. Sie sind bei Gott und bitten für uns bei Gott, also dürfen wir auch zum Vater der Menschen mit kindlichen

Worten sagen: Lieber Vater! laß an uns, an deinen bedrängten Kindern, die Fürbitte deiner bessern Kinder gesegnet sein. Also dürfen wir auch sagen: Lieben Freunde, vergesset unser nicht bei unserm gemeinschaftlichen Vater im Himmel. Amen." Hierzu fügt Sailer eine Anmerkung: „So wie hier wahre Verehrung der Heiligen empfohlen wird, so können wir unsere Mitchristen vor falscher Verehrung nicht genug warnen. Der Maßstab sei der: Wer nicht Gott selber in den Heiligen ehrt, und wer durch Verehrung der Heiligen nicht besser wird, der geht nicht auf der rechten Bahn."

Wir sehen, es wird hier mehr der Erlaubniß, als der Pflicht, die Heiligen zu verehren, das Wort geredet, diese selbst aber sowohl auf das Gebiet sittlicher Wirkung beschränkt, wie unter sittliche Bedingungen gestellt. Ja auch die mittlerische Stellung der Heiligen tritt soweit als möglich zurück und wird auf die Einwohnung Gottes in ihnen gegründet. Das wird besonders durch eine Aeußerung der Pastoraltheologie bestätigt, welche auch auf seine Auffassung der Maria helles Licht wirft.

„Wenn die Verehrung der Heiligen nichts anders sein darf als eine Verehrung Gottes, eine Verehrung Christi in den Heiligen: so werden auch die Gedächtnißtage der Mutter Jesu durch den belebenden Geist des christlichen Liturgen nichts anders als so viele Festtage des Herrn sein. Seinen Namen werden wir in allen Heiligen, also wohl auch in Maria verehren, seiner Heiligkeit in aller Tugend nachahmen und die eine ewige Weisheit auch in ihren Schicksalen, Führungen anerkennen. Es werden alle Rügen eines übertriebenen Marianismus ungerecht oder verschwunden sein, sobald Gott in Christo — das Alpha und Omega in aller öffentlichen oder Privatandacht geworden sein wird."

Wie steht Sailer zur Frage von der Heilsaneignung? Wir legen, um Antwort zu geben, die eilfte Rede der „kurzen, zusammenhängenden Reden über Gebet" zu Grunde, welche im ersten Theile des „Heiligthums der Menschheit" stehen. Der Text ist Röm. 10, 10. „Das Herz glaubet und das machet gerecht; der Mund bekennet und das machet selig." Hier lesen wir klares und festes Zeugniß für die evangelische Wahrheit: „Der Glaube, der vor Gott gerecht macht, ist eine göttliche Kraft, die das ganze Herz des Menschen umschaffet, die es von dem Götzendienste der Sünde losreißt, die es zur heiligen Liebe Gottes und der Menschen neu schaffet." „Der Glaube muß aus der Vernunft in das Herz der Menschen eingedrungen und das Herz durchdrungen haben, muß in dem Herzen die Liebe der Sünde gefangen genommen und aus dem Herzen verjagt haben, muß in dem Herzen die himmlische Liebe erzeuget und groß gezogen haben." „Das Herz glaubt und das macht gerecht!" „Es liegt also im Glauben eine Allmacht, wer an Gott in Christus glaubet, glaubet nicht mit dem bloßen Kopfe, glaubet mit dem Herzen, der ist allmächtig, ihn schrecket kein Tod, ihn überwindet keine Welt, ihn besieget kein Sündenreiz. Er ist allmächtig im Glauben an den Allmächtigen. Er kann alles in dem, der Alles kann."

Diese Auffassung des Glaubens ist evangelisch, es findet keine Vermischung des Glaubens mit der Liebe statt, denn diese geht aus jenem hervor, der Glaube ist aber auch nicht eine nackte Zustimmung des Verstandes, vielmehr eine lebendige Zuversicht. Eine Abweichung findet freilich dennoch von der protestantischen Darstellung insofern statt, als diese die Rechtfertigung nicht auf die dem Glauben als solchen einwohnende sittliche Kraft, überhaupt nicht auf irgend eine Beschaffenheit des Subjekts gründet, sondern allein auf Christum, auf sein Verdienst, für dessen Erfassung eben der Glaube nur das alleinige zulängliche und entsprechende Verhalten bildet. Die Fülle evangelischer Erkenntniß blieb also Sailer verschlossen, aber er war bis zur Schwelle herangetreten und blickte in die Heilsgeheimnisse ein; ja, da er dem Glauben nur deßhalb rechtfertigende Kraft zuerkennt, weil er Glaube an Gott in Christo ist, so bedarf es nur weiterer Entwickelung seiner eigenen Grundanschauungen, um diese mit dem evangelischen Bekenntniß in Uebereinstimmung zu setzen.

Wir haben indeß die Stellung Sailers zur Lehre von der Heilsaneignung nur insofern dargelegt, als es sich hiebei um die Art des menschlichen Verhaltens handelt, es liegt uns ob, zu untersuchen, in welchem Verhältniß göttliche und menschliche Thätigkeit zu einander stehen, ob die Gnade so die alleinige heilbewirkende Ursache ist, daß menschlichem Anspruch auf Verdienst alle Berechtigung versagt wird. Zuvörderst beziehen wir uns zurück auf das, was wir als Sailers Ueberzeugung in der Boos'schen Bewegung kennen gelernt haben. Er sieht in den guten Werken der Gerechtfertigten sowohl dessen eigene noch nicht völlig geheiligte Natur als auch den Geist Jesu Christi thätig, erkennt sie daher nach der einen Seite als wahrhaft werthvoll an, nach der andern aber erscheinen sie mit nichtigem, alles Werthes beraubenden Wesen behaftet. In Folge dessen heißt er nicht auf die guten Werke sein Vertrauen setzen, sondern auf Christum, hier aber nicht sowohl auf den für uns als Opfer der Versöhnung dahin gegebenen, sondern auf den im eigenen Geiste selbst geistig wirksamen Christus. Im Bewußtsein, daß der ihm einwohnende Christus ihn vollbereiten, die begonnene Heiligung beenden werde, soll der Gläubige den Frieden finden. So schreibt er auch an einen Gläubigen, der durch Boos erweckt war: „Gott in Christus, im Glauben, den er vorausschickt, erfaßt, reinigt das Herz, gießt Liebe aus, schenkt Zuversicht dazu. Er vergibt, Er macht gerecht, Er überwindet in uns Tod, Hölle, Sünde." Und diesem Verständniß des Heils ist Sailer treu geblieben. Er spricht sich 1810 noch eben so aus: „Nun bietet uns Christus zu der größten aller Thaten „zur Umänderung des Innersten", zur gründlichen, vollständigen Umkehr von dem Laster zur Tugend, von der Hölle zum Himmel, von dem ewigen Verderben zum ewigen Leben, zur Beharrung im Guten und zur Besiegung alles Bösen nicht nur eine große Kraft an, sondern die größte, die schöpferische, die göttliche Kraft, die Allmacht seines Vaters, den heiligen, allschaffenden Geist Gottes selber.

Höret sein Wort:

„Mein Vater im Himmel ist euer Aller Vater: ihr seid zwar ausgeartet, indem ihr Ihn verlassen, Ihn vergessen, und den falschen Götzen der Welt, der Fleischeslust, der Augenlust, der Lebens-Hoffahrt nachgelaufen seid, die Lüste eures bösen Herzens anstatt seines Willens vollbracht habet. Ihr kennet ihn nicht mehr, euren Vater, ihr sehet ihm nimmer gleich, ihr habt sein Ebenbild, das ihr an euch getragen, verwüstet; ihr sehet vielmehr dem Vater der Lüge als dem der Wahrheit gleich; ihr seid aus geraden, aufrichtigen Menschen, krumme, verschlagene Thiere, ihr seid listig und giftig wie die Schlangen geworden, ihr seid gierig und grausam wie die Wölfe geworden. Und in dieser eurer Verwandlung in giftige, wilde Thiere seid ihr obendrein elend, voll Furcht und Plage geworden, neidet und beißet und jaget einander zu Tode." „Das seid ihr geworden — aber das sollet ihr nicht bleiben; ihr könnet, ihr sollet wieder Kinder Gottes werden — gütig, treu, heilig, selig wie Gott, unser Aller Vater!"

„Ihr könnet wieder Kinder Gottes werden, wenn ihr nur wollet. Sehet! mein Vater im Himmel gibt euch, wenn ihr an mich glauben, euch mir anvertrauen und meiner Führung folgen wollet, wieder Macht, Kinder Gottes zu werden. Mein Vater will wieder euer Vater sein, will euch seinen guten heiligen Geist geben — wenn ihr nur eure Herzen öffnen und seine Gabe annehmen wollet."

Sehr behutsam äußert sich Sailer auch über die Verdienstlichkeit der guten Werke des Gerechtfertigten: „Das Wort **Verdienst** ist, recht erklärt, ein sehr unschuldiges Wort. Die Heilige Schrift redet überall von Belohnungen der Gerechten und Christus selbst: Matth. 5, 12: Euer Lohn wird groß sein im Himmel. Mein Vater vergilt, belohnt euch öffentlich (Matth. 6). Er erkennet also in unsern wahrhaft guten Werken, die aus Gottes Gnade und unserer treuen Mitwirkung quellen, offenbar etwas Belohnungswürdiges. Anbei ist es auch wahr: Alle Väter der Kirche lehren, daß wir nicht auf das **Mein** und auf das **Ich** in unsern guten Werken freventlich vertrauen, sondern auf Gott in Christo unsere **ganze Zuversicht** setzen sollen. Deßwegen heißt auch die ewige Seligkeit der Gerechten recht schön: **Gnadenlohn**; Gnade, in Hinsicht auf Christus, der der Weinstock ist, an dem die Rebe hängt. Lohn, in Hinsicht auf den Christen, der als Rebe mit dem Weinstock vereinigt, den empfangenen Saft fleißig verarbeitet. Ganz vortrefflich sagt Augustin: Wenn Gott unsere Verdienste belohnt, was krönt Er anders, als seine **Gaben**?"

Nicht in demselben Maße wie in der Frage über das Wesen, die Beschaffenheit und das Handeln des Gerechtfertigten, spricht sich in der Lehre von der Begründung der Heilsaneignung eine dem evangelischen Glauben verwandte Sinnesweise aus. Wie denn auch dieser Punkt im Laufe der Boos'schen Bewegung wenig zur Erörterung gekommen war. Es fehlt hier Sailer die Einsicht in die Unfreiheit und Gebundenheit des menschlichen Willens. Es ist daher die Bekehrung eine That der menschlichen Freiheit, für welche die Wirksamkeit Gottes nicht sowohl die Kraft und innere Möglichkeit, als vielmehr nur Beistand und Hülfe gewährt. Gott

gibt in der Bekehrung den Heiligen Geist, aber ohne daß die
Fähigkeit zur Aufnahme desselben vorher von Gott gewirkt
wird. Diese ist an sich schon vorhanden. Wir sehen hier,
wie es Sailer nicht gelungen ist, zur evangelischen Vertiefung
im Begriff der Sünde hindurchzubringen und der semipela-
gianischen Strömung der römischen Kirche zu entgehen. In
einer Rede über Matth. 11, 12 (Das Himmelreich leidet
Gewalt, und die Gewalt thun, reißen es an sich) läßt er den
sich bekehrenden Menschen also sprechen: „Gott! Ewigkeit!
Du sei mein Zeuge: ich will für alle Forderungen, die das
Gesetz der Hölle an mich macht, von nun an und immer
blind, taub, stumm, lahm, todt sein; ich will für das Gesetz des Himmels ein **Auge** haben, um es zu sehen, ein
Ohr, um es zu hören, einen **Mund**, um es zu verkünden,
ein **Herz**, um es zu lieben, einen **freien Willen**, um
es zu vollbringen, ein **Leben**, um es darin schön abzubilden.
Das will ich". —

Und in einer folgenden ergänzenden Rede über den Text:
„Mein Joch ist sanft, und meine Last ist leicht", heißt es:
„Ist nicht alles, was uns zur Sünde versucht, **irdisch,
zeitlich, vergänglich**? Wo hat denn die Selbstsucht,
diese Mutter alles Bösen, ihr Reich, als im Vergänglichen,
Irdischen, Zeitlichen? Womit willst du also das Irdische,
das Zeitliche, das Vergängliche überwinden, als mit dem
Unvergänglichen, mit dem Ewigen? Nun sage mir, was ist
da unvergänglich, was ewig als **Gott allein**, und wer
sich mit seinem ganzen Willen und Gemüth an Ihn allein
unabtrennlich festhält? Wie willst du dich denn aber an Gott
und an Gott allein anhalten, und unabtrennlich fest anhalten, als mit dem, was Religion, was Gebet, was Andacht ist?

Also ist aller Vorsatz, tugendhaft zu sein, und alle
Uebung, nach diesem Vorsatze zu leben, nichts, gar nichts

anders, als die kräftige beharrende Ergreifung des Ewigen, wodurch du stark wirst, alle Reize des Zeitlichen zu verrathen, alle Lüste, alle Schrecknisse, alle Drohungen des Vergänglichen zu überwinden."

In den Perlen biblischer Weisheit äußert er sich auf ähnliche Weise: Gibt Gott Licht dem Verblendeten, so ist diese Gabe Gnade, und wenn der Mensch das Licht annimmt, im Lichte sein Herz durchforscht, im Lichte wandelt, so ist dieses Treue des Menschen, die sich im Annehmen der Gnade und im Wirken mit der Gnade offenbart." „Des Menschen Sache ist Treue im Annehmen der Gnade und im Wirken mit der Gnade. Nur die Treue setzt Gnade voraus, die von Gott gegeben sein muß, wenn sie der Mensch annehmen soll; die von Gott gegeben sein muß, wenn der Mensch mit ihr wirken soll."

Wenn nun auch unser evangelisches Bewußtsein sich nicht völlig und nicht rein in Sailers Auffassung vom Wesen der Bekehrung spiegelt, so ist doch schon dies, daß er das Christenthum ganz in das innere Wesen des Menschen versetzt, daß er mit dem größten Nachdruck auf das verborgene Leben mit Gott in Christo dringt, ein Band, das ihn fest an die evangelische Kirche knüpft und von einem Katholizismus, der das Verrichten kirchlicher Werke und das mittlerische Eintreten des Priesterthums betont, auf das entschiedenste trennt. Alles kirchliche Handeln ist ihm Symbol, Ausdruck der Frömmigkeit, und hat nur insofern Werth, als es diese darstellt, als der Einzelne darin seine Religiosität bezeugt. Hoch steht ihm der sichtbare Organismus der Kirche, er sieht im Papstthum die Einheit derselben, er unterwirft sich gehorsam ihren Befehlen, aber weit ist er davon entfernt, in ihre Sichtbarkeit ihr Wesen zu setzen. Die Kirche ist ihm nicht Selbstzweck, sondern Mittel für das Reich Gottes. Sie hat nicht den Beruf zu herrschen, sondern in der Darbietung des Heils zu dienen. Er nennt die Geistlichen „Erwählte zum Apostolate, Nachfolger der Apostel". Daraus ergibt sich ihm aber, daß sie „um so mehr zum vertrauten Umgange mit Christus berufen" sind. Und so ist dies das Wesentliche, daß sie „außerdem unfähig blieben, Ihn als das Heil der Welt mit Salbung und Nachdruck der Welt zu verkünden". Es gibt auch keinen andern Weg, ein wahrer Priester zu werden, als auf dem wahre Christen gebildet und erzeugt werden. Jener Weg ist eben der vertraute Umgang mit Christus. „Zu diesem vertrauten Umgang ist begriffen und wird gegeben die Weisheit, die Tugend, die Seligkeit — des Christen, des Priesters." Und wozu erzieht diese Gemeinschaft mit dem Herrn? „Dieser vertraute Umgang macht uns zu lebendigen Organen des Geistes Christi, ihm die Menschenseelen zuzuführen." Die Christusgemeinschaft also allein befähigt den Priester zur gesegneten Wirksamkeit, und darin steht er auf demselben Boden mit jedem Christen. Was den Christen zum Christen, macht den Priester zum Priester. Beide kommen von Gott, beide empfangen von Gott dasselbe, beide werden für Gott dasselbe. Der Unterschied kann also nur in der Amtlichkeit des Dienstes liegen, welchen der Priester vollbringt. So ist auch der Beruf der Kirche kein anderer, als zur Gemeinschaft mit Christo hinzuführen, für dieselbe einzuweihen, derselbe Beruf, den auch der einzelne Christ auszuüben hat. „Zu diesem vertrauten Umgange mit Christus weihet uns die heilige Kirche ein mit ihren Lehren, mit ihren Sakramenten, mit ihrem Gottesdienste, mit ihren Zucht- und Sittengesetzen, mit der ganzen Gemeinschaft der Heiligen."

So steht denn auch für Sailer nicht als Mittelpunkt des Gottesdienstes die Messe da, und der Priester, als der vom Volk zur Darbringung eines Versöhnungsopfers ausgesonderte, umflossen vom Heiligenschein alttestamentlichen Priesterthums; vielmehr tritt die Messe in die Reihe rein symbo-

lischer Handlungen. So heißt es im Gebetbuch: „Das Gedächtniß Deines Sterbens wird eben jetzt am Altare erneuert."
„Diese beiden Wahrheiten: Jesus Christus — das Opfer für die Sünden, Jesus Christus — das Himmelsbrod, das Stärke gibt zum himmlischen, zum ewigen Leben, werden uns in der Messe auf die sinnlichste Weise vorgestellt." Wir beschließen die Darlegung des religiösen Gesammtbewußtseins, indem wir fragen, aus welchen Erkenntnißquellen Sailer die religiöse Wahrheit schöpft, genauer, wie er zur Heiligen Schrift, zur Tradition steht. Denn, daß ihm das innere Leben, der Reichthum von Erfahrungen, den das gläubige Gemüth in sich hat, von der wesentlichsten Bedeutung in dieser Hinsicht ist, ihm wesentliche Erkenntnißquelle ist, hat die bisherige Erörterung schon hinlänglich gezeigt. Zuvörderst muß es nun ein gutes Vorurtheil für Sailers Stellung zur Heiligen Schrift erwecken, wenn wir sehen, daß der erste Theil der Pastoraltheologie nur „vom erbauenden Schriftbetrachten" handelt. Und das gute Vorurtheil wird nicht getäuscht, wenn wir näher auf den Inhalt der Erörterung eingehen. Als Hülfsmittel für das erbauende Schriftbetrachten nennt Sailer das praktische Studium der Väter. Aber wie frei steht er der Autorität derselben gegenüber! „Zum praktischen Väterstudium gehört — daß man die Väter mit prüfendem Auge liest. Denn manches a. ist dunkel; b. manches betrifft einen (auch dogmatischen) Punkt, der zur Zeit der Väter noch nicht so genau bestimmt war; c. manches ist so individuell, so ganz auf die damalige Lage des Schriftstellers eingeschränkt, daß man mehr als gemeine Vorsicht braucht, um in unsern Zeiten nützlichen, oder auch nur unschädlichen Gebrauch davon machen zu können; d. manches betrifft einen blos theoretisch-philosophischen Satz, bei dem die Väter keine andere als die Sprache der damaligen Zeitphilosophie reden konnten; e. manches ist geradezu irrig."
Die Heilige Schrift ist Sailer Alles, nach allen Seiten ist

sie Lehr- und Lernbuch. Er betrachtet sie unter dem Gesichtspunkt der Geschichte der Religion und Moralität unter den Menschen. Sie ist „Geschichte, Urkunde, Behältniß der Offenbarungen Gottes an die Menschen, Geschichte der großen Anstalten, die die unsichtbare Gottheit getroffen, um der Wahrheit und Tugend, dem Menschenglücke auf Erden — fortzuhelfen." Sie ist ihm schließlich Geschichte des israelitischen Volkes und Familiengeschichte. Sodann erkennt er in ihr eine Sammlung merkwürdiger Charaktere und ein Mittel zur Vermehrung und Verbesserung unserer Begriffe. Nach allen diesen Beziehungen weiß er die Schrift anzuwenden und für die Erbauung zu öffnen. Die Heilige Schrift ist ihm aber nicht etwa nur eine Sammlung, die eine Vielheit neben einander stehender Thatsachen, Charaktere und Begriffe enthält, sie ist ihm eine Einheit. Darüber spricht er sich in den „Erinnerungen" aus. „Die Heilige Schrift hat eine Peripherie, die von einzelnen Thatsachen, Lehren, Gleichnissen, Forderungen, Verheißungen gebildet wird, und einen Mittelpunkt, aus dem sie hervorkommen, und auf den sie zurückweisen. Deßhalb müßt ihr den Sinn einer Schriftstelle nicht blos in der Peripherie suchen, darin sie einen Punkt einnimmt, sondern auch und vorzüglich in dem Mittelpunkte, aus dem sie kommt und auf den sie zurückweiset."

Ihm ist die Heilige Schrift die Quelle, aus welcher er die gewisse Wahrheit schöpft, sie ist ihm das lebendige, Leben spendende Gotteswort, und in der Frische und Unmittelbarkeit ihrer Sprache weht ihm der Hauch ursprünglicher Kraft entgegen. Er weiß die Väter zu schätzen, aber sie sind doch nur Zergliederer, verständige Betrachter und Ausleger der in der Heiligen Schrift enthaltenen Offenbarung. „Der Naturaliensammler ist mir viel werth: ich folge ihm gern von Kasten zu Kasten seines Kabinets und sehe gern hinein. Aber das lasse ich mir deßhalb nicht wehren: die liebe Sonne und in ihrem Lichte die Natur anzuschauen, unter Gottes freiem Himmel umherzuwallen und seine Werke zu bewundern, so wie ich in der Heiligen Schrift lieber lese als im Kompendium der Schule, das in seiner Art oft noch unter dem Naturalienkabinet steht. Dadurch soll aber der Schule nicht das Mindeste benommen sein: nur Gotteswort steht mir stets über dem bloßen Menschenworte!" —

Sailers Interesse ging nicht blos auf das religiöse Leben; alles wahrhaft Menschliche, alle sittlichen Verhältnisse nahmen seine volle Theilnahme in Anspruch. Er hatte keine Grenzlinie gezogen zwischen dem religiösen und natürlichen Leben. Die Religion beleuchtete, erwärmte, heiligte alle natürlichen Beziehungen, und diese wiederum strebten ihm dem Bunde mit der Religion entgegen. Die Religion ging in alle menschlichen Zustände ein, und diese nahmen die Religion in sich auf. Auf zwei Gebiete richtete er vor Allem sein scharfblickendes Auge, das Familienleben und die Erziehung. Das erste ist um so auffallender und bewunderungswürdiger, als er ja selbst, ein katholischer Geistlicher, in keinem ehelichen Verhältnisse lebte. Aber in der liebevollsten Sympathie versenkte er sich in fremdes Familienleben, machte dessen Sorgen und Freuden zu seinen eigenen und lebte gleichsam dasselbe mit. Seine empfängliche Natur, sein weiblicher Sinn befähigte ihn, auch in die Geheimnisse des Seelenlebens der Frauen zu schauen und ihnen in alle besonderen Lagen zu folgen. Da gibt es nichts, das er nicht beachtet und sorgsam erwogen hätte.

Tiefe und herrliche Gedanken über das Wesen der Ehe weiht er seinem Freunde Passavant, als dieser im März 1822 sich verlobte, Gedanken, die er schon 1806 im Herzen getragen, als er zu Wernigerode Zeuge einer ehelichen Verbindung gewesen war.

„An der ehelichen Liebe kann nichts ewig sein als die Einigung der Gemüther, denn nur die überlebt die Vereinigung der Leiber und selbst auch die Lebensdauer der Verehelichten. Im Brautkusse liegt viel Segen; er offenbart sich aber am verlässigsten, wenn sich bei der goldenen Hochzeit beide Theile noch mit derselben Innigkeit umarmen. Religion sei Basis eurer Verbindung, Würze eurer Freuden, Trägerin eurer Leiden, Hüterin eurer Herzen. Das Gute des einen Theils fällt auf einen desto reineren Spiegel und bildet sich desto lieblicher ab, je mehr der andere seinem Ich sterben gelernt hat, und umgekehrt. Lasset kein Drittes, was es sei, nebeneinkommen, es wächst schnell zur Scheidewand empor. Freude macht schön, und ein stilles Gemüth kann viele Freude beherbergen. Das Gebet, das aus zweien Gemüthern wie aus einem strömt, zaubert die beste Freude in's Herz oder festigt sie darin. Wenn sich die Liebenden von der Arbeit isoliren, so verschwistern sie sich mit Elend und Thorheit. — — Freude macht schön und ein stilles Gemüth kann viele Freude beherbergen."

Sailer hat sich in die Familie eingelebt, er fühlte sich in ihr heimisch und preist ihre Freuden. „Die schönsten der Feste sind die der Familie. Unter den Familienfesten zeichnen sich drei aus: Das erste ist der Moment der Einigung, das zweite die Stunde des neuen Ankömmlings, das dritte der Jahrestag des Wiedergenusses. Die Einigung wird gefeiert, wenn der Sohn des Hauses eine Tochter aus einem anderen in sein Vaterhaus einführt und spricht: Du bist von nun an die Schwester meiner Schwestern, die Schwester meiner Brüder, das Kind meiner Eltern, und die Eine meines Herzens ewig. Das zweite Fest wird gefeiert, wenn die Frucht der Einigung, der neue Ankömmling, an das Tageslicht hervorkommt und stumm ausspricht: Pflegt in Liebe, was die Liebe gab. Das dritte Fest, das des Wiedergenusses, kündigt sich in der Familie an, so oft die Jahrestage der Einigung oder der neuen Ankunft wiederkommen. Die Familienfeste haben einen

Zehntes Kapitel.

unendlichen Werth, — wenn sie die Liebe schaffet, wenn sie die Liebe feiert, wenn sie der himmlische Genius mitfeiert. Der erfindende Witz kann das Fest schmücken, kann das Zugemüse zum Feste auf den Tisch stellen, aber was Feste schaffet, was Feste feiert, kann nur Liebe sein. Ohne Liebe gab es nie Feste, nur Festgespenster."

Das lebendigste Zeugniß der Innigkeit, mit der Sailer die Beziehungen des Familienlebens erfaßte, gibt uns ein Brief, den er beim Tode seiner Schwester an die Kinder derselben richtete.

„An die lieben Kinder meiner einzigen Schwester Marianne Seitz im Jahr 1802 am achten Tage nach dem unersetzlichen Verlust.

Die Euch gebar und liebte bis in den Tod — sie ist nicht mehr. Sie schlief so sanft ein wie Kinder, die sich müde gelaufen haben, auf dem Arm der Mutter einschlafen. Sie trug Euch beständig in ihrem mütterlichen Herzen und betete für Euch Tag und Nacht; nun ist sie von ihren Gebeten weggeholet und näher gerückt zu dem, welchem sie Euch, ehe Ihr geboren waret, mit dem stillen, aber nie ruhenden Schrei der Liebe schon geweihet hatte. Ich und das Jüngste aus Euch, eilten bei der Nachricht von ihrem Kranksein, sie noch auf Erden zu finden — wir fanden sie noch — aber im Grabe — fanden eigentlich nur ihren Sterblichkeitsrock im Grabe. Sie selber war schon davon geflogen — hatte schon Besitz genommen von der Wohnung, die ihr Jesus Christus in dem Hause seines Vaters bereitet hatte. Selig, die ein reines Herz haben, denn sie werden Gott schauen. Als ich an ihrem Grabe betete und die rothgeweinten Augen der Verwandten und Nachbarn sah, mußte ich mitweinen, denn sie starb mir so recht von meinem Herzen weg — sie starb aber nicht nur mir, sondern auch Euch und eurem Vater und vielen andern Menschen wie von der Seele weg. War doch im ganzen Dorf, als ihr Staub eingesenkt wurde, eine Thräne. Der gerührte Pfarrer, der nicht leicht Standreden hält, machte eine Ausnahme und gab ihr ein Zeugniß, in das die Engel im Himmel und die Zähren der Gemeinde, in das die Wahrheit selber einstimmte. Da wir nun ihr menschliches Antlitz nicht mehr sehen können, so bleibt uns nichts übrig, als mit festem Blicke auf das Bild zu sehen, das sie meinem und Eurem Herzen eingegraben hat. Sehet in Euer Herz, wenn Ihr das lest, und vergleichet es Zug auf Zug mit dem, was Ihr wisset. Sie konnte so in sich gesammelt sein und erfassen und behalten alle Worte des Lebens, die sie hörte und las. Gott und Christus in Ewigkeit waren ihre trautesten Gedanken. Gern verweilte sie auf dem Leidensberge, am Fuße des Kreuzes Christi und fühlte sich hinein in die Leiden seiner Mutter. Euch, Ihr Lieben, um sich haben, Euch von ihren frommen Eltern zu erzählen, war ihr schönster Himmel auf Erden., Wie oft führte sie Euch an das Sterbebett ihrer längst verblichenen Mutter. Immer hatte sie eine Ermahnung für Euch auf der Zunge oder einen Wink für Euch im Auge, oder eine Freude für Euch im Herzen oder eine Gabe für Euch auf der Hand. Am Tische konnte sie nichts essen, bis sie Euch das Beste gegeben — sie theilte den Bissen nicht mit Euch — die harte Mutter — denn sie gab ihn Euch ganz. Ihre zwei Hände, was für eine unabsehliche Reihe von Arbeiten brachte sie in einem Jahre zu Stande. Im Hause, im Stalle, auf dem Felde, in der Kirche war sie die unermüdliche Arbeiterin. Wie glänzte das Kirchenpflaster, das ihre Hände fegten, wie fleißig spannen ihre Finger am Flachse für Euch, Ihr Lieben, bis in die späten Nachtstunden — spannen noch in ihrer letzten Lebenswoche, bis sie der Todesfinger berührte und ihren Lebensfaden lösete, daß er brach. Wie viel Abbruch in Allem, was Aufwand fordert, konnte sie sich selber thun, um Sparpfennige zu sammeln, damit Ihr, wenn ihr

Gebein schon vermodert sein würde, noch Mutterpfennige von
ihr hättet. Einen solchen Mutter-Pfennig gab sie an ihrem
Sterbetage der guten Juliane mit den Worten: Gib ihn
meiner Therese zum ewigen Angedenken, denn die Liebe ist
ewig, jenes sprach sie, dieses fühlte sie. Eurem guten Vater
mußte sie sein Leben so zu versüßen, daß er, im 87. Jahre
seines Lebens, noch in ein paar Stunden nach einem benach-
barten Städtchen und wieder nach Hause laufen kann, froh
und munter, und kein Leid kennt, als ohne seine Marianne
zu sein. Die Nachbarschaft war ihr ein Heiligthum. Sie
löschte keinen rauchenden Docht aus, zerbrach kein wundes Rohr,
schrie nicht auf der Gasse — und zog so stille durch das ganze
Leben, wie sie aus der Welt ging. Die Zunge konnte sie
regieren, sagte ihr Gewissensfreund, wie kein Weib auf Erden.
Wenn sie den Nachbarn eine gute Nachbarin war, was mußte
sie ihren zweien Brüdern sein. Wie viele Scenen der Liebe
treten mir aus meiner Jugendgeschichte unter Thränen in das
Auge. Als ich, noch ein Schulknabe, in München den Stein
der lateinischen Sprachlehre wälzte, konnte sie (es war die sie-
bente Woche, seitdem ich das väterliche Haus verlassen hatte) ihr
Pfingstfest nicht feiern, ohne mich gesehen zu haben; ging allein
12 Stunden weit und brachte mir Vatergrüße und Mutterbrod
und ihr Schwesterherz mit. Im nächsten Herbste kam sie
wieder und führte mich nach Hause. Und diese ihre Liebe war
nicht nur goldtreu, sie war auch goldrein. Einmal, als sie
mich in Ingolstadt besuchte, und ich ihr ein Zwölfkreuzerstück
(meinen ganzen Reichthum) aufbringen und sie es nicht nehmen
wollte, standen wir im Streite eine halbe Stunde auf der Do-
naubrücke, und ich mußte am Ende den Prozeß verloren geben
— sie nahm meine Gabe nicht an und ging wieder leer nach
Hause. Wenn ich in der Folge ihren Kindern kleine Gaben
senden konnte, war sie wochenlang traurig darüber, weil sie
(ohne Geld) fürchtete, ich möchte mir wehe thun, um ihren

Lieblingen wohlzuthun. Wenn mich die gelehrte oder politische, oder die militairische Welt oder eine andere Welt einen Augenblick an das Evangelium hätte ungläubig machen können: ein Blick in das Herz meiner Schwester hätte mich wieder gläubig gemacht. Denn ich fand in ihr, was keine Politik, was keine Gelehrsamkeit, keine Taktik, keine Welt geben kann — den Geist, den die Welt nicht geben kann, ich fand in ihr jenen Durst nach dem Ewigen, den nur die Ewigkeit stillen kann — und wirklich stillet. Als Schullehrerin war sie Mutter — der fremden Kinder, strafte sie mit dem Worte der Liebe, und lehrte sie mit der Wunderkraft der Geduld. Einige Minuten, ehe sie am 17. März 1802 einschlief, bat sie noch für Schulkinder, die über die Schulzeit hätten zurück bleiben sollen: Peiniget sie nicht so, lasset sie nach Hause gehen. Jedem Wunsche, den sie besonders in ihren kranken Tagen bei irgend einem Anlasse äußerte, hängte sie das Schlußwort an: Wenn es Gottes heiliger Wille ist. Meine Therese möchte ich noch gerne sehen — wenn es Gottes heiliger Wille ist. Meinen lieben Sohn in Glött, und meine Annemarie in Steinheim möchte ich noch gerne sehen, wenn es Gottes heiliger Wille ist. Und das war kein Compliment, das sie ihrer Andacht machte, so sprach das ganze Herz, so sprach das Gewissen selber aus ihr.

Liebe Kinder! Dies Vergißmeinnicht pflanze ich hiermit auf die Asche Eurer Mutter. Wässert es mit Euren Thränen, erwärmt es mit Eurer Liebe, befruchtet es mit Eurem Wohlverhalten. Werdet das Bild Eurer frommen Mutter und drücket — spät — Eurem guten Vater das Auge zu!"

Unmittelbar an die Liebe zur Familie knüpft sich die Theilnahme an der Erziehung der Kinder. Diese war bei Sailer in lebendigster Weise vorhanden, und er hat ihr nicht nur in gelegentlichen Aeußerungen, sondern auch in einer umfangreichen Arbeit Ausdruck gegeben. Wir verdanken seinem feinen Sinn für Erziehungswesen das treffliche Buch „Ueber Erziehung für Erzieher", das es wohl verdiente, von pädagogisch kundiger Hand in einer ergänzenden, berichtigenden, zusammenziehenden Bearbeitung von neuem herausgegeben zu werden. Und dies um so mehr, als die Einfalt und Schlichtheit, wie die Anmuth und Frische der Darstellung ihm weitere Verbreitung über die Kreise der Gelehrten hinaus, bei allen Gebildeten, denen das Erziehungswesen am Herzen liegt, sichert. Die großen und berechtigten Ideen, die im pädagogischen Gebiete das 18. Jahrhundert erzeugte, erscheinen hier in reiner, abgeklärter Gestalt. Die trüben Mischungen des Zeitgeistes sind ausgeschieden, seine entstellenden Einseitigkeiten überwunden, und ein enges Band verknüpft die Erziehung mit der Religion. Er selbst spricht deutlich und bestimmt den Gegensatz aus, in dem er sich hier zu den Ton angebenden Meistern befindet, und weist auf das entschiedenste deren einseitige Verstandesausbildung zurück. „Meine Zeit hat unter andern gräßlichen Meisterstreichen auch den gewagt, daß es den kalten Begriff an die Stelle des lieblichen Gehorsams — in der Kinderwelt setzen wollte. Aber, wenn es bisher schwer war, das gehorchende Alter zu leiten, so wird es nun schlechtweg unmöglich, das raisonnirende zu halten. Denn eher möchte es den Kindern gelingen, Vater und Mutter und die ganze Hausordnung aus dem Hause hinaus zu raisonniren, als den Eltern durch Raisonnement die raisonnirenden Kinder in Ordnung zu bringen. Es ist kein gefährlicherer Hausfeind für die Kinderwelt als der Dämon Raisonnirgeist. Diesen Raisonnirgeist bildeten unsere thörichten Pädagogen dadurch in manches zarte Gemüth ein, daß sie es in brennender Eile mit mancherlei naturhistorischen, weltbürgerlichen, geographischen, vaterländischen, ökonomischen, botanischen u. s. w. u. s. w. Kenntnissen voll= und überschütteten. Mit den Kenntnissen hob die Eitelkeit ihr Haupt empor und der junge Thor war fertig, denn nun fing er an, in der Welt, die ihn umgab, in Eltern und Hausgenossen u. s. w. nichts als Unwissenheit und Unverstand zu sehen und auch bald zu strafen. In Kurzem raisonnirte er über Staaten, über die Großen der Erde, und ehe das Kinn seine erste Wolle hervordrängte, über das Universum.

Goldene Worte ruft Sailer den unruhigen, auf das Gebiet des Sichtbaren sich beschränkenden und auch dort nur auf Verwerthung seiner Stoffe und Kräfte für den Verkehr gerichteten Bestrebungen seiner Zeit zu, Worte, die noch mehr das Treiben der Gegenwart treffen und geißeln.

„Ich weiß es wohl: Es sind in unsern Tagen aufgestanden große Propheten der sogenannten praktischen Brauchbarkeit, die jede stille Contemplation des Wahren, des Guten, des Schönen und noch mehr jede stille Contemplation des Urwahren, des Urguten, des Urschönen für eine Todsünde wider das Grundgesetz der praktischen Brauchbarkeit ansahen, und daher alle untergeordneten Stände zu rüstigen Tagelöhnern, zu Arbeitern auf dem Ackerfelde der Zeit, und alle höheren Stände zu rüstigen Treibern der rüstigen Arbeiter machen, das milde Königsscepter in einen nie ruhenden Treiberstock und die ganze Welt in ein Treibhaus verwandeln möchten, worin die göttliche Pflanze Gemeinnützigkeit in lauter künstlichen Mistbeeten zu frühem Gedeihen gesteigert werden sollte, gerade, als wenn der Mensch lauter Hand, als wenn die Vergänglichkeit auch ganze Heimath, und als wenn, wie der wackere Bote schon längst geweißagt hat, das Ende der Welt eine Frankfurter Messe wäre."

So stellt sich Sailer auch entgegen der einseitigen Betonung des Unterrichts in den Realgegenständen und hebt den Werth der sprachlichen Studien hervor.

„Wer Sprachen gelernt, hat auch Sachen gelernt, und nur dadurch, daß das Sprachstudium mit einem unbesiegten Ernste getrieben wird, kann die Oberflächlichkeit des Wissens, die offenbar einen Charakterzug des Zeitalters ausmacht, verhütet und die Bildung zur wahren Gelehrsamkeit möglich gemacht werden. Hierdurch unterscheidet sich vorzüglich der ächte Humanismus, der sich leider aus der Schule verdrängen lassen mußte, von dem falschen Philantropinismus, der sich darin gewaltig breit machte. Dieser füllt den Knaben mit einzelnen Begriffen, Urtheilen aus hundert zerschnittenen Fächern an, die er aber nicht in das Leben einführen kann, weil er sie längst vergessen hat, ehe er zu leben anfangen wird; jener bildet die Kraft zu denken, zu urtheilen, zu handeln, die sich dann in dem Leben von selbst bewegen und in richtigen Begriffen, Entschlüssen, Handlungen darstellen wird, weil sie lange genug vorgeübt wird und innige Freude an Wahrheit, Selbstthätigkeit, Tugend gewonnen hat."

Große Vorsicht will Sailer angewandt wissen, wenn es sich darum handelt, Kinder aus niedern Ständen für einen höheren Beruf zu bilden. Und auch darin befindet er sich im Widerspruch mit seiner Zeit, die nur zu geneigt war, alle Unterschiede, die Natur und Geschichte dem Menschen anweisen, aufzuheben, die nur zu bereit war, der Humanität die Mannigfaltigkeit besonderer Verhältnisse, die Stufenfolge über- und untergeordneter Berufskreise zu opfern.

„Heilig sei deinem Jungen der Boden, den die Hand seines Vaters gepflüget hat, auch die seine pflege ihn. Nur wenn er den göttlichen Ruf zu höheren Stellen in sich hat, und dieser Ruf klar aus ihm spricht, mag ihn der Erzieher dafür im Stillen bereiten, wie der Künstler die Masse, in die er ein höheres Leben hineinbilden will. Wehe der Tochter, wehe dem Sohne des Dorfes, die blind in die große Stadt rennend — ihre Hände der Spindel und dem Pfluge, der Sense und der Sichel entziehen, und mit der Kleidung des Dorfes auch die Unschuld der Sitte, die sich in der Röthe der blühenden Wangen ankündet, weglegen wird! Sie werden nichts, weil sie etwas anders werden wollen, als wozu ihnen die Natur, die Familie und die Gemeinde Bahn gemacht haben.

Die Sternenkrone dem Priester auf dem Lande, der den Hirtenknaben, aus dem er einen Funken des Talentes auffahren sah, von der Heerde wegnimmt, sein schmales Stück Brod mit ihm theilet und in ihm sich einen Nachfolger oder dem Staate eine Stütze bildet."

Wir sehen, wie fern Sailer von jeder Einseitigkeit sich hält. Dies läßt sich auch aus dem Urtheile erkennen, das er über Anstalten fällt, die ausschließlich Kinder aus vornehmen Familien aufnehmen.

„Es ist nicht weise, die Anstalten zur Ausbildung des Ueberwiegenden im Gebiete des Erkennens auf die vornehmen und reichen Stände einzuschränken, da sich die Natur ihr Recht nicht nehmen läßt, in den niedern Ständen überwiegende Kräfte anzulegen. Uebrigens ist es oft gerade Durst und Druck, was das Gemeine wecket und beflügelt — und was seinen Flug am meisten fördert, ist das Hinderniß. Große Menschen werden groß nur durch Widerstand gegen feindliche Kräfte, die darauf ausgehen, sie recht klein zu machen. Und so schaffet sich die Natur gerade auf dem Wege ihr Recht, auf dem es am meisten gekränket ward. Du, Lieber, sollst aber die Natur in ihrem Rechte nicht kränken, denn es gibt schon Andere genug, die es thun, und sie nimmt Rache an Allen, die sie kränken."

Sailer führt den Pädagogen auf die Wege der Natur, ihren Spuren soll er folgen, ihren Befehlen gehorchen. Und da gemeinsame Gesetze das Leben der materiellen wie der geistigen Natur beherrschen, so weist er den Erzieher an, auf das Wesen jener zu achten, damit er diese verstehe. Wachsthum und Entwickelung ist aber die Gestalt, in welcher das Leben der sinnlichen Natur sich darstellt, allmähliches Werden der

Zustand, in dem sie sich bildet. Auf Pflege des sich regenden Lebens ist der Landmann beschränkt, hoffend und wartend sieht er dem Sprossen und Reifen zu. Darin ist er Vorbild des Erziehers. „Warten können ist auch hier, in dem Bilden der Jugend, mehr als gemeine Weisheit. Nur die Schmetterlinge in der Fabel und in der Welt wollen lauter Sonne haben, und möchten den Frühling, Herbst und Winter aus den Annalen der Natur ausgestrichen haben; aber die Fruchtbäume blühen im Frühlinge und reifen im Herbste. — Der Pädagog sei langmüthig wie die Natur."

So läßt Sailer den Erzieher seiner Schranke inne werden und legt den Schwerpunkt in die Selbstentfaltung des zu Erziehenden. Die Bürgschaft aber dafür, daß das Werk gelinge, sieht er weder in der Kunst des Erziehens noch in der Natur des Zöglings, sie sieht er einzig und allein in der Weisheit des großen Erziehers, welcher die Herzen der Menschen lenkt wie Wasserbäche, und durch Leiden und Trübsal, durch mancherlei Schicksale und Erfahrungen, durch guter und böser Menschen Worte und Thaten endlich die Menschenseele zu Heil und Frieden führt.

„Vielerlei Erzieher hat der Mensch, aber der Erzieher selbst ist doch nur einer, ist Gott; denn der zieht den Menschen durch andere Menschen und durch ihn, durch Natur und Welt, durch Kirche und sich selbst zu sich, und zieht so lange, bis der gehorchende Zögling erzogen sein wird. Seine Erziehung reicht also auch über die Zeit hinüber."

Bis in's Einzelne hinein erstreckt sich die feine pädagogische Beobachtung Sailers, das ganze Gebiet des Erziehungswesens behandelt er mit Sorgfalt und Liebe. Nicht das gleiche Interesse hat er dem Staatswesen gewidmet. Die großen politischen Ereignisse, die er mit durchlebte, scheinen an ihm ohne tiefgreifende Eindrücke vorübergegangen zu sein. Die traurige Rolle, die dabei sein engeres Vaterland spielte, hat gewiß mit dazu beigetragen. Aber überhaupt zog ihn jenes Gebiet wohl wenig an, das scharfe, bestimmt ausgeprägte Rechtssystem, welches der Staat in sich darstellt, konnte Sailers, das Scharfe abstumpfende, das Harte erweichende Natur wenig anziehen, noch weniger konnte sie sich geneigt fühlen, auf den Streit entgegengesetzter politischer Mächte mit Theilnahme einzugehen. War sie doch vielmehr darauf angelegt, zwischen die kämpfenden Parteien vermittelnd zu treten und ihnen Worte des Friedens und der Versöhnung zuzurufen. Um so mehr nahm seine Aufmerksamkeit das gesellige Leben des Menschen in Anspruch. Hier, wo ungezwungen und sorglos der Mensch sich gibt, wie er ist; wo die Fesseln, mit denen der amtliche Verkehr den Geist bindet, fallen, hier fühlte er sich wohl, hier wußte er sich heimisch, hier liebte er seine Beobachtungen zu machen und, in geistreiche Formen gekleidet, sie mitzutheilen. Aber selbst das leichte Spiel der Unterhaltung knüpfte er an die höchsten Beziehungen an und erhob es in das Gebiet des Heiligen.

„Alle neue Bekanntschaften, die du mit mancherlei Menschen machen wirst, sollen dich zuerst mit dir und nachher mit Gott vertrauter, und diese deine geheime Correspondenz zwischen dir und ihm nur noch inniger machen, als sie schon ist; auch deine Prüfungsgabe in Hinsicht auf den wahren Werth der neuen Bekannten üben und durch Prüfung stärken; aber auch das entscheidende Urtheil zurückhalten lehren, bis es die Windeln der Kindheit und Anmaßung abgestreift haben wird."

Hohe Freude gewährt ihm freundschaftlicher Austausch der Gedanken, herzliche Mittheilung der eigenen Gefühle, aber ein Feind ist er aller Disputation.

„Bei den meisten Disputen, wo ich zugegen war, als Zeuge oder als Mitstreiter, fand ich, daß die Streitenden einander nicht verstanden, im Laufe des Disputs, daß sie ein-

Zehntes Kapitel.

ander nicht verstehen wollten, oft auch, daß sie einander nicht verstehen konnten."

Tief blickt er in das Innere des Menschen hinein und lauscht auf die geheimsten Regungen desselben! Er studirt die Züge des Gesichts und liest in ihnen die Gedanken und Gefühle, die Triebe und Entschlüsse, welche das Innere erfüllen!

„Wenn das Meer des innern Menschen bis an seine Ufer undulirt und sich an den Ufern bricht: so macht dieses Fluthen, Wogen an der Grenze, da, wo es sich bricht — große und kleine Buchstaben im Gesichte des Menschen, die als äußere Zeichen des Innern sagen, was im Innern vorgehe. Wer nun diese Buchstaben lesen, aussprechen, verstehen kann: für den sind die Mienen eine Sprache. Mienensprache ist also das Wort, das das fluthende Innere, wenn es an die Grenze kommt, im Gesichte anschreibt — und der Sinn, den es ausspricht."

Dies Innere des Menschen und was zu seiner Bildung und Entwickelung dient, ist und bleibt der vorzügliche, ja der einzige Gegenstand, auf den sich sein Interesse richtet. Und so schließen wir die Darlegung der Urtheile Sailers über die wichtigsten Angelegenheiten des menschlichen Lebens mit einigen Aeußerungen, die sich auf die Entwickelung des inneren Lebens beziehen. Er beschränkt sich hier nicht auf das Gebiet des Individuellen, er schaut auch der Zeit in's Auge und sucht die Gesammtrichtung zu erfassen, von der sie beseelt ist. Und hier zeigt er sich als scharfer Richter.

„Meine Zeit will Glückseligkeit ohne Tugend, Tugend ohne Gottesverehrung, Gottesverehrung ohne Gotteserleuchtung, will Politik ohne Moral, will Moral ohne Religion, will Religion ohne Offenbarung, will Offenbarung ohne Kirche, und Kirche ohne den Heiligen Geist bestehlich machen

— will das, was nur in Einigung bestehen kann, trennen und durch Trennung gedeihlich machen."

Vor Allem aber weiß sich Sailer doch heimisch im Gebiet des individuellen Seelenlebens. Nichts dient zu dessen Entwickelung so sehr, als das Leiden.

„Die Leiden gehören in dieses Leben herein, wie das Salzgefäß auf den Tisch. Ja es wird eine höhere Hand unser hiesiges Wohlsein mit der passenden Zugabe von Uebelsein würzen müssen, wenn uns der Geschmack an der rechten Heimath des Geistes nicht verdorben werden sollte."

Die Freudigkeit menschlichen Schaffens und Wirkens ruht auf dem Bewußtsein, Träger eines göttlichen Berufs zu sein. Deßhalb rühmt auch Sailer:

„Jeder Stand, Beruf, jedes Amt ist ein Altar, auf dem sich der Mensch zum Heile der Andern und zu Gottes Ehre opfern soll."

Und als sein Freund Passavant sich in seiner Thätigkeit gedrückt fühlt, und die Harmonie zwischen seinen früheren Hoffnungen auf der einen, seinen augenblicklichen Erfolgen auf der andern Seite schmerzlich vermißt, ruft er ihm tröstend und aufmunternd zu:

(v. 16. Juni 1814.)

„Daß du ehemals ahntest, du würdest Großes leisten in Wissenschaften, hat mehr Wahrheit als dein jetziges Gefühl von deinem Unbedeutendsein. Denn jene Ahnung war eine Antecipation der Zukunft, dies Gefühl blos ein Feilspänchen deiner Erfahrungen."

Hat sich uns so die in sich einige Gesammtauffassung der höchsten Beziehungen des menschlichen Lebens dargelegt, so sind wir nun in der Lage, die ihr zu Grunde liegende geistige Eigenthümlichkeit zu verstehen. Sailer ist eine religiöse Natur, die Gemeinschaft mit Gott ist die Luft, die er einathmet, die Quelle, aus welcher er stetig die Belebung des inneren Lebens schöpft! Und diese Frömmigkeit ist nicht sowohl etwas erst im späteren Leben Entstandenes, Resultat einer Erweckung aus weltlichem Leben. Vielmehr war sie ursprünglich in ihm lebendig, und nur ihre Befestigung und Gestaltung das Werk schwerer innerer Kämpfe einer späteren Zeit. Darin liegt es, daß Heiterkeit, Freudigkeit und Reinheit seine Seele erfüllt, daß Ruhe und Harmonie in den Zügen seines geistigen Bildes sich darstellt. Hier sind keine Furchen, die mit unauslöschlichen Strichen eine wüst verlebte Jugend in das Angesicht gräbt, und die weder Mannes- noch Greisenalter verwischen kann. Hier fehlt der dunkle Hintergrund, von dem das helle leuchtende Bild des ewigen Lebens sich abhebt, oder, daß ich nicht zu weit gehe, das Bewußtsein der Sünde ist wohl ein wesentliches Element der inneren Stimmung, aber es entbehrt der beugenden, niederdrückenden Gewalt, es vermag nicht, dem Ganzen die Farbe der Schwermuth und der Trauer zu geben. Das Bewußtsein, die Schuld ist um Christi willen vergeben, der Glaube, die alle Sünde überwindende Kraft des Geistes Christi wirkt unwiderstehlich im eigenen Innern, verleiht Freudigkeit, Sicherheit und Klarheit, die wohl getrübt, aber nicht vernichtet werden können. Sailer hat Kämpfe bestanden, er hat unter dem Drucke der Sünde geseufzt, wie wäre er sonst ein Christ; er hat Stunden, Tage und Jahre erlebt, in denen der Geist des Herrn mit Gewalt die verschlossenen Knospen der Frömmigkeit geöffnet und gebrochen hat, aber nie ist ein Augenblick gekommen, wo er aus einem Feinde Christi ein Freund, aus einem unfruchtbaren ein fruchtbarer Baum geworden wäre. Nie sind sonst und jetzt, alt und neu als unvereinbare Zustände sich gegenüber getreten. Er hat sein Vorbild nicht an Paulus, sondern an Johannes. Mit Johannes hat er auch gemeinsam die Unmittelbarkeit, in der die Frömmigkeit erscheint, den mystischen Zug. Sein Gottesbewußtsein

verzweigt sich von den Wurzeln des Gefühls aus nicht in den
Reihen des Begriffs und Gedankens, sondern in den Kreisen
der Anschauung und des Bildes. Er ist kontemplativ, nicht
spekulativ. Eben weil Sailer eine religiöse Natur ist, be=
sitzt das Gefühl eine große Feinheit und Leichtigkeit, religiöse
Einwirkungen in sich aufzunehmen. Das könnte aber nicht
sein, wenn die Abstraktion des Gedankens wesentlich die Ge=
staltung seines geistigen Lebens beeinflußte. Taucht das reli=
giöse Gefühl aber aus der eigenen unergründlichen Tiefe her=
vor und spiegelt sich im Lichte des unmittelbaren Selbstbe=
wußtseins, so kleidet es seinen eigenen Inhalt in ein Bild,
und schaut dasselbe an. So ist es bei Sailer. Wärme der
Empfindung, Fülle der Bilder, Anschaulichkeit der Darstel=
lung kennzeichnen seine Rede. Der Beweglichkeit des Gefühls
steht gebend und empfangend die Phantasie zur Seite. Bei=
den eignet unergründliches und unberechenbares Wesen.
Plötzlich springt blitzartig der Funke des Geistes hervor, weckt
eine Reihe verwandter Bilder oder Gefühle, und schnell steht
vor den Augen des Subjekts ein Gemälde, das in seinem
Innern ohne eigenes Zuthun sich gestaltet hat. Plötzlich wie
durch Zauber ist es entstanden. Erstaunt und betroffen nimmt
es das Selbstbewußtsein wahr. Das sind Augenblicke der
Inspiration. Sailer hat sie oft erlebt. Er verdankt ihnen
tiefe Blicke in das eigene Herz, in den Abgrund der Sünd=
und des Verderbens, der plötzlich aufgerührt wurde, in
die Tiefe des göttlichen Erbarmens, die sich ihm auf einmal
erschlossen. Innige Rührungen, Erweckungen zur Demuth
und Freudigkeit entsprangen aus dieser Quelle. Er spricht
sich darüber in einem Briefe an Passavant vom 10. Januar
1827 aus: „Was mich betrifft und Euch beiden (Passavant
und seiner Frau) anvertraut sein will, so ist lauter Erbar=
nnung und Gnade, die mich in diesem Jahre — wenn ich
nicht sehr irre, noch tiefer und inniger gerühret, oft wie —

durchblitzet hat. Erst am 6. Januar, unter dem Hochamte, vor der Communion, war es mir eindrücklich gemacht, wie die Kinder Gottes, wenn sie aus der Zeit zu Gott heimkommen — voll Scham und Lobpreisung vor ihm erscheinen. Und diese himmlischen Eindrücke haben das Eigene, daß sie plötzlich kommen und eine unaussprechliche innere Salbung und Fülle von Trost und Muth mitbringen. Derlei himmlische Eindrücke haben auch dies Besondere, daß sie, das Grundverderben in mir aufdeckend, zuerst demüthigen und dann, auf den Vater aller Erbarmungen hinweisend, das zerschlagene Herz ermuthigen zu Zuversicht und Kampf: Jene Demüthigung und diese Ermuthigung sind die zwei Thürangeln, die uns in das geistliche Leben Eingang verschaffen — und uns frei darin bewegen, ist die beste Seligkeit dieses Lebens."

Diese mystische Richtung ist aber fern von Schwärmerei und ungesundem Gefühlswesen, davor bewahrt sie schon die Nüchternheit und Klarheit des Verstandes. Ordnend und sichtend beherrscht dieser die Fülle der Anschauungen, welche die Seele in sich hegt. Freilich übt er mehr einen äußeren als inneren Einfluß, er gestaltet und bearbeitet nicht sowohl die Anschauungen, prägt sie nicht aus zu festen Begriffen, sondern begnügt sich vielmehr damit, jene zu sondern und an ihren eigenthümlichen Ort zu stellen. Er verrichtet nur formale Aufgaben. Es springt dies ganz besonders in's Auge, wenn Sailer sich bemüht, Eintheilungen vorzunehmen. Denn hier, wo dem spekulativen Geist die Aufgabe des Systematisirens zufällt, bleibt er bei einer äußeren Schematisirung stehen. Wir sehen keine Selbstentfaltung des Gedankens, es fehlt eine Anordnung, die aus dem Wesen der Sache hervorginge. An deren Stelle tritt eine Anlegung nur äußerlich mit dem Gegenstande verbundener Maßstäbe, ein Betrachtung unter fremden Gesichtspunkten. Der formale reflektirende Verstand, den wir als die beherrschende Gewalt jenes Zeitalters kennen gelernt haben, sehen wir auch in Sailer bestimmend und wirksam. — Allein nicht nur die Nüchternheit, die ihm mit seinem Zeitalter gemeinsam ist, hat ihn vor Verirrungen in das Gebiet des Mystizismus behütet, in viel höherem Maße hat ihn davon seine sittliche Natur zurück gehalten. Denn auch dies war er. Einsamkeit und Beschaulichkeit besaßen immer für ihn einen großen Reiz, aber ebenso gern begab er sich auf den Schauplatz der Welt, bald sinnig betrachtend, bald eifrig mitwirkend. Für alle wichtigen Beziehungen hatte er lebendige Theilnahme; wo es gestattet war, griff er fördernd in die Gestaltung der Verhältnisse ein. Viele, innig und zart gepflegte, treu bewahrte Freundschaften gewährten ihm weiten Spielraum für die Bethätigung selbstverläugnender Liebe, und die Richtung der Kirche, welcher er angehörte, mußte dem Thätigkeitstriebe neue Nahrung darbieten. — Zu wunderbarer Harmonie klingen die mannigfaltigen Saiten zusammen, in denen Sailers Natur sich entfaltet. In steter Bewegung, in lebendigem Wellenschlag rauscht das Gefühl, zu Werk und That treibt es den Willen und maßvoll verbindet beide, läutert beide, die Klarheit des Gedankens. Ein gesunder Körper, der gleich fern ist von Abstumpfung wie Ueberreizung, der zur Ruhe in der Bewegung, zur Bewegung in der Ruhe einladet, dient diesem Geiste willig und dauernd.

Fragen wir uns schließlich, welche dauernde Einwirkung Sailer auf die römisch-katholische Kirche ausgeübt hat, so ist es nur eine sehr betrübende Antwort, die wir geben können. Vielen Einzelnen mag Sailer auch noch jetzt ein Führer zum Leben in Gott sein, viele Einzelne mögen auch noch jetzt aus seinen Schriften die christliche Wahrheit schöpfen — die römisch-katholische Kirche ist an ihm vorübergegangen und hat sich wenig von seinem Geiste angeeignet. Während die evangelische Kirche das Wesen des christlichen Lebens, wie es sich in ihrer eigenen Mitte in jener Zeit bildete, in sich aufnahm und den Ver-

Zehntes Kapitel.

tretern desselben einen bedeutenden Einfluß gestattete, nur bemüht, diesen Geistesströmungen feste kirchliche Betten zu graben, hat die katholische Kirche durch einen Sprung das Land der religiösen Innerlichkeit verlassen, um in die Gebiete kirchlich fester Gestaltungen zu gelangen. Um die Kirchlichkeit zu gewinnen, büßte sie an ihrer Christlichkeit ein. Um jene zu bejahen, mußte sie diese zum Theil verneinen. Das ist Roms Verhängniß. Weil Roms Verfassung der Idee des christlichen Lebens widerspricht, kann es dieses nicht zugleich mit jener bewahren. Und vielleicht bedarf es eines äußeren erschütternden Ereignisses, einer gewaltsamen Niederreißung des Schlußgewölbes, mit dem Rom seinen äußeren Bau vollendet hat, um die katholische Kirche zur Erkenntniß der Heilswahrheit zu führen, gleichwie Jerusalem fallen mußte, damit die Christen aus Israel in die Tiefen des Glaubens eindringen könnten. Wie und wann aber auch immer der Herr jene Kirche, die ja auch ein Glied an seinem Leibe ist, zu heiligen, und wie und wann auch immer er eine Erneuerung des Sinnes, eine wahre Reformation, hier einzuleiten in seinem Rathe beschlossen hat, in jenen Tagen werden die vom Feuer des Heiligen Geistes erfaßten Glieder der katholischen Kirche auf Sailer hinblicken, in seine Schriften sich hineinleben, und in ihm erkennen einen Propheten auf die nun Gegenwart gewordene Zukunft, einen Reformator vor der Reformation.

www.ingramcontent.com/pod-product-compliance
Lightning Source LLC
Chambersburg PA
CBHW031350230426
43670CB00006B/489